ईश्वर भी परेशान है

[व्यंग्य संग्रह]

ईश्वर भी परेशान है

विष्णु नागर

राजकमल प्रकाशन

ISBN : 978-81-267-2428-4

मूल्य : ₹695

पहला संस्करण : 2013
तीसरा संस्करण : 2024

प्रकाशक : राजकमल प्रकाशन प्रा. लि.
1-बी, नेताजी सुभाष मार्ग, दरियागंज
नई दिल्ली-110 002

शाखाएँ : अशोक राजपथ, साइंस कॉलेज के सामने, पटना-800 006
पहली मंजिल, दरबारी बिल्डिंग, महात्मा गांधी मार्ग, प्रयागराज-211 001
1, अनमोल सोराबजी संतुक लेन, धोबी तलाव, मरीन लाइंस, मुम्बई-400 002
वेबसाइट : www.rajkamalprakashan.com
ई-मेल : info@rajkamalprakashan.com

मुद्रक : बी.के. ऑफ़सेट
नवीन शाहदरा, दिल्ली-110 032

ISHWAR BHI PARESHAN HAI
Satire by Vishnu Nagar

ईश्वर भी परेशान है

अनुक्रम

मतदाता, उछलो मत!

प्रिय मतदाताओ, ज्यादा उछलो मत, अधिक मुगालते में मत रहो। ये मत समझो कि आज हम उम्मीदवार, आपके श्रीचरणों में बैठे हैं तो हमेशा इसी मुद्रा में बैठे रहेंगे। आज आपको सिर पर बैठाया है तो हमेशा ऐसे ही बैठाए रहेंगे। अपनी हकीकत तुम जानते हो, फिर भी बहकावे में आ जाते हो तो आओ, हम भी तुमसे यही चाहते हैं। लेकिन इधर वोट पड़े नहीं, उधर तुम हमें दाग-धब्बे की तरह ढूँढ़ते रह जाओगे। पता नहीं नहीं चलेगा कि हम कभी थे भी यहाँ। इसलिए अच्छा है, अभी से ज्यादा उड़ो मत। वह दिन जल्दी आएगा, जब तुम चीखोगे और हम बहरे होने का अभिनय करेंगे। तुम हमारा रास्ता रोकोगे और हम तुम्हें कुचलते हुए दनदनाते जाएँगे। तुम नमस्कार करोगे तो हम उसका जवाब नहीं देंगे। हमारी मुद्रा इस तरह की होगी कि तुम यह तक नहीं जान पाओगे कि हमने तुम्हें नमस्कार करते हुए देखा है। अभी तो हम तुम्हें दिन-रात बिजली-पानी दिलवा रहे हैं। चुनाव हो गया तो कौन देगा तुम्हें बिजली और कौन देगा पानी? तब ईश्वर से प्रार्थना करते रहना, हालाँकि बिजली तो वह भी नहीं दे सकता। ऊपर से हम बिजली-पानी महँगी कर देंगे। तुम्हारे काम की हर चीज महँगी हो जाएगी। आदमी सस्ता पहले से है वह और भी सस्ता हो जाएगा। भूखा पहले से है वह और भी भूखा हो जाएगा। राशन की दुकानों से राशन गायब हो जाएगा। स्कूलों की फीस बढ़ जाएगी। तुम्हारा बंटाधार हमने पूरी तरह नहीं किया तो हम भी भारतमाता के असली सपूत नहीं। ठीक है बेटा, आज अकड़ लो। और अकड़ लो, अकड़ने की अपनी इच्छा पूरी कर लो। कल हमारे द्वारे पर हुजूर कहते हुए आओगे, गिड़गिड़ाओगे, तब तुम्हें पता चलेगा कि तुम क्या हो और हम क्या हैं! तुम कहाँ हो और हम कहाँ हैं! तुम्हारा कद क्या है और हमारा कद क्या है? तब तुम्हें पता चलेगा कि हम किसके थे, किसके हैं और किसके रहेंगे! पर अभी प्रेम से अकड़ो। कर लो उछल-कूद। अरे, बन्दर को कोई भला आदमी उछल-कूद करने से रोकता है?

(25 मार्च, 2009)

मूर्खता के बारे में

दुनिया में मूर्खता का इतिहास काफी पुराना है। हो सकता है इसका इतिहास उतना ही पुराना हो, जितना कि बुद्धिमानी का इतिहास है। हो सकता है यह उससे भी ज्यादा पुराना हो। उन मूर्खताओं के कारण–जिन्हें करनेवालों ने बुद्धिमानी समझा था–दुनिया में आज तक बहुत भुगता है। दुनिया की बहुत सी बर्बादियाँ सिर्फ इस एक वजह से हुई हैं और हो रही हैं। बहुत से देशों, बहुत से धर्मों, जातियों–वंशों के लोग अपने को सबसे श्रेष्ठ समझने की मूर्खता करते रहे हैं और उन्होंने इस चक्कर में बहुत कुछ नष्ट किया है। लेकिन मनुष्य नामक प्राणी की मूर्खता देखिए कि वह कभी अपनी मूर्खताओं से नहीं सीखता। वही–वही मूर्खताएँ नए सन्दर्भों में, नए उत्साह और नए जोश के साथ फिर करने लगता है। दुनिया में इन मूर्खताओं पर हँसनेवाले लोग भी होते हैं और इन मूर्खताओं की प्रशस्तियाँ गानेवाले लोग भी। ताकतवर की भी मूर्खता तब तक बुद्धिमानी मानी जाती है जब तक कि इसके कारण खुद ताकतवर की हवा न निकल जाए। दुनिया में जितने भी मूर्ख होते हैं उन सबकी एक विशेषता यह होती है कि वे अपने को बहुत श्रेष्ठ, बहुत बुद्धिमान, परम चतुर और अति सभ्य मानते हैं। अपने चेहरे को पोतते रहते हैं, अपने सूट-टाई को ठीक करते रहते हैं,अपनी अंग्रेजी को दुरुस्त करते रहते हैं, छुरी–काँटे से खाने का अभ्यास करते रहते हैं और इस तरह की मूर्खताएँ करते–करते एक दिन न जाने कब मर जाते हैं। इनकी यह खासियत भी होती है कि वे हमेशा अपने से असहमत लोगों को मूर्खाधिराज मानते हैं। उन्हें यह भी भ्रम होता है कि वे अपनी मूर्खता के जरिए देश, समाज, धर्म, सम्प्रदाय, जाति, मोहल्ले का कल्याण कर रहे हैं और उनका नाम इतिहास के सुनहरे पन्नों पर दर्ज होगा। वे अपने योगदान पर इतराते हैं और जीते जी इसके लिए खुद ही अपनी तारीफ भी करते रहते हैं, जिसे बुद्धिमान लोग इस कान से सुनकर उस कान से निकाल देते हैं। लेकिन कई बार ऐसा भी होता है कि दुनिया जिसे मूर्खता मानती है वही अन्ततः बुद्धिमानी साबित होती है। बहुत से ऐसे वैज्ञानिक, कलाकार, लेखक हुए हैं जिन्हें अपने समय में मूर्ख समझा गया, उनकी उपेक्षा की गई, उनकी हँसी उड़ाई गई, उन्हें सजा तक दी गई लेकिन एक दिन यही 'मूर्खता' उनकी सबसे बड़ी बुद्धिमानी साबित हुई! महात्मा गांधी और जवाहरलाल नेहरू अपने समय के सफल वकीलों में भी माने जाते तो वे कितने सफल वकील माने जाते? वे कितने ही सफल वकील होते, तो भी यह तय था उन्हें आज कोई याद नहीं करता। वकालत छोड़ने की 'मूर्खता' की इसलिए मोहनदास करमचंद गांधी आज महात्मा गांधी हो गए, जबकि जिन्होंने बड़ी

अकल लड़ाई, बड़ी चतुराई की, बड़े धोखे किए, बड़ी गोटें फिट कीं, बड़े जाल फैलाए, बहुत चापलूसी की, वे ऐसे गुम हो गए कि उनकी सन्तानें, उनके नाती-पोते तक आज उनका नाम नहीं जानते और जानते हैं तो उस नाम को जुबान पर आने नहीं देते। इसलिए मूर्खों अपने पर शक किया करो, हालाँकि तुम्हारी खासियत यह है कि ऐसी 'गलती' तुम कभी कर नहीं सकते।

(26 मार्च, 2009)

जॉर्ज साहब जिन्दाबाद

जॉर्ज फर्नांडिस जैसे कद्दावर नेता के स्वास्थ्य के बारे में जो विवाद खड़ा किया जा रहा है न, वह अनावश्यक ही नहीं बल्कि दुर्भाग्यपूर्ण भी है। एक पूर्व क्रान्तिकारी नेता का यह अपमान कि उनकी इस बात तक पर विश्वास नहीं किया जा रहा है कि वह पूर्णरूप से स्वस्थ हैं! क्या यह बर्दाश्त किया जा सकता है कि उन्हें अपने संसदीय क्षेत्र मुजफ्फरपुर जाकर खुद यह साबित करना पड़े कि वह स्वस्थ हैं! क्या शरद यादव तथा नीतीश कुमार को जरा भी शर्म नहीं आई कि जॉर्ज साहब के स्वास्थ्य सम्बन्धी दावों को झुठलाने के लिए इस बुजुर्ग नेता को स्वयं मुजफ्फरपुर जाना पड़ा? इसके बावजूद ये लोग कह रहे हैं कि जॉर्ज साहब को उनके स्वास्थ्य के बारे में भरमाया जा रहा है? और अब तो जॉर्ज साहब की पूर्व पत्नी लैला कबीर तक इस 'षड्यंत्र' में शामिल हो गई हैं! आखिर क्यों? आखिर जॉर्ज साहब को ही इसके लिए क्यों चुना गया है? क्या यह भी तकलीफदेह नहीं है कि कोई भी नेता यह कहने के लिए सामने नहीं आ रहा है कि जॉर्ज साहब स्वस्थ हैं? क्यों सबके होंठ सिल चुके हैं? मुँह पर उन्होंने पट्टी क्यों बाँध रखी है? जॉर्ज साहब एन.डी.ए. के संयोजक रहे हैं लेकिन आज तक आडवाणीजी तक ने एक शब्द तक नहीं कहा कि जॉर्ज साहब पूर्ण स्वस्थ हैं। राजनीति में मानवीय मूल्यों का ऐसा अध:पतन इससे पहले कभी नहीं देखा गया! कोई बात नहीं जॉर्ज साहब, आप तो प्रेमपूर्वक और धैर्यपूर्वक चुनाव लड़ो। किसी दूसरे को क्या हक है चुनाव के ऐन मौके पर आपको अस्वस्थ साबित करने का? वैसे गलती जॉर्ज साहब आपसे भी हो गई। आपने ही न शरद यादव को अपनी जगह एन.डी.ए. का संयोजक बनने दिया। आपको तभी कहना चाहिए था कि मैं पूर्णरूप से स्वस्थ हूँ और मैं यह पद जीते जी नहीं छोड़ूँगा। उधर शरद यादव ने आपके पद पर बैठते ही आपका पत्ता काट दिया। पर खैर जॉर्ज साहब, गलती इनसान से ही होती है। और आप अगर अस्वस्थ हैं तो भी क्या हुआ? अपराधी, गुंडे, बदमाश तक जब चुनाव लड़ सकते हैं, तो एक अस्वस्थ आदमी क्या चुनाव नहीं लड़ सकता? किस चुनाव आचार संहिता में लिखा है कि अस्वस्थ आदमी को चुनाव लड़ने का हक नहीं है? उसमें तो यह भी नहीं लिखा है कि एक मृत आदमी को चुनाव लड़ने का अधिकार नहीं है। इस तरह तो जॉर्ज साहब फिर से देश का रक्षा मंत्री बनने का आपका अधिकार भी छीन लेंगे। जॉर्ज साहब यह नहीं हो सकता। यह होने नहीं दिया जाएगा? आप तो चुनाव मैदान में बेफिक्र होकर कूद पड़ो। जो होगा, देखा जाएगा। पी.वी. नरसिंह राव तो प्रधानमंत्री बनकर स्वस्थ हो गए थे, क्या जॉर्ज साहब जैसा स्वस्थ आदमी चुनाव लड़कर और ज्यादा स्वस्थ और ज्यादा शक्तिशाली और अधिक युवा

नहीं हो जाएगा ? जरूर हो जाएगा। जॉर्ज साहब आप तो इधर-उधर मत देखो, न किसी को सुनो, न किसी से बोलो, जो करना है, कर डालो। ऊपरवाले को भी पता है कि आपके साथ 'अन्याय' हो रहा है। आप तो फिर भी सहन कर सकते हो मगर वह इसे नहीं कर सकता। वह आपके साथ है जॉर्ज साहब, आप तो बजरंग बली का नाम लो और कूद पड़ो। वह जरूर आपकी और आपकी प्रतिष्ठा की भी रक्षा करेंगे। और नहीं भी करेंगे तो क्या, प्रतिष्ठा का क्या अचार डालना है!

(27 मार्च, 2009)

भारत में विदेशी गधे

मुझे यह जानकर प्रसन्नता हुई कि भारत में आप ऐवें ही विदेशी गधे नहीं ला सकते। ऐसा नहीं हो सकता कि आप उन पर बैठकर या सामान लादकर इस देश की सीमा में घुसे चले आएँ। यहाँ आतंकवादी तो सड़क के रास्ते आ सकते हैं मगर गधे नहीं आ सकते क्योंकि शायद वे ज्यादा खतरनाक हैं! गधों को गरज हो तो हवाई जहाज से आएँ। इस सम्बन्ध में भारत का जो सख्त कानून है उसकी जानकारी मुझे अभी–अभी प्राप्त हुई है। वैसे यह कानून ठीक भी लगता है क्योंकि हम अपने स्वदेशी गधे नहीं सँभाल पा रहे हैं तो विदेशी गधों को कैसे सँभालें? तो खैर किस्सा कोताह यह है कि एक स्विस पति–पत्नी थोड़े-से खब्ती हैं। उन्हें खब्ती ही तो कहा जाएगा जो कि पैदल–पैदल पूरी दुनिया का चक्कर काटने की कसम खाएँ। वे तीन साल से पैदल ही चल रहे हैं और 12 देश हो आए हैं। भारत में भी इनका स्वागत होता मगर साथ में वे अपने दो गधे भी लाना चाहते हैं, जिनमें से एक गधा है और दूसरी गधी। भारत में नियमों का उल्लंघन आप करना चाहें तो उसके दो ही मान्य तरीके हैं–या तो आप तगड़ी सिफारिश लगवाएँ या उपयुक्त व्यक्तियों को उपयुक्त रिश्वत प्रदान करें। अब ये बेचारे जो खुद ही पैदल–पैदल चल रहे हैं, ये तगड़ी सिफारिश या रिश्वत कहाँ से लाते! रिश्वत लायक पैसे उनके पास रहे भी होंगे तो भी उनके जमीर ने देने से मना कर दिया होगा! उसने कहा होगा कि चाहे कुछ हो जाए इन्हें एक भी पैसा मत देना वरना इस देश के कदम–कदम पर पैसा वसूलनेवाले प्राणी मिलेंगे। तो उन्होंने जमीर की सुनी और फँस गए। उनसे अधिकारियों ने कहा कि आप लाना ही चाहते हो इन गधों को, तो पाकिस्तान में आ रहे हो, लाहौर वगैरह से तो फिर से वहाँ वापस जाओ। वहाँ हवाई जहाज से इनकी बुकिंग करवाओ, तब इन्हें भारत लाओ। हम हवाई जहाज से ही विदेशी गधों को लाने की अनुमति दे सकते हैं। इस झंझट से बचने के लिए बेचारे सात सप्ताह से इन गधों को भारत लाने की परमिशन लेने के लिए दिल्ली के कृषि भवन के सामने डेरा डाले पड़े हैं। अब तो जो करेगा, वह कानून ही करेगा। फिर चाहे इसमें सात महीने लगें या सात साल! अगर कानूनन गधे नहीं आ सकते इस देश में तो नहीं आ सकते! और इन विदेशियों का भी गधा–प्रेम देखिए कि ये भी अड़े हैं और हमारी भी विदेशी गधों से सच्ची वितृष्णा देखिए कि हम भी अड़े हैं कि हम ऐवें ही उन्हें लाने नहीं देंगे। हालाँकि हमारे यहाँ कई बार आदमी और गधे में, गधे और आदमी में फर्क करना काफी मुश्किल हो जाता है लेकिन यह हमारी आन्तरिक समस्या है। मगर हम अन्तर्राष्ट्रीय मामलों में कोई दखल स्वीकार नहीं कर सकते। इस पर मेरा जैसा आदमी इतना ही कह सकता है–जय हो।

(28 मार्च, 2009)

मुख्य मुद्दा भ्रष्टाचार

मुलायम सिंह यादव ने कहा कि लोकसभा चुनाव में भ्रष्टाचार मुख्य मुद्दा होगा। मुझे यह समाचार पढ़कर हँसी आनी तो नहीं चाहिए थी मगर क्या करें जी, मनुष्य हैं फिर मैंने अपने आपको कोसा भी कि यार, देश का इतना वरिष्ठ नेता और वह भी समाजवादी नेता कह रहा है कि भ्रष्टाचार मुख्य मुद्दा है तो तुम्हें इस बात की खुशी होनी चाहिए थी और तुम्हारे इलाके से समाजवादी पार्टी का कोई उम्मीदवार अगर खड़ा हो तो उसे वोट देने का दृढ़ निश्चय कर लेना चाहिए था, लेकिन तुम हो कि हँस रहे हो! धिक्कार है तुम्हें! क्या तुम नहीं मानते कि भ्रष्टाचार एक गम्भीर समस्या है? खैर, खुद को इस प्रकार धिक्कार कर अपनी हँसी पर मैंने किसी तरह काबू पाया। फिर से सोचने लगा कि मुलायमजी, 'बहनजी' के भ्रष्टाचार को ही मुख्य मुद्दा बनाएँगे। लेकिन 'बहनजी' कौन-सी चुप रहनेवाली हैं? वे अपने को कतई भ्रष्ट नहीं मानेंगी और कहेंगी कि ये मुलायम, अरे जरा, इससे पूछो तो ये क्या दूध का धुला है? अब ये बात तो सही है कि दूध के धुले तो मुलायम सिंह भी नहीं हैं। दरअसल देश में इतना दूध ही नहीं है कि दूध से हर किसी नेता की धुलाई की जा सके। (आजकल तो जूतों से धुलाई भी अफोर्ड नहीं की जा सकती।) वह तो भला हो कल्पनाशील उद्यमियों का कि उन्होंने तरह-तरह के रसायनों को मिलाकर दूध बनाने की तकनीक निकाल ली है वरना तो हमारा देश दूध उत्पादन में दुनिया भर में कितना ही आगे क्यों न हो, यहाँ दूध का अब तक अकाल पड़ चुका होता! अच्छा यह भी तो सम्भव है कि हमारा नेता दूध का धुला हो मगर दूसरा यह आरोप लगा दे कि अरे होगा ये दूध का धुला मगर लोगो, तुम्हें पता है कि वह दूध नकली है असली से धुलकर ये बताए तो जानूँ! इस प्रकार कभी कोई अपने विपक्षी को असली दूध का धुला हुआ मानेगा ही नहीं! तो चुनाव में होगा यह कि मुलायम कहेंगे कि 'बहनजी' भ्रष्ट हैं और 'बहनजी' कहेंगी कि मुलायम भ्रष्ट हैं। आरोपों-प्रत्यारोपों के दौरान एक ही दिन चुनाव सम्पन्न हो जाएगा। जिसे ज्यादा सीटें आनी होंगी, आ जाएँगी और जिसे कम आनी होंगी, कम आ जाएँगी। जो जीतेगा, उसका जुलूस निकलेगा, उसे फूल-मालाओं से लाद दिया जाएगा, वह हवाई फायर करवाएगा। तो हो जाएगा जी भ्रष्टाचार का मल्लयुद्ध इस तरह समाप्त। जिसे ज्यादा सीटें मिलेंगी, वह अपने आप ईमानदार सिद्ध हो जाएगा लेकिन जिसे कम मिलेंगी, क्या वह भ्रष्ट सिद्ध हो जाएगा? और भ्रष्ट सिद्ध हो भी जाए तो भी उसका क्या बिगड़ेगा? इतना ही बिगड़ेगा कि वह भ्रष्ट सिद्ध हो जाएगा। वह भ्रष्ट फिर शहीद का चोला धारण करके जनता के सामने आएगा।

और कहेगा कि मुझे निशाना बनाया गया है। ये सब फलाँ की शरारत है, उसका षड्यंत्र है। और जी वह फिर 'जनता की अदालत' में जीतकर 'ईमानदार' सिद्ध होकर आ जाएगा। तो ऐसे में अगर मुझे हँसी आ भी गई तो गलती मेरी ज्यादा नहीं है। और है तो उसे स्वीकार करता हूँ और इसके लिए कोई मुझे दंडित करना चाहे तो उसके लिए भी मैं तैयार हूँ!

(30 मार्च, 2009)

वे क्यों शरमाएँ!

अपने किए पर शर्मिन्दा होना अब हमें नहीं आता। हमारे समय में ऐसे पिता हैं जिन्हें अपनी बेटी से बलात्कार करते हुए शर्म नहीं आती। पैसे लेकर चुनाव का टिकट बेचनेवाले और खरीदनेवाले को शर्म नहीं आती। जब जज यह कह दे कि दंगाई और आतंकवादी में कोई फर्क नहीं है तो आतंकवादी को तो खैर शर्म आने का सवाल ही नहीं, दंगाई को भी शर्म नहीं आती। दंगाई मंत्री–मुख्यमंत्री बन जाता है, तो उसे शर्म नहीं आती। और जेल जाते हुए तो बिलकुल ही उसे शर्म नहीं आती। वह 'वी' फॉर विक्टरी का निशान बनाते हुए, मुस्कुराते हुए जेल जाता है। वह अपने समर्थकों से हाथ मिलाते हुए, भीड़ के सामने हाथ हिलाते हुए, दंगा कराते हुए, सिर पर तिलक धारण करके, बलिदानी की मुद्रा में जेल जाता है। इस अकड़ के साथ वह जेल जाता है कि शहीद भगत सिंह के बाद वही एक बलिदानी पैदा हुआ है जिसका नाम इतिहास में भगत सिंह की पंक्ति में लिखा जाएगा। ऐसी माएँ हैं जिन्हें ऐसे बेटों पर शर्म नहीं आती, जो खुलेआम कहते हैं कि हम फलाँ समुदाय के लोगों के चुनाव के बाद हाथ काट डालेंगे, उन्हें मार डालेंगे। शरमाने–सकुचाने का काम दरअसल अब मुख्य रूप से नई बहुओं का रह गया है और बाकी लोग शरमाएँ भी क्यों? शरमाना–सकुचाना–घबराना ही है तो मकबूल फिदा हुसेन शरमाए–सकुचाए–घबराए, जिनका अपराध यह है कि वे एक बड़े और नामी कलाकार हैं। उनकी पेंटिंग नष्ट करनेवाले, उनके खिलाफ केस करनेवाले शर्मिन्दा क्यों हों? शरमाने–सकुचाने का काम उनका है जो धर्मनिरपेक्षता के पक्षधर हैं। आखिर वे क्यों शरमाएँ जिनके कारनामे कवर करने के लिए टी.वी. चैनलों के कैमरामैन जान तक देने को तैयार बैठे हैं! वे क्यों शरमाएँ जो हत्याएँ करवाकर सत्ता की कुर्सी पर काबिज हो सकते हैं, जो विधायक, सांसद, मंत्री बनकर इस देश में लोकतंत्र का 'कल्याण' करने में समर्थ हो सकते हैं! वे माफिया किंग क्यों शरमाएँ जिनकी जरूरत हर पार्टी को चुनाव जीतने कि लिए हर बार पड़ती है? शर्म उन्हें आनी चाहिए जो इनकी बेशर्मी पर टिप्पणी करते हैं, यह जानते हुए कि इससे इन बेशर्मों की सेहत पर कोई फर्क नहीं पड़नेवाला बल्कि उनकी सेहत और सुधर जाएगी। जब शर्म करनेवाले सन्दिग्ध लगते हों तो जो बेशर्म शरमाकर अपनी प्रतिष्ठा क्यों गँवाएँ?

(31 मार्च, 2009)

संन्यासी और लालूजी ?

लालूजी ने कहा है कि आडवाणीजी की कुंडली में प्रधानमंत्री होना नहीं लिखा है। फिर भी आडवाणीजी अगर प्रधानमंत्री बन गए तो वे राजनीति छोड़ देंगे। अपने को अपनी कुंडली का पता नहीं तो दूसरी का क्या कहें मगर अपने को इतना जरूर मालूम है कि इस देश में तमाम ऐसे लोग प्रधानमंत्री बन चुके हैं जिनकी कुंडली देखनेवालों ने उन्हें कभी नहीं कहा था कि ये प्रधानमन्त्री बनेंगे और जिनकी कुंडली में प्रधानमंत्री होना बताया गया था, वे नहीं बन पाए। वैसे हो सकता है कि आडवाणीजी के बारे में लालूजी की भविष्यवाणी ही सही साबित हो जाए क्योंकि आडवाणीजी की कुंडली जिन्होंने नहीं देखी, उनमें से भी कई ठीक यही बात कह रहे हैं। मान लो लालूजी की बात सही साबित हो गई तो उन्हें राजनीति से संन्यास नहीं लेना पड़ेगा। लेकिन कल्पना कीजिए कि आडवाणीजी प्रधानमंत्री भी बन गए और लालूजी ने वाकई राजनीति से संन्यास भी ले लिया तो क्या होगा ? हालाँकि ऐसी कल्पनाएँ बच्चे ही करें तो ज्यादा अच्छा लगता है क्योंकि इन दोनों कल्पनाओं का साकार होना सम्भव नहीं है। आज तक कोई नेता इस देश में ऐसा पैदा नहीं हुआ, जिसने जीवन में कभी कहा हो कि मैं राजनीति से संन्यास ले लूँगा और उसने संन्यास ले लिया हो। जब संन्यासी खुद राजनीति में सक्रिय हैं तो राजनीति करनेवाले संन्यास क्यों ले ? लेकिन अपने मनोरंजन के लिए मान लें कि लालूजी ने वास्तव में राजनीति से संन्यास ले लिया, उन्होंने सारे टी.वी. वालों और सारे अखबारवालों को घर के दरवाजे से लौटा दिया है। तो लालूजी जो आज की तारीख में चुस्त–दुरुस्त–चपल सब कुछ हैं, खाली समय में क्या करेंगे ? वे मक्खी मार सकते हैं मगर उनके ए.सी. बँगले तक मक्खियाँ पहुँच पाएँ तब न ? मक्खियों को आमंत्रण देकर बुलाया नहीं जा सकता कि मक्खियों आओ, लालूजी आपको मारना चाहते हैं! लालूजी टी.वी. देख सकते हैं लेकिन ऐसा टी.वी. वे कितनी देर तक देख सकते हैं जिसमें स्वयं उनके दर्शन न होते हों। वे सभी अखबारों की हेडिंग सिर्फ पाँच मिनट में देख लेंगे क्योंकि अखबारों में तब न लालूजी की प्रशंसा छपी होगी, न उनकी आलोचना। लालूजी के बच्चे इतने बड़े हो गए हैं कि उनकी गोद में आकर बैठेंगे नहीं,उनसे लाड़ लड़वाएँगे नहीं! राबड़ी देवी से दिन भर में पाँच–दस मिनट से ज्यादा बातचीत वे क्या कर पाएँगे ? टेलीफोन उन्हें कोई भले ही कर ले, वे किसको और क्यों करेंगे ? उन्हें किसी नेता या किसी प्रेसवाले को पटाना है नहीं कि अपनी पाक कला का उनके सामने प्रदर्शन करें। वे गाय–भैंस का दूध निकालना जरूर जानते हैं लेकिन टी.वी. कैमरों की अनुपस्थिति में वे अब यह काम भी नहीं कर सकते। पूजा–पाठ वे कर सकते हैं देर तक मगर राजनीति से ही

जब संन्यास ले लिया है तो ज्यादा देर तक पूजा-पाठ भी क्यों करें। कतनी बार रेल की सीटी सुनकर किसी से कहेंगे कि मैं भी कभी रेलमंत्री हुआ करता था और कितनी बार नीतीश कुमार का नाम सुनकर कहेंगे कि कभी मैं भी बिहार का मुख्यमंत्री हुआ करता था! इतनी कठिनाई हो जाएगी उनके लिए कि वे बेशर्म हो जाना पसन्द करेंगे मगर राजनीति से संन्यास नहीं लेंगे।

(1 अप्रैल, 2009)

बीवी से मजाक

एक अंग्रेज भाई हैं। नाम है उनका गेरी बेट्स। उनकी बीवी का नाम डोना है। दोनों ने एक साल पहले शादी की है। तो अंग्रेज भाई की बीवी एक शाम टी.वी. पर कोई सीरियल देख रही थी, जो उनके खाविन्द को बिलकुल पसन्द नहीं था। ऊपर से बीवी खाविन्द को हुक्म दिए जा रही थी, डियर, जरा वो ले आना और सुनो, जरा वो भी ले आना। और हाँ, वो भी। तो खाविन्द को गुस्सा आ गया। मगर गुस्से में भी उन्हें एक मजाक सूझ गया। उन्होंने अखबार में उस जगह विज्ञापन छपवा दिया, जहाँ लोग पुरानी कारों और घरेलू सामानों की खरीद-बिक्री के विज्ञापन छपवाते हैं। विज्ञापन में लिखा था कि बिकाऊ है एक झगड़ालू बीवी। उसकी खरीद पर कोई टैक्स नहीं। सड़क पर चलने योग्य होने के प्रमाण-पत्र जरूरी नहीं। रखरखाव जरूर खर्चीला है क्योंकि उस पर थोड़ी जंग चढ़ी है। अंग्रेज भाई ने सोचा था कि बढ़िया मजाक रहेगा। भाई लोग पढ़कर आनन्द लेंगे। लेकिन अंग्रेजों में भी इतना सेंस ऑफ ह्यूमर कहाँ! कई भाइयों को लगा होगा कि विज्ञापन छपा है तो 'माल' भी जरूर होगा। क्या पता यह अपनी ही किस्मत में बदा हो! औरत खर्चीली होगी तो भी चलेगी, क्योंकि है तो अन्ततः औरत! तो गेरी बेट्स साहब के पास फोन आने लगे—क्यों भैया ? अभी है क्या ? बिक तो नहीं गई ? क्या दाम है उसका ? वगैरह-वगैरह। कोई दस ऐसे फोन आए, वैसे कम ही आए! भारत में ऐसा विज्ञापन छपता तो कम-से-कम दो सौ आ जाते! खैर तो अंग्रेज भाई इससे परेशान हो गए। विज्ञापन उन पर उलटा पड़ गया। लेकिन फिर भी बच गए। बीवी ने खाविन्द का यह मजाक सह लिया। कब तक वह सहती रहेगी, कब तक यह शादी टिकेगी, यह राम जाने!

तो हमारे नारीवादी ज्यादा परेशान न हों। मर्दों की अन्तर्राष्ट्रीय एकता जिन्दाबाद! भारत और ब्रिटेन में अन्तर सिर्फ यह है कि वहाँ बीवी को बेचने का काम खाविन्द ने मजाक-मजाक में किया, यहाँ कोई करता है तो फिर सीरियसली ही करता! यहाँ बीवी के साथ किसी भी किस्म का मजाक करने की परम्परा नहीं है। फिर यहाँ कोई मर्द इसके लिए विज्ञापन नहीं छपवाता। वह समझदार है, ऐसी गलती कतई नहीं करता! वह परिपक्व गणतंत्र का परिपक्व नागरिक है! वह बिना विज्ञापन दिए ही उसे बेच-बाच लेता। पैसे खड़े कर लेता। किसी को हवा भी नहीं लगती! लग भी जाती तो क्या होता ? पुलिस थोड़ा माल खींच लेती! मामला रफा-दफा हो जाता। सत्यनारायण कथा की तरह इस कथा का भी सातवाँ अध्याय यहीं समाप्त हो जाता। बाद में आरती होती, प्रसाद बँटता और जयहिन्द, यह भारत हो जाता!

(2 अप्रैल, 2009)

मंत्री और हेलमेट

ईश्वर किसी से कुछ कहता नहीं तो लोग इसका खूब गलत फायदा उठाते हैं। अभी की बात है। असम के एक मंत्री महोदय बिना हेलमेट के मोटरसाइकिल चलाने लगे। किसी ने पूछा कि आपने हेलमेट क्यों नहीं पहना तो मंत्रीजी ने कहा कि इसलिए कि मुझे ऊपरवाले पर भरोसा है। ऊपरवाले पर उनका भरोसा है, यह तो अच्छी बात है। भारत के तमाम लोगों का भरोसा ऊपरवाले पर ही है। उनके पास ऊपरवाले पर भरोसा करने के अलावा और चारा भी क्या है? वे किस पर भरोसा करें? पुलिस पर? अफसर पर? नेताओं पर? डॉक्टरों पर? चोर-डकैतों पर? लफंगों पर? इसलिए वे ऊपरवाले पर ही भरोसा कर लेते हैं, फिर जो हो, सो हो। लेकिन वे भी बस में होता है तो पहले अपने पर भरोसा करते हैं। घर में चोरी हो जाती है तो एफ.आई.आर. लिखाने जाते जरूर हैं। पुलिस नहीं लिखती, यह अलग बात है। कोई बीमार हो जाता है तो भरसक डॉक्टर-वैद्य के पास जाने की कोशिश करते हैं। वे हर चीज का बोझ ईश्वर के मजबूत कन्धों पर नहीं लादते। लेकिन हमारे मंत्रीजी ने सब कुछ ईश्वर पर छोड़ रखा है। ईश्वर ने तो नहीं कहा उनसे कि कार से मत चलो, मोटरसाइकिल से चलो। ईश्वर ने तो उनसे नहीं कहा कि पट्ठे हेलमेट मत पहनना, जो होगा, मैं निबट लूँगा। टाँग-हाथ टूट गए तो जोड़ दूँगा। खुदा न खास्ता और कुछ और गड़बड़ हो गया तो भी ठीक कर दूँगा। मर गए तो जिन्दा कर दूँगा। मंत्री सब कुछ अपनी मर्जी से कर रहे हैं और कुछ बुरा हो जाए तो ईश्वर दोषी होगा क्योंकि उन्हें तो सिर्फ ऊपरवाले पर भरोसा है! मंत्रीजी आपने विधायक बनने के लिए चुनाव लड़ा होगा। तब मजे से घर बैठे रहते कि ऊपरवाला मुझे जिता देगा! तब तो मतदाताओं के पैरों में भी गिरे होंगे और ईश्वर के पैरों में भी। और मंत्री बनने के लिए भी तो कुछ उपक्रम किया ही होगा या ऊपरवाले पर सब कुछ छोड़ दिया था? तो भाई साहब हेलमेट भी पहन लेते। आपका चेहरा न दीखता तो भी क्या हो जाता? कौन-सी जनता आपकी सूरत देखने को मरी जाती थी! आदमी मंत्री हो और बिना हेलमेट के अगर साइकिल चलाए तो उसके सामने भी उतने ही खतरे होते हैं जितने कि दूसरों के सामने। पर मंत्रीजी को कौन समझा सकता है! जितने भी मंत्री होते हैं न? ऑटोमैटिकली बहुत समझदार होते हैं! मूरख तो हमीं होते हैं, जो इन्हें मंत्री बना देते हैं!

(3 अप्रैल, 2009)

शुक्रिया जसवन्त सिंहजी, शुक्रिया

पुत्र–मोह बड़ी विकट चीज है भई! यह बड़े–बड़ों का नाश कर देती है। अब हमारे माननीय जसवन्त सिंह जी हैं। नेता भाजपा के हैं मगर बड़ी विकट विक्टोरियन अंग्रेजी बोलते हैं। उसमें फूल ज्यादा होते हैं, फल कम! वह देश के भूतपूर्व रक्षा मंत्री, भूतपूर्व विदेश मंत्री, भूतपूर्व वित्त मंत्री आदि न जाने क्या–क्या 'भूतपूर्व' हैं। बड़े चतुर हैं, बड़े ज्ञानी–ध्यानी हैं और बड़े कूटनीतिक भी हैं। उनकी कूटनीति ने तो इतिहास बनाया है! वे विदेश मंत्री थे, तो आतंकवादी मसूद अजहर को स्वयं दिल्ली से कंधार सौंपकर आए थे। उनके इस कूटनीतिक योगदान को आखिर भारत कैसे भूल सकता है? फिर अफीम–वफीम का कोई पेय पदार्थ मेहमानों को पिलाने के मामले में भी वे एक बार चक्कर में फँसे थे। अब वे अपने बेटे के चुनाव क्षेत्र बाड़मेर में पैसे बाँटने के चक्कर में फँसे थे। वैसे बड़े नेता अगर किसी चक्कर में फँस भी जाते हैं तो जल्दी निकल भी आते हैं। जसवन्त सिंह जी के साथ भी आशा है, ऐसा ही होगा। लेकिन फिलहाल तो फँस ही गए हैं। जसवन्त सिंहजी का कहना है कि मैं मतदाताओं को रिश्वत थोड़े ही बाँट रहा था, छि–छि–छि ऐसा गन्दा काम मैंने न कभी किया है, न कभी करूँगा। मैं तो गरीबों की मदद कर रहा था और गरीबों की मदद करना तो जी हमारी पुरानी परम्परा है। इस राजशाही परम्परा में बाधा डालनेवाला चुनाव आयोग कौन? बात उनकी बिलकुल सही है। लेकिन जसवन्त सिंहजी जब आप मंत्री थे, तब आपकी ख्याति गरीबों के मददगार के रूप में तो कभी नहीं रही! खैर, तब आपको गरीब याद नहीं आए होंगे, आप उन्हें भूल गए होंगे, आप ज्यादा व्यस्त रहते थे न तब! अगर जसवन्त सिंहजी को तब अपनी परम्परा की याद रहती तो वे बाड़मेर के ही नहीं, सारे देश के गरीबों की मदद कर सकते थे। उनकी रोजी–रोटी का प्रबन्ध कर सकते थे, उनके सर पर छत उपलब्ध करा सकते थे, यहाँ तक कि चाहते तो गरीबों को गरीब नहीं रहने दे सकते थे। तब कोई उन पर वोटरों को भ्रष्ट करने का आरोप नहीं लगाता। लेकिन वो ही हुआ कि ऐन मौके पर वे अपनी परम्परा भूल गए और वह याद अब आई, जबकि बेटे का चुनाव सिर पर है। अब समस्या यह है कि एक तरफ उनकी अपनी परम्परा है तो दूसरी तरफ चुनाव आयोग की भी अपनी परम्परा है कि कोई वोटरों को पैसा बाँटे तो चुनाव आयोग उस पर कार्रवाई करता है। इस समय तो दुर्भाग्य से जसवन्त सिंहजी चुनाव आयोग की परम्परा ही चलेगी। चलिए इस बहाने यह तो पता चला कि आप भी गरीबों के हमदर्द हैं वरना हम जैसे लोग अज्ञान के अन्धकार में भटककर आपके बारे में गलत धारणा बना रहे थे। शुक्रिया जसवन्त सिंहजी, शुक्रिया!

(4 अप्रैल, 2009)

कुँआरेपन की बोली

लोग मानें या न मानें लेकिन थोड़ा-बहुत प्रगतिशील तो मैं भी हूँ मगर कुछ लोग जरूरत से ज्यादा प्रगतिशील होते हैं। ऐसे ही एक प्रगतिशील मित्र मुझसे उलझ पड़े। वह तो मैंने संयम से काम लिया वरना हाथापाई हो जाती। आपने कुछ महीने पहले खबर पढ़ी होगी कि एक अमेरिकी कन्या ने कॉलेज की पढ़ाई का खर्च चलाने के नाम पर अपने कुँआरेपन की खुलेआम बोली लगाई थी। उसे कल्पना नहीं थी कि उसकी बोली 15 लाख डॉलर तक पहुँच जाएगी। उससे प्रेरणा लेकर अभी एक रोमानियाई कन्या भी मैदान में आ गई है। वह भी पढ़ाई के लिए अपने कौमार्य की बोली लगाना चाहती है। उसे जितनी उम्मीद थी, उसका उसे सिर्फ दस प्रतिशत ही मिल रहा है। तो मैंने अपने उस प्रगतिशील मित्र से इस तरह बोली लगाने की घोर निन्दा की। साथ ही कहा कि भारत जैसे प्राचीन परम्परावाले देश में किसी लड़की की यह हिम्मत नहीं हो सकती। वह हिम्मत करेगी तो उसके माता-पिता-भाई या बजरंग दल आदि कोई भी मार-मारकर उसका भुर्ता बना देंगे। उसे जिन्दा नहीं छोड़ा जाएगा। यह है असली भारतीयता! हमारे मित्र इतना सुनते ही भड़क गए। कहने लगे तुम भी हो पोंगापंथी। अता-पता कुछ है या नहीं या यों ही बने फिरते हो प्रगतिशील! क्या दूसरी तरह से यह सब तुम्हारे प्राचीन देश में नहीं होता? चकलाघरों में नथ उतारने की जो रस्म होती है, वह क्या है? गाँव से भोली-भाली, आर्थिक तंगी से परेशान लड़कियों को नौकरी दिलाने, शादी कराने के नाम पर शहरों में लाकर चकलाघरों में पहुँचाया जाता है, वह और क्या है? वहाँ रोती-कलपती-काँपती-चीखती-दया की भीख माँगती लड़की का कौमार्य ही तो भंग किया जाता है! इससे जो कमाई होती है, वह बाईजी या दलालों की जेब में जाती है, तो अच्छा है और एक लड़की अपनी बोली खुद लगाकर सारा फायदा अपने पास रख ले, तो वह बुरा है! जो खुलेआम हो! वह बुरा है, जो पाखंडपूर्वक हो वह अच्छा है! जो लड़की खुशी-खुशी बोली लगाए, वह बुरा है, जो रोते-कलपते किसी बूढ़े सेठ के हाथ में सौंप दी जाए, वह अच्छा है! अभी एक लड़की को तांत्रिक के कहने पर उसके पिता द्वारा नौ वर्षों तक बलात्कृत किए जाने की खबर छपी थी। वह अच्छा था! ऐसे ही कई घरों के अन्दर लड़कियों-औरतों की इज्जत सुरक्षित न रहने की कहानियाँ छपती हैं, वे अच्छी हैं! तुम क्या यही कहना चाहते हो?

मैं उनकी बातें सुनकर आग-बबूला हो गया। मैंने क्या-क्या तर्क उन्हें दिए होंगे, आप समझ ही सकते हैं। इस कारण हमारे बीच बातचीत बन्द हो चुकी है। उन्होंने मुझे चुनौती दी थी कि तुममें हिम्मत हो तो मेरी बातें अपने पाठकों के सामने रखकर बता दो। है भाई साहब, है हिम्मत, पर माफ करना, मैं तुमसे फिर भी सहमत नहीं हूँ! क्या समझे!

(4 अप्रैल, 2009)

हम यू.पी.ए. में ही हैं

मुझे लालूजी, मुलायमजी, पासवानजी की यह स्टाइल बहुत अच्छी लगी कि देखो भैया, हम बिहार में कांग्रेस को तीसरे से चौथी सीट भले ही नहीं दे सकते मगर हम हैं यू.पी.ए. के साथ! हम उससे अलग नहीं हुए हैं! हम सोनियाजी, मनमोहनजी की तारीफ करते हुए कांग्रेस को जमकर गोली दे रहे हैं मगर इसका मतलब भी यही है कि हम यू.पी.ए. के साथ हैं। हमने अलग मोर्चा जरूर बना लिया है और लोग कहते हैं कि हमारा मोर्चा, चौथा मोर्चा है मगर फिर भी हम यू.पी.ए. में हैं! हम वक्त आने पर शरद पवार को भी प्रधानमंत्री बना सकते हैं मगर इसका अर्थ यह नहीं है कि हम यू.पी.ए. में नहीं हैं! यही स्टाइल अपने शरद पवारजी की भी है। वे खैर कांग्रेस के साथ तो हैं ही, शिवसेना से भी उनकी गहरी छनती है, लालूजी, मुलायमजी की संगत भी उन्हें अच्छी लगती है, तीसरे मोर्चे के साथ भी वे हैं और रब जाने क्या पता वे भाजपा के साथ भी कभी हो जाएँ! लेकिन इस सबका भी सारांश यह है कि ये सब यू.पी.ए. के साथ हैं। मतलब यह है कि हम सबसे फ्लर्ट कर रहे हैं! मगर हमारी पत्नी तो जी वही हो सकती है जिससे कि हमारी शादी हुई है! दूसरी कोई औरत हमारी सब कुछ हो सकती है मगर हमारी बीवी नहीं हो सकती! लेकिन यह स्थिति भी तब तक है, जब तक कि मौजूदा बीवी से हमने तलाक नहीं माँगा है। तलाक माँग लेंगे तब स्थितियों पर पुनर्विचार करेंगे। हो सकता है कि कुछ समय बाद हम तलाक लेने का इरादा छोड़ दें और तलाक की अर्जी वापस ले लें! यह भी हो सकता है कि उससे तलाक लेकर दूसरी शादी कर लें, यह भी हो सकता है कि जिससे शादी करने का वायदा किया है, उससे न करके, किसी और से कर लें और यह भी हो सकता है कि किसी से शादी न करें, सबसे फ्लर्ट करें! कुछ भी हो सकता है क्योंकि यह लड़के-लड़की का पहला-पहला इश्क नहीं है, जहाँ सात जन्म तक साथ रहने की कसमें खाई जाती हैं। एक-दूसरे के दुख-दर्द में साथ निभाने, साथ-साथ जीने-मरने की कसमें खाई जाती हैं। ये तो बुढ़ापे का इश्क है। जब तक चला, चला, नहीं चला तो, दिल तो किसी हालत में टूटनेवाला नहीं है!

(7 अप्रैल, 2009)

प्रधानमंत्री वे नहीं बने तो ?

जैसा कि सारा देश जानता है, लालकृष्ण आडवाणीजी 'पी.एम. इन वेटिंग' हैं। खुदा न खास्ता उनके नेतृत्व में सरकार बन गई तो उनकी प्रधानमंत्री बनने की प्रतीक्षा सहज ही खत्म हो जाएगी। दूसरी सम्भावना यह है कि वोटर कह दें कि आडवाणीजी, आप कतार में हैं। अभी आप प्रतीक्षा कीजिए। आडवाणीजी धैर्यवान पुरुष हैं। वे वोटरों से कहेंगे 'ठीक है भाइयो-बहनो, आपकी मर्जी, मैं और प्रतीक्षा कर लेता हूँ।' लेकिन राजनाथ सिंह तब उनसे कहेंगे—ऐसा है परम आदरणीय, आप काफी प्रतीक्षा कर चुके हैं। वैसे भी आप हमारे बुजुर्ग हैं, सम्माननीय हैं, वाजपेयीजी के बाद पार्टी में आपका दूसरा स्थान है। मुझे यह अच्छा नहीं लगता कि आप इन्तजार करते रहें और जनता आपको ठुकराती रहे! मैं आपका अपमान होते हुए सहन नहीं कर सकता। इसके बजाय मैं अपना अपमान करना पसन्द करूँगा। किसी सेवक की जरूरत हो तो बताइएगा, मैं अविलम्ब भेज दूँगा। ठीक है, आडवाणीजी, प्रणाम। आता रहूँगा आपसे परामर्श करने। पार्टी को आप जैसे अनुभवी लोगों के परामर्श की सख्त जरूरत है।'

नरेन्द्र मोदी उनसे कहेंगे कि 'आडवाणीजी आप हमारे इतने सम्माननीय हैं, बुजुर्ग हैं, गुजरात प्रदेश से कई बार चुनकर लोकसभा में मेरे प्रदेश का गौरव बढ़ा चुके हैं तो मैं तो तहेदिल से चाहता था कि आपको ही प्रधानमंत्री होना चाहिए था। इससे गुजरात का गौरव और बढ़ता। काफी तो मैंने बढ़ाया ही है, आप भी थोड़ा बहुत बढ़ा लेते! पर क्या है आडवाणीजी, भूतपूर्व पी.एम. इन वेटिंग, मुझे लगता है कि मैं भी गुजरात की काफी सेवा कर चुका हूँ। एक 'धर्मनिरपेक्ष' नेता के नाते मैं मुसलमानों की सेवा तो 2002 में ही कर चुका था, सम्पूर्ण गुजरात की सेवा भी मैं पर्याप्त से अधिक कर चुका हूँ। उसकी इकनामी इतनी ज्यादा सुधार चुका हूँ कि अब सुधार की गुंजाइश बची नहीं। लेकिन जहाँ तक सम्पूर्ण हिन्दुस्तान का सवाल है, उसके मुसलमानों को 'ठीक' करना अभी बाकी है। देश की अर्थव्यवस्था की दुरवस्था भी आप देख ही रहे हैं। तो ऐसा है कि मैं प्रधानमंत्री पद के वेटिंग हाल में बैठ जाता हूँ और जहाँ तक राजनाथ सिंहजी का सवाल है, मुझमें और उनमें से कौन पी.एम. इन वेटिंग बनेगा, यह हम आपस में तय कर लेंगे। वैसे मैं ही बनूँगा। मगर आप तो पधारें! आपको हमने काफी कष्ट दिया। इसके लिए हम क्षमा चाहते हैं। और राजनाथजी, देश के प्रति आडवाणीजी की सेवाओं के लिए, विशाल भगवती जागरण की तर्ज पर इनका एक विशाल नागरिक अभिनंदन करा दीजिए। पैसे का प्रबन्ध मैं करवा

दूँगा, ताकि आडवाणीजी प्रेमपूर्वक अब सुखी-सफल गृहस्थ जीवन आनन्दपूर्वक बिताएँ। वैसे ऐसा सुखी जीवन इस देश में कितनों को मिलता है! आडवाणीजी मुझे आपसे सचमुच ईर्ष्या हो रही है। अच्छा नमस्कार। जय भारत। घर में परिवारजन आपकी आकुलता से प्रतीक्षा कर रहे होंगे।'

(8 अप्रैल, 2009)

सपने में चुनाव-प्रचार

आजकल तकनालॉजी का बहुत विकास हो चुका है। ऐसी तकनालॉजी भी आ चुकी है कि कोई चाहे तो आपके सपनों में आ सकता है। चुनाव के दिन हैं तो इस तकनालॉजी का उपयोग करके चुनाव-प्रचार के उद्‌देश्य से माननीय प्रधानमंत्री मनमोहन सिंहजी मेरे सपनों में आ गए। कहने लगे, 'नमस्कार। आपने मुझे जरूर पहचान लिया होगा। मैं भी आपको पहचानता हूँ।' हम ठहरे बेवकूफ। समझे कि ओहो, देश के प्रधानमंत्री मुझ जैसे नाचीज को 'पर्सनली' जानते हैं और मुझसे वोट माँगने आए हैं, वाह-वाह, मेरा परम सौभाग्य! तो मैंने कहा उनसे, 'प्रधानमंत्रीजी, आप पर्सनली आकर मुझसे वोट माँग रहे हैं तो आपकी पार्टी को वोट मैं ही क्या, मेरे स्वर्गीय बाप को भी देना पड़ेगा! लेकिन प्रधानमंत्रीजी, पिछले पाँच सालों में कभी लगा तो नहीं कि आप मुझे पहचानते हैं! मुझे तो क्या, आप इस देश की जनता को भी पहचानते हैं, यह भी लगा पर कोई बात नहीं, सब चलता है। जब 'पावर' में होते हैं लोग तो ऐसा ही होता है। पर चूँकि आपने व्यक्तिगत रूप से कांग्रेस के लिए वोट माँगने का कष्ट किया है तो मेरा वोट बिलकुल पक्का समझिए! और बीवी का वोट भी दिला दूँगा। इतनी तो अपनी अभी भी घर में चलती है!

वे मुस्कुराए। मुझे नमस्कार किया और वे जाने ही वाले थे कि 'प्राइम मिनिस्टर इन वेटिंग' आ गए। कहने लगे, 'बन्धु, देश के सबसे कमजोर प्रधानमंत्री को आप वोट देंगे, जो हर काम सोनिया गांधी से पूछकर करता है? हरगिज ऐसे आदमी पर अपना वोट मत बर्बाद कीजिए। मैं लौह-पुरुष द्वितीय हूँ। आप मुझे वोट दीजिए और फिर देखिए मेरा कमाल! मनमोहन सिंह से सावधान, बी.जे.पी. जिन्दाबाद। अब पी.एम. इन वेटिंग ही बनेंगे पी.एम.!

मनमोहन सिंहजी को यह सुनकर गुस्सा आ गया। कहने लगे, 'आडवाणीजी, मैं आपका बहुत सम्मान करता हूँ मगर आप मेरे वोटर को बिगाड़ने की कोशिश कर रहे हैं! शर्म नहीं आती आपको?' मेरे ही खजाने पर डाका! अरे आप काहे के लौह-पुरुष। वोटर साहब आपको मालूम है न, ये जब देश के गृहमंत्री थे तो इन्होंने देश का कितना भट्‌ठा बैठाया था!

'भट्‌ठा आपने बैठाया था या मैंने?'

'आपने?'

'आपने।'

वे आपसे तुम और तुम से तू पर आने ही वाले थे कि मेरी नींद खुल गई। मैंने उस ऊपरवाले का—जो है नहीं—बहुत-बहुत शुक्र अदा किया।

(9 अप्रैल, 2009)

जमाना जूते का!

देखिए जी, इस मामले में हम पूरी तरह आपके साथ हैं कि जूते मारकर किसी को भी बेइज्जत नहीं किया जाना चाहिए। गरीब को तो बिलकुल ही नहीं, किसी प्रेमी को भी नहीं। लेकिन दिल की बात बता दें कि जब बगदाद में जॉर्ज बुश को जूता पड़ा था (पड़ते-पड़ते रह गया था) तो हमें दुख नहीं हुआ था। अब आपसे क्या शरमाना जी, हमें तो खुशी हुई थी, यह भी लगा था कि यह इनसान—अगर बुश को इनसान कहने की छूट आप मुझे दें तो—इसी काबिल था। इसे तो दोनों जूते भी पड़ जाते तो कम थे। आशा है कि मनमोहन सिंहजी इस स्पष्ट कथन के लिए हमें क्षमा करेंगे और नहीं भी करेंगे, तो हम उनका क्या कर सकते हैं! लेकिन हमारी पत्रकार बिरादरी के एक सिख सज्जन ने जब पी.चिदंबरमजी पर जूता फेंका था, तो सच कहें हमें बुरा लगा था। फिर टेलीविजन चैनलवाले उस जूते को चिदंबरम पर बार-बार मारते रहे तो यह और भी ज्यादा बुरा लगा था। घिन आई थी इन चैनलवालों पर। ज्यादा बड़े अपराधी तो ये हैं! हमारे पत्रकार भाई ने तो फिर भी अपनी गलती मान ली, ये टी.वी. चैनलवाले तो कभी मानेंगे नहीं और देखना आप ये जूता उन्हें हमेशा मारते रहेंगे। बरसों बाद भी आप देखेंगे कि ये जूता किसी-न-किसी वजह से चिंदबरमजी पर पड़ रहा है। मगर जी आप ही बताइए कि जूता कितना असर करने लगा है हमारे यहाँ! अभी-अभी नवीन जिन्दल पर किसी ने फेंक दिया! टाइटलर साहब और सज्जन कुमारजी कहते रह गए कि हम निर्दोष हैं, हमने सिखों को नहीं मारा तो भी उनको दरवाजा दिखा दिया गया कि भैया बहुत हो चुका, अब आप पधारो। नमस्कार। आप कल्पना कीजिए कि अखबार लिखते रहते, टी.वी. कहता रहता, सिख जुलूस निकालते रहते, तोड़-फोड़ भी करते तो कुछ न होता! ये दोनों सज्जन चुनाव लड़ते और जीत जाते और अगर कांग्रेस की सरकार बनती तो कम-से-कम इनमें से टाइटलर साहब फिर मंत्री जरूर बन जाते! लेकिन एक जूता—जो मंत्री को नहीं लगा-वह जबर्दस्त असर कर गया। जरनैल सिंह साहब अपने अखबार में इनके खिलाफ जो मर्जी लिखते, कौन पूछता? ये नेता भी न पूछते कि जरा पता तो करो कि ये किसका दिमाग 'खराब' हुआ है! जन्तर-मन्तर पर न जाने कितने लोग रोज धरना-प्रदर्शन करने आते हैं, महीनों क्या सालों तक वहाँ बैठे रहते हैं, किसी के कानों पर जूँ तक नहीं रेंगती! तो क्या जी शब्दों का जमाना गया, जूतों का आ गया! मैं अपनी राय नहीं दे रहा, आपसे सिर्फ पूछ रहा हूँ! क्या कहाजी आपने..., फिर से बोलना, सुना नहीं मैंने...।

(11 अप्रैल, 2009)

शाकाहारी सांसद

एक भाई ने विज्ञापन देकर दिल्ली की जनता से अपील की है कि 'चुनें उन्हें जो शाकाहारी हों।' मैं खुद भी शाकाहारी हूँ मगर ये विज्ञापन मुझे कुछ अजीब-सा लगा। क्यों भाई, मैंने किसी मांसाहारी को वोट दे दिया तो क्या हो जाएगा? क्या लोकसभा उससे ज्यादा खराब चलेगी, जितनी कि खराब वह अक्सर चलती है? ऐसी क्या खासियत होती है शाकाहारियों में, जो कि मांसाहारियों में नहीं होती कि मैं शाकाहारी को ही लोकसभा में भेजूँ, सिवाय इसके कि वह शाकाहारी होता है! शाकाहारी भी उतना ही बुरा या अच्छा होता है जितना कि मांसाहारी! बेईमान, पाखंडी, धूर्त, झूठा, माफिया, लफंगा, लम्पट तो मांसाहारी भी हो सकता है और शाकाहारी भी! जनता की आवाज शाकाहारी जितना बुलन्द कर सकता है, उतना ही मांसाहारी भी! जनता से कटा हुआ, दलबदलू, भ्रष्ट, जातिवादी, साम्प्रदायिक शाकाहारी भी उतना ही हो सकता है जितना कि मांसाहारी। और लोकसभा में रोज शाकाहारियों का सम्मेलन तो होता नहीं कि वहाँ मैं जिसे भेजूँ, वह सिर्फ शाकाहारी हो! फिर मैं ऐसा उम्मीदवार भी कहाँ से लाऊँ तो कांग्रेसी, भाजपाई, सपाई या बसपाई में से भी कोई हो, जो हिन्दू या मुसलमान या सिख में से भी कोई हो, जो ब्राह्मण, वैश्य, क्षत्रिय या दलित में से भी कोई हो, जो धर्मनिरपेक्ष या साम्प्रदायिक में से भी कोई हो, जो ईमानदार हो, जो अच्छा वक्ता हो, जो स्थानीय हो, जो सर्वसुलभ हो, जो इत्यादि हो! इतने सारे मापदंड पर तो घर में बहू भी नहीं लाई जाती, तो ये तो मात्र जनप्रतिनिधि हैं, जिसे शाकाहारी भी वोट देंगे, मांसाहारी भी, मजदूर भी वोट देंगे, किसान भी, ब्राह्मण भी वोट देंगे, जायसवाल भी, सनाढ्य भी वोट देंगे, औदीच्य भी, जिसे चोर भी वोट देंगे, सिपाही भी। जो इस सबको भाए, ऐसा शाकाहारी भला ढूँढ़कर मैं कहाँ से लाऊँ? और मान लीजिए कल लोकसभा में शाकाहार पर बहस होगी तो क्या मांसाहारी उठ खड़ा होगा और कहेगा कि नहीं, मैं शाकाहार का विरोध करता हूँ और हिन्दुस्तान के हर आदमी को मांसाहारी बना देना चाहिए? तो उम्मीदवार जी, आप शाकाहारी हों या मांसाहारी, बस इतना जरूर खयाल रखना कि जनता का मांस-नोच-नोचकर खाना मत और उसका खून कोकाकोला समझकर पीना मत इतनी ही दया हम पर रखना।

(13 अप्रैल, 2009)

अगर कहीं मैं कुत्ता होता!

एक दिन सड़क के एक कुत्ते को देखकर मेरे मन में खयाल आया कि अगर मैं आदमी न होता तो क्या पता कुत्ता होता! चूँकि आदमी देसी हूँ तो कुत्ता भी देसी ही होता! उसकी तरह आवारा होता, मारा-मारा फिरता। सड़क पर जन्म लेता और वहीं मर भी जाता। सड़क ही मेरी मातृभूमि होती हालाँकि उसके लिए मैं खून की आखिरी बूँद तक देने की कसम नहीं खाता और हकीकत में तो पसीना तक नहीं बहाता! जब पिल्ला होता तो बच्चे दो-चार-दस दिन, महीने-दो महीने-चार महीने मुझे चाहते, फिर वही होता, जो देसी कुत्तों के साथ अमूमन होता है। इधर इसने लात मारी, उधर उसने। कें-कें-कें, अईं-अईं करता। ज्यादा से ज्यादा क्या करता-भौं-भौं करता! और काटने की गलती कर देता किसी इनसान को तो फिर मेरी तो गरदन ही नप जाती! मैं ढूँढ़ता रहता इधर-उधर कुछ खाने को। कभी झूठन, कभी हड्डी, कभी मांस का टुकड़ा, कभी सड़ी रोटी-सब्जी! हमेशा ही भूखा रहता और हमेशा ही कुछ न कुछ खाने को ढूँढ़ता रहता! अच्छी किस्मत होती तो किसी ढाबे के पास भटकता वहाँ कभी कुछ चाटने को कुछ मिल जाता तो कभी डंडा और कभी लात पड़ जाती! कें-कें करता हुआ भागता। हार-पछताकर थोड़ी देर में फिर वहीं मँडराने लगता। बेशर्म! किसी दिन मेरी टाँग टूट जाती तो लँगड़ाता घूमता। आदमी हूँ तो दो दिन घर पर आराम कर सकता हूँ, डॉक्टर को दिखा सकता हूँ, दवा लगवा-खा सकता हूँ। लेकिन कुत्ते को यह सुविधा कहाँ! लँगड़ाता-लँगड़ाता खाने के लिए भटकता! आज मेरी पूँछ नहीं है, फिर भी मुझे पूँछ हिलाना खूब आ गया है, तब तो अपनी वास्तविक पूँछ हिलाता। यूँ ही हिलाता जैसे अब हिलाता हूँ और अक्सर कोई फायदा नहीं मिलता। कुत्ता है तो पूँछ तो हिलाएगा ही, यह समझकर लोग मेरी उपेक्षा करते!

अगर कुत्ता होता तो किसी के 'तू-तू' कहने पर बुरा नहीं मानता। काला रंग का होता और कोई 'कालू' कहता तो भी बुरा मानने की बजाय फौरन उसके पास दौड़ जाता कि चलो, अब कुछ मिलेगा! कोई भी मेरा जो भी नाम रखता, उसे मान लेता। किसी आदमी से न ईर्ष्या रखता, न किसी से दुश्मनी। न वोट देता, न नेता मेरे पैर छूते। वैसे कुत्ता होता तो मुझे क्या पता होता कि मैं कुत्ता हूँ और मैं कैसे सोचता कि काश! मैं आदमी हुआ होता तो कितना अच्छा होता!

(14 अप्रैल, 2009)

बुलेट-प्रूफ 'मन्नत'

शाहरुख खान इतने लोकप्रिय हैं कि उन्हें नफरत करनेवाले कम या बिलकुल ही नहीं होने चाहिए। मेरा तो खयाल है कि उनकी फिल्में आतंकवादी, चोर, डाकू, लुटेरे, जालसाज भी देखते होंगे। उन्हें इनसे तो कोई खतरा ही नहीं होना चाहिए लेकिन बताते हैं कि उन्हें और उनके परिवार को आतंकवादियों से खतरा है। इसलिए उन्होंने अपने बँगले 'मन्नत' को बुलेट-प्रूफ करवा लिया है। उनकी तमाम कारें तो बुलेट-प्रूफ होंगी ही। क्या पता उनकी जैकेट भी बुलेट-प्रूफ हो। आदमी को पूरा का पूरा बुलेट-प्रूफ बनाने की कोई तकनीक अभी नहीं आई वरना वे समर्थ हैं, अपने और अपने परिवारजनों को बुलेट-प्रूफ करवा लेते। चलो, फिर भी आप बुलेट-प्रूफ तो हो ही गए! लेकिन शाहरुख जी चारों तरफ नफरत का समन्दर लहरा रहा है और उस समन्दर के किनारे रहते हैं शाहरुख खान, आमिर खान, मकबूल फिदा हुसेन आदि तमाम लोग। अभी लहरें आती हैं और आपके बँगले तक आकर लौट जाती हैं। लेकिन मकबूल साहब तो फिर भी बरसों से बेचारे भागे-भागे फिर ही रहे हैं। जिन लोगों ने नफरत का यह समन्दर बहा रखा, उन्हें आदमी में आदमी और आदमी में कलाकार नजर नहीं आता। उन्हें आदमी सिर्फ उसका धर्म नजर आता है। उन्हें हिन्दू और मुसलमान नज़र आता है। ठीक है कि आप खूब मुस्कुराते हैं, इनसानियत की बातें करते हैं। धर्मनिरपेक्षता के ताने-बाने को बचाने की बातें करते हैं, विवादों से बचते हैं, नफरत के सौदागरों के खिलाफ सीधे-सीधे कुछ नहीं बोलते। लेकिन जिन्हें शाहरुख खान में मुसलमान नजर आता होगा उन पर इन बातों का कोई असर नहीं पड़ता। वे बन्दूक-पिस्तौल से गोली नहीं चलाएँगे मगर बोली से गोली जरूर चलाएँगे। बोली की इस बुलेट से कौन बच सका है ? किसका दिल नहीं छिदा है इससे ? सुरक्षित रहिए शाहरुख खान, जितना रह सकें, लेकिन अपनी जिन्दादिली को बचाए रखिए। इसके सिवाय शाहरुख खान में लोग पसन्द भी क्या करते हैं ?

(15 अप्रैल, 2009)

सुन्दर-सुशील कन्या चाहिए!

संडे का दिन। फुर्सत का दिन। अपनी कोई कन्या नहीं, फिर भी अपन वरों की मंडी में घुस गए यानी 'वधू चाहिए' के कॉलम में प्रविष्ट हो गए। काफी आनन्द आया। अपना लड़का चाहे नाटा हो, काला हो, मोटा हो, बाँका-टेढ़ा हो, भेंगा हो, दिमागी रूप से कमजोर हो, जैसा भी हो लेकिन समस्त बापों को अपने बेटों के लिए सिर्फ सुन्दर, सुशील, गोरी, स्वजातीय, 'स्लिम' और सम्भ्रान्त परिवार की कन्या ही चाहिए! एकाध ही कोई देखा जिसने ऐसी किसी कन्या की माँग नहीं की थी, बाकी तो सबका वही हाल है। अब भई जैसे तुम्हारा लड़का नाटा हो सकता है, किसी की कन्या भी तो नाटी हो सकती है, मोटी हो सकती है, भेंगी हो सकती है, काली हो सकती है, साँवली हो सकती है! इस देश में वैसे ही लड़कों के मुकाबले लड़कियाँ कम पैदा की जा रही हैं तो वे सारे पिता अपनी ऐसी बेटियों को कहाँ ले जाएँ जो तुम्हारे मानदंडों के हिसाब से न तो गोरी हैं, न सुन्दर हैं, न 'सम्भ्रान्त परिवारों' आदि से हैं। पिता अपनी बेटियों को पढ़ा-लिखा सकते हैं, संस्कार दे सकते हैं, उनके सजने-सँवरने पर भी कुछ खर्च कर सकते हैं मगर साँवली या काली लड़की को, गोरी, नाटी को लम्बी तो नहीं बना सकते! और जिस लड़की को खाने में खूब आनन्द आता है, उसे जबर्दस्ती सलाद खिला-खिलाकर, जिम में भेज-भेजकर 'स्लिम' भी कितना करें! और अगर जो लड़के सुन्दर नहीं हैं, उनकी शादी हो सकती है तो उन उलड़कियों की क्यों नहीं हो सकती, जो तथाकथित रूप से सुन्दर नहीं हैं! तुम तो अपने लड़के की कमी छुपाने के लिए शादी के विज्ञापन में भी इशारे से अपनी भ्रष्टाचार की कमाई का रोब गाँठने से भी नहीं चूकते हो लेकिन कन्या तुम्हें सिर्फ सम्भ्रात परिवार की सुन्दर-सुशील ही चाहिए! एक लड़के के पिताजी ने बताया है कि वे पी.डब्ल्यू.डी. में इंजीनियर हैं यानी लड़कीवालों समझ लो कि हमारे पास रिश्वत का माल खूब है, तुम्हारे पास भी हराम का माल जमकर हो तो हमसे बात करना वरना हमारा वक्त बर्बाद करने की कोई जरूरत नहीं! एक सज्जन ने कहा है कि लड़के के पिता यानी वे स्वयं इनकम टैक्स अधिकारी हैं। इसका मतलब भी साफ है कि खूब खाऊ हैं वरना यह लिखने की क्या जरूरत! अच्छा, कई बापों को अपनी औलादों के लिए न केवल कामकाजी लड़की चाहिए बल्कि वे यह भी बता देते हैं कि उसके पास फलाँ-फलाँ डिग्री ही होनी चाहिए। अच्छा हुआ वे यह नहीं बताते कि उन्हें आई.आई.टी., कानपुर या आई.आई.एम, अहमदाबाद में पढ़ी लड़की ही चाहिए! मैं धन्य हुआ इस मंडी में जाकर, भविष्य में कभी और भी गया तो बताऊँगा। तब तक के लिए नमस्कार!

(16 अप्रैल, 2009)

'वर' कैसा चाहिए?

पिछले संडे हमने 'वर चाहिए' कॉलम भी पढ़ा। हमें उसमें भी अति आनन्द आया। जिसे अपनी बेटी नहीं ब्याहनी, वह वधुओं की इस मंडी में वक्त काटने के लिए चक्कर लगाएगा तो उसे मजे के सिवाय और क्या आएगा? हमें पता चला कि लड़के के पिता का व्यवहार अलग होता है, लड़की के पिता का अलग। लड़के के पिता को सुन्दर, गोरी सुशील, शिक्षित, 'स्लिम' बहू ही चाहिए। लेकिन लड़के के बाप को कतई इसकी चिन्ता नहीं होती कि भावी दामाद दिखने में कैसा होगा, उसे तो परवाह होती है कि उसके पास अच्छी-सी नौकरी होनी चाहिए या अपना अच्छा काम-धन्धा होना चाहिए, लड़के का स्टेटस कम-से-कम उतना होना चाहिए, जितना कि लड़की के बाप का है। इस प्रकार लड़की का बाप जमीन पर रहता है। वह लड़के के बाप की तरह हवा में नहीं उड़ता। इसलिए कई बार लड़के का बाप हवा में ही उड़ता रह जाता है और जमीन पर कभी लौट नहीं पाता। पक्षी तो सोने के लिए फिर भी रात को पेड़ पर आ जाते हैं लेकिन वह तो सो भी नहीं पाता क्योंकि उसे लगातार आकाश में उड़ते रहना है। लड़की का बाप लड़की गोरी होगी तो कहेगा गोरी है, साँवली-गेहुँआ हुई तो कहेगा 'फेयर' है। समझनेवाले इसका मतलब समझ जाते हैं। जिसे रिश्ता करने की इच्छा होती है, वह फोन करता या चिट्ठी लिखता है। एक लड़की का पिता तो इतना 'यथार्थवादी' था कि उसने बता दिया कि उसकी बेटी का एक पाँव पोलियोग्रस्त है, लड़की थोड़ी लँगड़ाती है। आमतौर पर लड़के का बाप विज्ञापन में इस तरह का खुलासा नहीं करता। विज्ञापन पढ़कर 'डिसेंट मैरिज' और 'वैरी डिसेंट मैरिज' का मतलब भी समझ में आया कि कोरी लड़की नहीं देंगे, आश्वस्त रहा, अच्छा दहेज भी देंगे, बढ़िया दहेज देंगे। वैसे एकाध बाप ऐसा अक्खड़ भी था जिसने कहा कि दहेज चाहिए तो हमसे कतई बात मत करना! रब्बा लड़की की खैर करे! एक सरदारजी ने जरूर माँग रखी कि लड़का मोना हो तो अच्छा, वैसे दाढ़ी-मूँछवाला भी अपने को चल जाएगा! उस दिन हम इस बाजार में इतना ही घूम पाए, इतना ही जान पाए। ज्यादा जानते, तो तकलीफ भी ज्यादा होती। इसलिए कम तकलीफ से ही काम चला लिया ताकि कभी-कभी हँस और मुस्कुरा भी सकें!

(17 अप्रैल, 2009)

नंगा सत्य

समय के साथ सब कुछ बदलता है। हमने कभी यह सुना था कि 'नंगा सत्य' बड़ा विकट होता है। उसका सामना करने की ताकत सब लोगों में नहीं होती। लेकिन अब 'नंगे सत्य' का अर्थ पूरी तरह बदल रहा है। 'एल्योर' नामक किसी अमेरिकी पत्रिका के किसी आगामी अंक में 'नंगा सत्य' नाम से दुनिया की पाँच मॉडलों की नंगी देहों के चित्र छपेंगे। भारत की पद्मा लक्ष्मी को भी इन मॉडलों में शामिल होने का 'गौरव' प्राप्त हुआ है जो कुछ समय पहले सलमान रुश्दी की प्रेमिका-पत्नी बनकर चर्चित हुई थीं। लक्ष्मी अपना यह नग्न सत्य उजागर करके बहुत खुश हैं। उन्हें इसका मोटा पैसा जो मिलेगा! ऊपर से मिलेगा अन्तर्राष्ट्रीय 'प्रसिद्धि'। वह अपनी चर्बी आजकल कुछ बढ़ा रही हैं ताकि देह का 'नंगा सत्य' कुछ ज्यादा आकर्षक और अधिक नशीला बनाकर पेश किया जा सके! तो जिन्हें इस नग्न सत्य तक पहुँचना हो, वे अपने पास डॉलर तैयार रखें और वक्त का इन्तजार करें। पहले 'नंगे सत्य' को सामने लाते थे लेखक-पत्रकार-डॉक्यूमेंट्री फिल्म बनानेवाले फिल्मकार। इसके लिए वे कई खतरे उठाते थे। जान तकदे डालते थे। अब कैमरे की आँखों से पद्मा लक्ष्मी आदि की गठीली और नंगी देह देखिए और खुश होइए कि आपने कितनी आसानी से पा लिया 'नंगा सत्य' यह सत्य ऐसा नहीं है कि आप इसे बर्दाश्त न कर सकें, यह तो थाली में परोसे व्यंजनों की तरह गरम, खुशबूदार और खूबसूरत भी है। जब भी भूख लगे, थाली मँगवाए और खाइए! मैगजीन खोलिए और 'नंगे सत्य' का साक्षात्कार कीजिए। कितना आसान बना दिया गया है न सब कुछ! अब उस 'सत्य' की क्या जरूरत जिसे 'नंगा' करना पड़ता था, अब तो सत्य खुशी-खुशी खुद नंगा होकर आपके सामने हाजिरी बजाना चाहता है कि लो, पुरुषो देखो और हमें नोच सको तो नोच लो। अगर तुम इस 'सत्य' को यथार्थ में नहीं पा सकते तो भी क्या हुआ, दुखी मत होओ, तस्वीर में तो इसे पा सकते हो! तो प्रतीक्षा कीजिए तमाम पुरुषो, होनेवाला है भारत का भी 'नंगा सत्य' जल्दी ही उजागर। हमारे अखबार तो अभी से इससे खुश हैं। एक अखबार में तो मैंने देखा कि पद्मा लक्ष्मी का अधनंगा सत्य तो अभी से उजागर किया जा चुका है!

(18 अप्रैल, 2009)

राष्ट्रीय समस्या है क्रिकेट

हमारी वास्तविक राष्ट्रीय समस्या क्या है? परीक्षा में ऐसा सवाल पूछा जाए तब तो यही जवाब देना पड़ेगा—भूख, गरीबी, अशिक्षा आदि वरना नम्बर कट जाएँगे मगर परीक्षा न हो तो सही जवाब होगा—क्रिकेट! क्रिकेट से बड़ी कोई राष्ट्रीय समस्या नहीं है और सारी समस्याओं के हल भी क्रिकेट में हैं! आप भूखे हैं, नंगे हैं, डोंट वरी। क्रिकेट खेलिए या फिर क्रिकेट देखिए, आपकी समस्या हल हो जाएगी! आपने कुछ समय पहले पढ़ा होगा कि चुनाव की वजह से केन्द्रीय गृहमंत्री ने आई.पी.एल. की क्रिकेट टीमों की सुरक्षा का इन्तजाम करने से मना कर दिया था तो अचानक क्रिकेट व्यापक राष्ट्रीय समस्या बन गया था! लोग यह तक कहने लगे थे कि क्रिकेट की कीमत पर चुनाव कराने की ऐसी भी क्या जरूरत है! किसी भी तरह चुनाव के बीच में क्रिकेट को 'एडजस्ट' करने के बहुत ही गम्भीर प्रयास किए गए मगर बेचारे गृहमंत्री कामयाब नहीं हो पाए! शाहरुख खान, प्रीति जिंटा वगैरह-वगैरह के चेहरों पर इससे हवाइयाँ उड़ने लगीं। आखिर हल यह निकला कि क्रिकेट दक्षिण अफ्रीका में होगा और लोग उसे देश में देखेंगे। सरकार से लेकर जनता तक ने इस निर्णय से राहत की साँस ली। मेरा अन्दाज है कि जिस दिन केन्द्र सरकार ने फैसला दिया होगा कि देश में चुनाव तक क्रिकेट नहीं होगा तो जरूर शेयर सूचकांक नीचे गिर गया होगा और जब फैसला यह हुआ होगा कि आई.पी.एल. मैच दक्षिण अफ्रीका में होंगे इसीलिए मैं कहने को बाध्य हूँ कि तो सूचकांक जरूर ऊपर चला गया होगा!

देश की बुनियादी समस्या क्रिकेट है। मैच न हो तो परेशानी, हो तो भी परेशानी! हो तो सचिन तेंदुलकर ने छक्के पे छक्के क्यों नहीं मारे और वीरेन्द्र सहवाग ने टीम को अच्छी शुरुआत क्यों नहीं दी! क्रिकेट खिलाड़ी खाँसें तो समस्या और न खाँसें तो भी समस्या कि आजकल तो भैया वे खाँस भी नहीं रहे हैं। बोलें तो समस्या कि अरे इन्होंने ये क्या कह दिया और न बोलें तो भी समस्या कि आजकल तो वे बोल भी नहीं रहे हैं! दादा को टीम में रखा जाए तो समस्या और न रखा जाए तो भी समस्या! और समस्या भी ऐसी-वैसी नहीं, ये सारी राष्ट्रीय समस्याएँ हैं! वैसे क्रिकेट की वजह से इस देश को ऐसी समस्याओं, ऐसे संकटों से सहज ही बार-बार निबटने की आदत पड़ चुकी है। वरना पता नहीं इतने समस्याग्रस्त देश का आज क्या हुआ होता! यह देश आज कहाँ होता। क्या पता कहीं हुआ होता भी या नहीं होता!

(21 अप्रैल, 2009)

आलू-स्तुति

यह स्वतः स्पष्ट है कि जो आलू हैं, वे आलू ही रहेंगे। वे बैंगन या गोभी या मटर नहीं होंगे। उन्हें होना भी नहीं चाहिए। क्यों हों? क्या गोभी ने कभी चाहा कि वह आलू हो तो आलू क्यों चाहे कि वह गोभी हो? अच्छा जो आलू हैं, उन्हें आलू रहने में ही आनन्द आने लगता है। वे शुक्र मनाते हैं कि ऊपरवाले ने उन पर बड़ी कृपा की कि उन्हें आलू के रूप में जन्म लेने का सुनहरा अवसर दिया! आखिर वे आलू हैं इसीलिए तो उन्हें यह गौरव प्राप्त हुआ है कि उन्हें उबालकर भी खाया जा सकता है, भूनकर भी तथा तलकर भी। उन्हें सूखा भी खाया जा सकता है तो तरीदार भी! भुर्ते के रूप में भी खाया जा सकता है और पराँठे के रूप में भी। समोसे के रूप में भी और चिप्स के रूप में भी! भुजिया के रूप में भी और हलवे के रूप में भी। अब बताइए ऐसा सौभाग्य आलू के अलावा किसे हासिल है? ऐसी कौन-सी चीज है दुनिया में जिसे पूरब, पश्चिम, उत्तर, दक्षिण सब जगह समान रूप से प्रेमपूर्वक खाया जाता हो! जिसे उपवास में भी खाया जाता हो और उपवास के बगैर भी खाया जाता हो! जिसे इंडिपेंडेंटली भी खाया जाता हो और किसी भी सब्जी के साथ मिलाकर भी! ऐसी विनम्र सब्जियाँ दुनिया में हैं ही कितनी जिन्हें फ्रिज में रखने तक की जरूरत नहीं! जो बाहर पड़ी रहे तो भी जल्दी सड़ती नहीं! जिसे गरीब भी शौक से खाता हो और अमीर भी! जो राष्ट्रीय भी हो और अन्तर्राष्ट्रीय भी। वह सिर्फ आलू है और सिर्फ आलू। जो विदेश से आया भी मगर ठेठ स्वदेशी बन चुका हो! इतना स्वदेशी बन चुका है कि जितने स्वदेशी तो पेप्सीकोला और कोकाकोला भी नहीं हैं जिनका कि प्रचार कर-करके शाहरुख, आमिर खान, सचिन तेंदुलकर वगैरह सब थक चुके हैं और बाकी लोग भी भविष्य में थककर चूर हो जाएँगे! फिर भी जो स्थान इस देश में आलू का है, कभी भी इन कोलाओं-फोलाओं को प्राप्त नहीं हो सकेगा!

इसलिए हे आलू! तुम्हारी महिमा अपरम्पार है। इसे जो शब्दों में बयान करने की कोशिश करता है, वह मूढ़मति है। वह पागल है जो तुम पर 'रामचरितमानस' से छोटी रचना लिखने की कोशिश करके अमर होना चाहता है। आलू, तुम ज्ञेय होकर भी अज्ञेय हो! तु मूर्त होकर भी अमूर्त हो! तुम स्वादहीन होकर भी स्वादिष्ट हो! तुम्हें जो बार-बार खाता है वह पछताता है और तुम्हें जो बार-बार नहीं खाता, वह भी पछताता है। पुराने युगों में जो तुम्हें खाए बिना स्वर्ग या नरक चले गए, वे तुम्हें खाने के लिए पृथ्वी पर आना चाहते हैं, इसलिए हे आलू, हमें आशीर्वाद देना कि हम हमेशा इस स्थिति में रहें कि तुम्हें खरीदकर खा सकें! इति आलूआय नमः।

(22 अप्रैल, 2009)

जनता का फैसला

दिल्ली में कहीं-कहीं एक मोबाइल कम्पनी का होर्डिंग दीखता है। उसमें अभिषेक बच्चन एक मोबाइल हाथ में लिये दीखते हैं। साथ में लिखा है–'जनता का फैसला'। किस 'जनता' ने कब, कहाँ यह 'फैसला' लिया, यह नहीं मालूम लेकिन थोड़ी देर के लिए मान लीजिए जनता ने वाकई यह फैसला लिया हालाँकि जनता तो मैं भी हूँ! मुझसे तो किसी ने फैसला देने को नहीं कहा! फिर भी चलिए, जनता ने क्या फैसला दिया है, पहले यह जान लीजिए–'56 प्रतिशत लोगों ने कहा कि रात के समय दिल्ली की महिलाएँ सुरक्षित होनी चाहिए।'

पहली बात तो यह है कि 'जनता के इस फैसले' से मोबाइल कम्पनी का क्या लेना-देना? शायद वे कहना चाहते होंगे कि महिलाएँ चूँकि असुरक्षित हैं, इसलिए उन्हें मोबाइल फोन खरीद लेना चाहिए और उसी कम्पनी का मोबाइल खरीद लेना चाहिए यानी मोबाइल वे ले लेंगी तो सुरक्षित हो जाएँगी! तब पुलिस के इन्तजाम की क्या जरूरत! फिर हर जगह लाइट हो, इसकी भी क्या जरूरत! जो महिलाओं को असुरक्षित बनाते हैं, उन्हें सजा देने की भी क्या जरूरत? मोबाइल है तो सुरक्षा है। मोबाइल है जहाँ, सुरक्षा है वहाँ! टिन-टिन, टिन-टिन।

अब दूसरी बात। 56 प्रतिशत तो कहते हैं कि महिलाओं को रात के समय सुरक्षित रहना चाहिए लेकिन बाकी 44 प्रतिशत क्या कहते हैं? क्या वे यह कहते हैं कि महिलाओं को रात के समय असुरक्षित रहना चाहिए? उनकी असुरक्षा में ही दिल्ली की सुरक्षा है? या क्या वे यह कहते हैं कि रात के समय महिलाएँ यहाँ सुरक्षित हैं और उन्हें किसी सुरक्षा की दरकार नहीं है? आपने 56 प्रतिशत ने क्या फैसला दिया, ये तो बता दिया महाराज, मगर बाकी 44 प्रतिशत ने क्या कहा, यह क्यों छुपा लिया? आपने नहीं बताया तो हमें सही-गलत के अनुमान लगाने पड़ रहे हैं। अरे भई, 44 प्रतिशत लोग भी तो कम नहीं होते! जब चुनाव में कोई जीतता है तो यह तो बताया ही जाता है कि फलाँ जीता और इतने प्रतिशत मतों से जीता लेकिन यह भी तो बताया जाता है कि जो हारा या जो-जो हारे हैं, उन्हें कितने-कितने प्रतिशत मत मिले हैं और आपने न केवल 44 प्रतिशत क्या कहते हैं, यह नहीं बताया बल्कि उन्हें एक तरह से मूर्ख भी साबित कर दिया क्योंकि कोई मूर्ख ही तो कहेगा कि दिल्ली में रात के समय महिलाओं को सुरक्षित नहीं होना चाहिए या उन्हें सुरक्षा की जरूरत नहीं है! गुंडे से भी पूछोगे तो वह भी यही कहेगा कि रात के समय महिलाओं को सुरक्षित होना चाहिए क्योंकि वह इतना तो चाहता ही है न कि उसकी माँ, उसकी बहन, उसकी पत्नी, उसकी

बेटी, उसकी भाभी सुरक्षित रहें! वह दूसरी औरतों को असुरक्षित करता है, यह अलग बात है, मगर अपने घर की औरतों की सुरक्षा तो वह भी चाहता ही है। वह दूसरों के यहाँ चोरी करता है या डाका डालता है, यह अलग बात है, लेकिन वह भी अपना घर तो सुरक्षित रखना चाहता ही है! लेकिन अब जनता का फैसला है तो है। इस फैसले का मतलब आपको समझ में आए या न आए मगर मोबाइल कम्पनी का नाम तो आपको समझ में आ ही जाएगा! हो गया उनका काम! उन्हें औरतों की असुरक्षा से वैसे लेना-देना भी क्या!

(23 अप्रैल, 2009)

चन्दा क्यों दे प्रधानमंत्री!

लो जी 'नई दुनिया' ने छाप दिया कि सांसदों-विधायकों की तनख्वाह पार्टी-चन्दे के रूप में देने का प्रस्ताव करनेवाले प्रधानमंत्री मनमोहन सिंह ने खुद अपनी तनख्वाह पार्टी को चन्दे के रूप में नहीं दी है! नहीं दी होगी। वे प्रधानमंत्री हैं, उन्होंने देश को अपने पिछले पाँच साल दान में दे दिए हैं और अगले पाँच साल भी देने को तैयार बैठे हैं, तो ऐसे आदमी ने चन्दा नहीं दिया तो कोई गुनाह नहीं किया! जीवनदान बड़ा है या चन्दादान? उनका बुढ़ापा है, प्रधानमंत्री पद की इतनी बड़ी जिम्मेदारी उनके कन्धों पर है, इसलिए यह भी हो सकता है कि वे भूल गए हों! यह भी सम्भव है कि वे पक्के नौकरशाह में चूँकि पक्के नेता बन चुके हैं और नेता अपने पास तो देने के लिए सिर्फ आश्वासन ही हरकते हैं, पैसे नहीं इसलिए वे भूल गए हों! वैसे अच्छे नेता का लक्षण यह भी होता है कि वह अपनी जेब खाली रखता है, और कार्यकर्ताओं की जेब भारी है! कार्यकर्ताओं की जेब ही दरअसल उसकी जेब होती है। हाँ, वह खुद चुनाव के वक्त पैसे जरूर बाँटता है मगर हमारे प्रधानमंत्री तो चुनाव के झंझट से भी जरा दूर ही रहते हैं। फिर प्रधानमंत्री को तो पैसे की कोई जरूरत नहीं पड़ती! बँगला मुफ्त, बिजली मुफ्त, पानी मुफ्त, लंच मुफ्त, डिनर मुफ्त, कार मुफ्त, हवाई जहाज मुफ्त, इलाज मुफ्त, फोन सुविधा मुफ्त। उन्हें तो याद ही नहीं रहता होगा कि रुपए नाम की कोई चीज भी होती है और उसका भी कोई उपयोग देने जैसे काम में होता है! फिर कहीं यह भी पढ़ा था जो हो सकता है कि गलत हो कि चूँकि उन्हें विश्व बैंक से मोटी पेंशन मिलती है, इसलिए वे सिर्फ एक रुपए तनख्वाह के रूप में लेते हैं! अब वे पार्टी को दें तो क्या एक रुपया दें! अपनी पेंशन का पैसा दें तो विपक्ष सवाल उठाएगा कि कांग्रेस के पास ये डॉलर कहाँ से आ रहे हैं, इनकी जाँच की जाए! विपक्ष तो ऐसा है कि मनमोहन सिंह जी डॉलरों को रुपयों में बदलवाकर भी पार्टी को दें तो भी उन रुपयों में डॉलर की खुशबू सूँघ लें। तो मनमोहनजी जो कर रहे हैं, अच्छा ही कर रहे हैं। फिर सही बात यह भी है जी, सांसद-विधायकों के 10-20 लाख चन्दे से कांग्रेस-भाजपा जैसी पार्टियों का क्या बनता-बिगड़ता है! इनसे तो इन पार्टियों का जेब-खर्च भी नहीं चलता! तो मैं तो कहूँगा कि प्रधानमंत्री ने जिस तरह पिछले पाँच सालों में कई अच्छे काम किए हैं, उस तरह यह काम भी उन्होंने अच्छा ही किया है। मेरा पूर्ण समर्थन प्रधानमंत्रीजी को प्राप्त है।

(24 अप्रैल, 2009)

'माँ' की कार

एक जनाब एक बड़ी-सी कार से कहीं जा रहे थे। कई आते-जाते हैं, तो वे भी जा रहे थे तो इसमें कोई ताज्जुब वाली बात तो है नहीं! बात सिर्फ इतनी सी है कि उस कार के पीछेवाले शीशे पर लिखा था–'ना कुछ तेरा, ना कुछ मेरा। माँ झंडेवाली, सब कुछ तेरा।' मैंने इसका यह अर्थ निकाला कि यह कार उनकी नहीं है लेकिन मुझे यह भ्रम भी नहीं होना चाहिए कि यह मेरी है। यह कार तो दरअसल माँ झंडेवाली की है! वे सज्जन तो मात्र इसका उपयोग कर रहे हैं! क्यों कर रहे हैं, यह या तो वे जानें 'माँ' जानें! हो सकता है उनसे 'माँ' ने कहा हो कि बेटा, तू मेरे लिए कार खरीदकर लाया है न, बड़ा काम किया तूने। अच्छा मगर क्यों ले आया बेटा तू तो जानता है न कि मैं चलाती नहीं। खैर, अब ले ही आया है तो ऐसा कर कि अब इसे तू ही चला! ऐसा माँ ने नहीं भी कहा होगा, तो भी इन्होंने मान लिया होगा कि इस कार को मैंने खरीदा है तो इसे चलाऊँगा भी मैं ही। अब मान लो किसी दूसरी कार की टक्कर उनकी कार से हो जाए। गलती उसकी हो मगर नुकसान इनका हो जाए। तो इनको झगड़ना तो चाहिए नहीं क्योंकि कार तो इनकी है नहीं! कार तो माँ की है और माँ तो किसी से झगड़ने आ सकती नहीं! लेकिन ऐसा नहीं है जनाब। ये उस आदमी से झगड़ेंगे! आप कहेंगे कि भैया, ये कार आपकी तो है नहीं, 'माँ' की है तो आप क्यों फालतू में झगड़ रहे हो, तो ये कहेंगे कि भैया, इसलिए झगड़ रहा हूँ कि माँ ने इसका उपयोग करने का अधिकार भी तो मुझे ही दिया है तो मैं नहीं झगड़ूँगा तो क्या वे आकर झगड़ेंगी? कार को हुए नुकसान का पैसा मैं नहीं लूँगा तो फिर तू लेगा? तो इनका कुछ है नहीं पर सब कुछ इन्हीं का है! करेंगे ये वही सब कुछ, जो इस हालत में आप भी करते! वह तो गनीमत है कि उस माँ को कार समर्पित करना सेफ है क्योंकि वह गलती से भी कार पर अपना हक जताती नहीं! वैसे अगर वह हक जताती, उसे चलाती तो ये कभी गलती से भी नहीं कहते–'ना ये तेरा, ना ये मेरा।' फिर तो ये यही कहते–'सब कुछ मेरा तेरा क्यों?'

(25 अप्रैल, 2009)

'विज्ञान' तेरी जय हो

आजकल तमाम अखबार विज्ञान के नाम पर ढेरों खबरें छापते रहते हैं। हर दिन लगता है कि फलाँ शोध हो गई है। बस अब क्या है दो-चार साल में ये रोग भी समाप्त हो जाएगा और वो भी, ये सुविधा भी हो जाएगी और वो भी। आप महीने भर तक 'विज्ञान' की खबरें पढ़ते रहिए तो आपको लगेगा कि अगले पाँच-दस साल में हमारी सारी की सारी समस्याएँ खत्म हो जानेवाली हैं। लेकिन सच यह है कि अगले पाँच-दस सालों में बर्बादियाँ तो बहुत हो सकती हैं, बनेगा कितना, इन वैज्ञानिकों से ज्यादा तो इसके बारे में आपको-हमें मालूम है! अभी कुछ दिन पहले ही मैंने 'विज्ञान' के नाम पर पढ़ा था कि चॉकलेट खाने से बच्चे गणित में तेज हो जाते हैं। आज पढ़ा कि नहीं, चॉकलेट खाने से नहीं, चूइंगगम चबाने से बच्चों के दिमाग गणित में तेज हो जाते हैं। तो हुआ यह होगा कि चूइंगगम वालों ने देखा होगा कि यार ये चॉकलेटवाले तो फोकट की पब्लिसिटी करवाकर हमसे आगे बढ़ रहे हैं, हमारा बिजनेस ये चौपट करा दें तो उन्होंने चूइंगगम खाने से सिर्फ गणित में ही दिमाग क्यों तेज हो जाता है, भौतिक विज्ञान में क्यों नही होता, समाजशास्त्र में क्यों नहीं होता, हिन्दी में क्यों नहीं होता? लेकिन आजकल का चालू विज्ञान ऐसे सवाल पूछने की इजाजत हमें नहीं देता। वह जो भी कहता है, उसे बस मान लो। इसी तरह आपने देखा होगा कि एक दिन छपता है कि स्वास्थ्य के लिए चाय से बेहतर कुछ नहीं तो आठ दिन बाद छपता है कि नहीं, काफी से बेहतर कुछ भी नहीं! एक दिन छपता है कि वियाग्रा खाने से फलाँ नुकसान होता है, तो इसके छठे दिन छपता है कि नहीं, वियाग्रा खाने से आपका दिल-दिमाग भी दुरुस्त हो जाता है। पैसा हो तो हो चाहे आप 'शोध' करवा लीजिए और चाहे जो 'परिणाम' निकलवा लीजिए, पश्चिम की शोध फैक्टरियाँ फटाफट आपकी मनचाही मुराद पूरी कर देंगी। अभी तक हमारे ज्योतिषी ही ज्योतिष को विज्ञान कहते रहते हैं। वे मिलजुलकर दसेक लाख डॉलर इकट्ठा करें तो अमेरिका या यूरोप का कोई शोध-संस्थान कह देगा कि ज्योतिष ही नहीं काला जादू, तंत्र-मंत्र वगैरह सब कुछ विज्ञान है! तो विज्ञान के नाम पर आजकल अखबारों में भविष्यफल की तरह ही मनोरंजन सामग्री ज्यादा छपती है। इसे पढ़िए और बेहतर है कि भूल जाइए। याद रखेंगे तो फँस जाएँगे।

(27 अप्रैल, 2009)

रुको, मोदीजी रुको

बहुत जल्दी में हैं हमारे भाजपाई भाई! उनका एक आदमी अभी प्रधानमंत्री बना नहीं है, प्रतीक्षा सूची में टिकट लेकर वह बार-बार इन्क्वायरी कर रहा है कि उसका टिकट 'कन्फर्म' हुआ या नहीं और दूसरे का नाम भी अगली ट्रेन में प्रतीक्षा सूची में डाल दिया गया है! अरे, पहले आडवाणीजी को तो बन जाने दो, फिर नरेन्द्र मोदी के बारे में सोचना! सबको बिना बताए यह मालूम है कि मोदीजी अब गुजरात के मुख्यमंत्री के रूप में बोर हो रहे हैं। उन्हें यह पद अपने कद से बहुत छोटा लग रहा है, उन्हें भी प्रधानमंत्री बनने की बेहद जल्दी है लेकिन वे क्या करें, उनके रास्ते में अड़ंगा बने हुए हैं आडवाणीजी! मोदीजी, आडवाणीजी को गांधी नगर से जीतने न दें, तब तो उनका चांस फिर भी बन सकता है लेकिन जीतने देंगे और गलती से जनता ने भाजपा को बहुमत भी दे दिया तो आडवाणीजी को ही प्रधानमंत्री बनाना पड़ेगा। क्योंकि संविधान में दो आदमियों को एक साथ प्रधानमंत्री बनाने की कोई व्यवस्था तो है नहीं और भाजपा को संविधान बदलने देगा नहीं! तो पहले बेचारे आडवाणीजी को तो चांस मिल जाने दो! उधर विपक्ष उन्हें प्रधानमंत्री बनने से रोक रहा है, इधर आप जैसे लोग लगे हुए हैं! वैसे मोदीजी के समर्थको, आडवाणीजी यानी लौह-पुरुष द्वितीयजी इस देश के प्रधानमंत्री अगर बन गए तो हमारे कुछ देशवासियों को यह अफसोस नहीं रहेगा कि हाय, इनसे तो अच्छा था, नरेन्द्र मोदी ही प्रधानमंत्री बन जाते! इसलिए शौरीजी और जेटलीजी, आप आडवाणीजी की गर्दन पर मोदी की तेज और धारदार तलवार अभी से मत लटकाओ, उनसे इसका वार झेला नहीं जाएगा! और मोदीजी को प्रधानमंत्री बनाने की इतनी जल्दी भी क्या है! यह भारत भी यहीं रहेगा और इसके 'हिन्दू' भी यहीं रहेंगे। इसलिए कृपया 'प्रधानमंत्री' पद की परमानेंट 'सेल' मत लगाओ। जिन दुकानों में बारह महीने 'सेल' चलती है, उन दुकानों की इज्जत ग्राहक की नजर में नहीं रह जाती!

(28 अप्रैल, 2009)

प्रधानमंत्री बनने का फैशन

सोनियाजी कहती हैं कि इस देश का हर नेता प्रधानमंत्री बनना चाहता है। लगता है, हमारे यहाँ प्रधानमंत्री बनने का फैशन–सा चल पड़ा है! ठीक कहती हैं क्योंकि गलत उन्होंने कभी कहा नहीं। दरअसल उनकी समस्या यह है कि उन्हें उनकी पार्टी प्रधानमंत्री बनाना चाहती थी और वे बनना नहीं चाहती थीं। उनके बेटे को बनाना चाहते हैं और वह भी बनना नहीं चाहता। तो वे यह समझती हैं कि सारी दुनिया के सारे नेताओं को प्रधानमंत्री बनने से इनकार कर देना चाहिए और प्रधानमंत्री उसी आदमी को बनना चाहिए जिसे वे या उन जैसा ही कोई नेता बनाना चाहे। लेकिन ऐसा हमेशा नहीं हो सकता न सोनियाजी! और ऐसा भी अब नहीं हो सकता कि जवाहरलाल नेहरू या लाल बहादुर शास्त्री या इन्दिरा गांधी के कद का व्यक्ति ही प्रधानमंत्री बने क्योंकि इनके कद का कोई आदमी राजनीति में कहाँ। सभी छोटे–छोटे कद के नेता हैं और छोटी–छोटी सोच के आदमी हैं। उन्हें नहीं लगता कि प्रधानमंत्री बनना कोई बड़ी जिम्मेदारी का काम है, इसके लिए बड़ी सोच चाहिए, बड़ा विजन चाहिए। आजकल तो ऐसे–ऐसे लोग प्रधानमंत्री बनते हैं सोनियाजी, जिनके प्रधानमंत्री काल की चरम उपलब्धि यह है कि उन्होंने अमेरिका से परमाणु समझौता करा दिया। और साथी दल के नेता अगर इस समझौते को समर्थन देने से इनकार कर दें तो वे प्रधानमंत्री पद से इस्तीफा न देना चाहता है तो इसमें भी गलत क्या है? इनमें से ज्यादातर लोगों के मन में शायद झूठा ही सही मगर गरीबों के लिए कोई दर्द तो है और इनमें से कुछ ने तो गरीबी की जिन्दगी भी जी है लेकिन यहाँ तो ऐसे–ऐसे प्रधानमंत्री बने हैं सोनियाजी जिन्हें सिर्फ इतना याद है कि गरीबी की एक सीमा रेखा होती है और कुछ लोग इसके इधर रहते हैं तथा कुछ लोग इसके उधर! इधर वाले को इधर और उधर वाले को उधर ही रहना चाहिए, इसी में देश का हित है! तो ऐसे में प्रधानमंत्री बनने का फैशन क्यों न चले? जब हमारे बीच कोई नेहरू है ही नहीं और किसी पार्टी को नेहरू जैसा कोई प्रधानमंत्री चाहिए भी नहीं तो बताइए कोई मुलायम सिंह, कोई मायावती, कोई शरद पवार, कोई लालू प्रसाद यादव, कोई जयललिता, कोई आडवाणी ही तो प्रधानमंत्री बनेगा न : और इन जैसे कोई बीस नेता तो हमारे यहाँ राजनीति में हैं ही! वे सब प्रधानमंत्री बनने का सपना क्यों न देखें? जब नरेन्द्र मोदी का नाम प्रधानमंत्री पद के लिए चल सकता है तो रामविलास पासवान में ही ऐसी क्या बुराई है? इसलिए सोनियाजी फैशन चल पड़ा है तो इसे चलने दीजिए! 16 मई आने दीजिए। क्या पता आपको भी इन फैशनेबल लोगों में से ही किसी एक को प्रधानमंत्री बनाने के बारे में सोचना पड़ जाए!

(29 अप्रैल, 2009)

जागो, वरुणजी जागो

वरुण गांधी काफी 'क्रान्तिकारी' किस्म के भाषण चुनाव सभाओं में देते हैं। लगता है, वे चुनाव नहीं लड़ रहे हैं बल्कि देश की आजादी की जंग लड़ रहे हैं! अभी लखीमपुर खीरी में जनाब ने फरमाया कि 'मैं अपने खून से देश की सेवा करूँगा और अपने खून से राष्ट्रवाद पैदा करूँगा। मेरा सिर भले ही कट जाए लेकिन मैं आपका सिर नहीं झुकने दूँगा।' वगैरह-वगैरह। एक तो मैं अपने देश के इस युवा नेता से कहना चाहता हूँ कि माननीय देश कभी का आजाद हो चुका है। यह काम तभी सम्पन्न हो चुका है जब आपके माता-पिता ने इस भारतभूमि पर जन्म लिया होगा। दूसरा यह है महोदय कि चुनाव जीतने और जितवाने के लिए इतनी क्रान्तिकारिता की जरूरत नहीं पड़ती! आपकी पार्टी के भी तमाम नेता इतने 'क्रान्तिकारी' हुए बिना चुनाव लड़ लेते हैं और जीत भी जाते हैं! और अगर हार भी जाते हैं तो इस वजह से नहीं हारते कि उन्होंने आपकी तरह 'क्रान्तिकारी' भाषण नहीं दिया था बल्कि हारने के दूसरे बहुत से कारण होते हैं। देश के मतदाताओं को आपके खून से की गई सेवा कतई नहीं चाहिए। आप तो बन्धु बिना पसीना बहाए भी चुनाव जीतने के बाद पाँच साल तक अपने क्षेत्र की जनता के बीच आते रहोगे, वहाँ की समस्याएँ सुलझाते रहोगे, विकास कार्य करते रहोगे, सांसद निधि का पूरा पैसा खर्च करते रहोगे तो मतदाता इसी से काफी खुश रहेंगे। प्रिय भाई, देश के मतदाताओं का सिर न तो कोई झुका रहा है, न उनके लिए सिर काटने की कोई जरूरत आन पड़ी है। अत: आप अपना सिर काटने को तैयार रहें, इसकी जरूरत नहीं। और बन्धु, लोकसभा में भी ऐसे क्रान्तिकारी भाषण देने की जरूरत नहीं पड़ती। लालकृष्ण आडवाणी भी वहाँ ऐसे भाषण नहीं देते और अटल बिहारी वाजपेयी भी नहीं देते थे। लोग इस समय आपसे यह जानना चाहते हैं कि आपको 'क्रान्तिकारी' भाषण देने के अलावा भी कोई काम आता है या नहीं आता? नहीं आता है बन्धु, तो लोग आपको एक बार चुनेंगे मगर दूसरी बार नहीं चुनेंगे। एक बार आपका भाषण सुनेंगे मगर दूसरी बार नहीं सुनेंगे। जोशीले भाषणों का जमाना अब लद गया, महाशय। ऐसे भाषण को लोग काफी झेल चुके हैं और ऐसे भाषण देनेवाले नेताओं की हकीकत भी काफी जान चुके हैं। इसलिए जागो, बन्धु, जागो। हकीकत की दुनिया में अब तो लौटो।

(30 अप्रैल, 2009)

मोदीजी जेल नहीं जाएँगे

गुजरात नरसंहार की सुप्रीम कोर्ट द्वारा जाँच के आदेश देने के बाद नरेन्द्र मोदीजी थोड़े घबराए-से हुए लगते हैं। उन्होंने मतदाताओं से कहा है कि वोट बी.जे.पी. को देना ताकि 'गुजरात के गौरव' को जेल न जाना पड़े मगर मोदीजी जेल क्यों जाएँगे? 2002 में तो मात्र 'क्रिया की प्रतिक्रिया' ही तो हुई थी और 'क्रिया' की 'प्रतिक्रिया' होना तो एक 'वैज्ञानिक तथ्य' है! ठीक है कि मोदीजी 'पावरफुल' हैं मगर इतने 'पावरफुल' भी तो नहीं हैं कि 'वैज्ञानिक तथ्य' को बदल सकें! जो भगवान नहीं कर सकता, वह मोदीजी आखिर कैसे कर सकते हैं! और कुछ भी कहो, मोदीजी, कम-से-कम भगवान से एक दर्जा नीचे तो हैं ही! इसलिए मोदी जेल नहीं जाएँगे। मोदीजी इसलिए भी जेल नहीं जाएँगे कि उन्होंने अभी एक इंटरव्यू में कहा है कि कोई यह सिद्ध कर दे कि उनका गुजरात दंगे में जरा सा भी हाथ है, तो उन्हें वो सजा दी जाए, जो आज तक किसी को नहीं दी गई! जो आदमी ताल ठोंककर यह बात कह रहा है, वह तभी तो कह रहा होगा, जब वह 'निर्दोष' होगा! और 'निर्दोष' को कांग्रेस तो क्या सुप्रीम कोर्ट भी चाहे तो सजा नहीं दे सकती। इसलिए मोदीजी जेल नहीं जाएँगे। मोदीजी इसलिए भी जेल नहीं जाएँगे कि एक बार पहले सुप्रीम कोर्ट उनके बारे में कह चुका है कि वे 'आधुनिक नीरो' हैं। राजा नीरो ने क्या किया था? यही तो किया था न कि जब रोम जल रहा था तो वह बाँसुरी बजा रहा था! तो ऐसे समय में बाँसुरी बजाने की आप आलोचना कर सकते हैं लेकिन नीरो को अगर रोम मे जलने की गरमी से ही बाँसुरी की सुन्दर-सुन्दर धुनें निकालने की प्रेरणा मिलती हो, तो वह क्या करे? यह 'प्रेरणा' का दोष है, उसका नहीं, उसकी बाँसुरी का नहीं इसलिए भी मोदीजी जेल नहीं जाएँगे। मोदीजी इसलिए भी जेल नहीं जाएँगे कि वे गुजरात के एकमात्र 'गौरव' हैं! इससे पहले न गुजरात कभी गौरवशाली था, न बाद में होगा! तो ऐसी 'विभूति' को जेल भेजने की हिम्मत भला कौन करेगा? खैर, मोदीजी जेल जाने के नाम पर आपने अपने पक्ष में जितने वोट डलवा लिये, वो ठीक मगर जेल आप नहीं जाएँगे। वैसे भी आडवाणीजी प्रधानमंत्री बन गए तो देश का गृहमंत्री तो सुना है आपको ही बनना है, इसलिए भी आप जेल नहीं जाएँगे! आप तो जेल में लोगों को भेजा करेंगे, खुद आप नहीं जाएँगे!

(1 मई, 2000)

पेंशन की राशि

हमारे एक मित्र 34 साल तक प्राइवेट संस्थानों में नौकरी करते रहे। हाल ही में वे रिटायर हुए हैं तो आपको मालूम है कि उन्हें हर महीने कितनी पेंशन मिलती? कल्पना कीजिए। लेकिन आप कर नहीं पाएँगे! हम बताएँगे तो आप चौंक जाएँगे लेकिन चौंकिएगा मत! इस दुनिया में कुछ भी ऐसा नहीं होता जो चौंकानेवाला हो क्योंकि यहाँ कुछ भी हो सकता है! हाँ तो उन्हें प्रति माह पेंशन मिलेगी–1028 रुपए। 'मात्र 1028 रुपए' इसलिए नहीं कह रहा हूँ कि 'मात्र' शब्द तो दस लाख रुपए के पहले भी लगाया जाता है। उन्होंने अपनी बीवी को यह राशि बताई तो उसने पूछा कि तुम्हीं बताओ इस पर रोऊँ या हँसूँ? वे भला अपनी पत्नी से कैसे कह सकते थे कि रोओ लेकिन हँसो यह भी कैसे कह सकते थे! तो वे खुद रो दिए! उनकी बीवी ने खैर उन्हें किसी तरह समझाया और हँसाया! बीवी ने हिसाब लगाकर उन्हें बताया कि देखिए, इसमें दो लोगों की रोटी–सब्जी तो शायद निकल आएगी लेकिन आधा किलो दूध रोज लेना बन्द करना पड़ेगा मगर समस्या यह कि आपको सुबह चाय जरूर चाहिए तो फिर कैसे भी दूध तो लेना ही पड़ेगा! साबुन–तेल भी लेना ही पड़ेगा! घर का किराया भी देना ही पड़ेगा क्योंकि झुग्गी में रहना चाहें तो भी आजकल रह नहीं सकते! झुग्गियाँ काफी टूट चुकी हैं। जो झुग्गी में रहते थे, वे भी आजकल चार जने मिलकर एक कमरे में रह रहे हैं। शहर में बस से कहीं आना–जाना बन्द कर देंगे क्योंकि उसका किराया कहाँ से लाएँगे? आप–हम जितनी दूर पैदल चल सकेंगे, उतनी दूर ही जाएँगे। शादी–ब्याह, जन्मदिन की पार्टियों में जाना अब से बन्द क्योंकि 51 रु. का लिफाफा कहाँ से लाएँगे या तोहफा कहाँ से खरीदेंगे!

गरमी में बिना पंखे के और रात में बिना बिजली के अब रहा करेंगे। पत्नी ने कहा कि फिर भी निराश होने की कोई जरूरत नहीं है। तुम–हम मन्दिर में जाते हैं तो हमें वहाँ एक चुटकी प्रसाद ही मिलता है तो क्या हम इसकी शिकायत करते हैं कि इतना कम क्यों मिला, बस श्रद्धापूर्वक उसे खा लेते हैं बल्कि कोई सामने पड़ जाए तो थोड़ा–सा उसे भी दे देते हैं! तो इसे भी सरकार का प्रसाद ही मानकर ग्रहण कीजिए और खुश रहिए कि बेटे–बेटी पहले ही पढ़ा लिये थे तो आज काम से लग गए हैं! ऊपरवाले की इतनी मेहरबानी क्या कम है? और अभी तो हमारे हाथ–पैर भी चल रहे हैं और जब नहीं भी चलेंगे तो पेंशन की यह राशि चलवा लेगी। तुम तो खुश रहना सीखो। हँसो, हँसो, जल्दी हँसो।

(2 मई, 2009)

हत्यारों का मौसम

ये सब पुरानी और बकवास धारणाएँ हैं कि हत्यारे हत्या करके पछताते हैं, उनकी आत्मा उन्हें धिक्कारती है, उन्हें रात को नींद नहीं आती, दिन में उन्हें चैन नहीं मिलता, वे डरे-डरे, घबराए-घबराए रहते हैं। वे सपने देखते हैं तो उन्हें अपने गले में फाँसी का फंदा झूलता दीखता है, वे चीखते-चिल्लाते हुए जाग जाते हैं, पसीना-पसीना हो जाते हैं। आज के हत्यारे तो हँसते हैं, मुस्कुराते हैं, महलों में रहते हैं, मजे से खाते-पीते हैं, मौज करते हैं, उनकी चाकरी में दसियों लोग रहते हैं, उन्हें छींक आती है तो डॉक्टर दवा लेकर हाजिर हो जाते हैं, उन्हें जुकाम हो जाता है तो डॉक्टर उन्हें अस्पताल में भर्ती होने की सलाह देते हैं। उन्हें अच्छी नींद आती है, सुन्दर सपने आते हैं, उनकी लोकप्रियता और दबदबा दिन दूना और रात चौगुना बढ़ता है। परेशान तो दरअसल वे रहते हैं जो हत्यारों को हत्यारा कहने की 'बदतमीजी' करते हैं, जो कल्पना करते हैं कि एक दिन वे हत्यारों को कठघरे में खड़ा कर देंगे और फिर वह बच नहीं पाएगा! जबकि वे कुछ भी कर लें, कितने ही सबूत जुटा लें, कितने ही दस्तावेज इकट्ठे कर लें, कितने ही दिन, कितनी ही रातें, कितने ही बरस बर्बाद कर लें, हत्यारों को वे हत्यारा साबित नहीं कर पाते। हत्यारा बिना भागे बच जाता है। वह बिना मुँह छिपाए सबके बीच निर्द्वन्द्व निःशंक घूमता है। उलटे हत्यारा उसे हत्यारा साबित करनेवालों को चोर, भ्रष्ट, बदमाश, लफंगा, फर्जी, बेईमान, चरित्रहीन साबित कर देता है। साबित न भी कर सके तो यह बात प्रचारित तो कर ही देता है। हत्यारे को हत्यारा साबित करने की कोशिश करनेवाले ही आजकल मुँह छिपाते और सफाई देते घूमते हैं। उन्हें ही जगह-जगह अपमान मिलता है, उनकी ही हँसी उड़ाई जाती है, उनके ही इरादों पर शक किया जाता है। हत्यारों से सब डरते हैं लेकिन हत्यारा किसी से नहीं डरता! पुलिसवाला उसे सुबह-शाम सलाम बजाता है। जिस पर उसे हत्यारा साबित करने की जिम्मेदारी है, वह उसे 'सर, सर' कहता है। आजकल हत्यारों का खुशनुमा मौसम है। सर्दी-गरमी-बरसात के मौसम तो चार-चार महीने के लिए आते हैं और चले जाते हैं मगर हत्यारे का मौसम तो साल में बारह महीने, बत्तीस घड़ी रहता है। तो आइए, हम भी हत्यारे को सुबह-सुबह प्रणाम तो कर लें!

(4 मई, 2009)

मनुष्यरूपी चींटियाँ

कुछ लोग मनुष्यरूपी चींटे-चींटी होते हैं। वे पूरी मनुष्य जाति को दो वर्गों में विभाजित करके रखते हैं-नमक वर्ग में और शक्कर वर्ग में। इसके अलावा जो बाकी मनुष्य हैं, उनसे कोई मतलब नहीं होता! वे आपको सभा-समारोहों में, पार्टियों में, सड़क पर, दफ्तर में कहीं भी मिल जाते हैं। वे आपको अपना 'विजिटिंग कार्ड' थमाते हैं और आपसे आपका 'विजिटिंग कार्ड' माँगते हैं। आप न दें तो आपसे आपके घर या दफ्तर का नम्बर या मोबाइल नम्बर पूछते हैं और उसे तुरन्त नोट कर लेते हैं। उसके बाद वे तौलते हैं कि आप नमक वर्ग में हैं या शक्कर वर्ग में। मान लीजिए, उन्हें ऐसा लगा कि आप नमक वर्ग में हैं तो भी वे आपको और अपने आपको सन्देह का कुछ लाभ देते हैं। हो सकता है कि समझने में उनसे गलती हो गई हो, इसलिए जब तक यह निश्चित नहीं हो जाता है कि आप नमक वर्ग में हैं, वे आपसे चिपटे रहते हैं। और नमक वर्ग का सिद्ध होते ही वे आपको ऐसे छोड़ देते हैं कि जैसे आपको वे कभी जानते ही नहीं थे, जैसे आपसे वे कभी मिले ही नहीं थे। आप उनसे बात करने की कोशिश भी करेंगे तो भी वे आपकी उपेक्षा करते हुए आगे बढ़ जाएँगे। भूलकर भी आपकी तरफ नहीं देखेंगे। और अगर आपके बारे में उनका आकलन यह है कि आप शक्कर वर्ग में हैं तो फिर वे आपसे ऐसे चिमट जाएँगे कि छुड़ाना मुश्किल! वे या तो आपको तब छोड़ेंगे जब आपको पूरी तरह चूस-खा लेंगे या तब छोड़ेंगे जब उनकी अपनी जान निकल चुकी होगी! अपनी मृत्यु के समय भी वे आपको इस अदा से छोडेंगे कि जा तू भी क्या याद करेगा कि तेरा वास्ता हमारे जैसे उदार बन्दे से पड़ा था।

यह धरती ऐसे ही चींटे-चींटियों से भरी पड़ी है और आप हमेशा भूल जाते हैं कि आप चींटे-चीटियों के बीच हैं और वे आपको नमक वर्ग या चींटी वर्ग में रखकर देख रहे हैं। आप सोचते हैं कि आप एक मनुष्य से मिल रहे हैं और थोड़ी देर में जब तक आप समझ पाते हैं कि नहीं आप चींटे या चींटी से मिल रहे हैं, वह आपसे हमेशा के लिए चिमट चुका होता है और इस तरह कि आप चाहे जो करें, उससे अपने प्राण बचाना नामुमकिन!

(5 मई, 2009)

सोनियाजी की तलवार

आज की तारीख में तलवार का पता नहीं क्या उपयोग रह गया है! मेरे खयाल से आप इसे हाथ में लेकर सिर्फ खुश ही हो सकते हैं। आपकी इस हरकत पर आनन्दित होकर आपका कोई सेवक या कोई भक्त मात्र ताली ही बजा सकता है। आप ऐसा करते हुए अपना फोटो भी खिंचा सकते हैं। उस चित्र में यही था। जालन्धर में सोनिया गांधी को तलवार भेंट की गई थी। अब रिवाज है तो कोई नेता यह तो नहीं कह सकता कि तलवार नहीं लूँगा या नहीं लूँगी। उन्होंने तलवार लेकर हाथ को ऊँचा किया। सबको तलवार दिखाई। उनके चेहरे पर हँसी है, आनन्द है। उनकी पार्टी की सरकार के एक मंत्री भी यह देख हँस रहे हैं, ताली बजा रहे हैं। फोटो खिंचवा रहे हैं ताकि वे आज टी.वी. पर दिख जाए और कल उनकी भी फोटो अखबार में छप जाए। महाराणा प्रताप, पृथ्वीराज चौहान आदि तलवार लेकर ऐसा पोज नहीं दे सकते थे, हालाँकि दुर्भाग्य से तब कैमरे होते भी नहीं थे। मान लीजिए होते तो भी वे ऐसी हरकत करने की सोच नहीं सकते थे! तब तलवार दूसरे की गरदन काटने के लिए होती थी, हाथ में लेकर हँसने-खिलखिलाने के लिए नहीं! लेकिन आज कोई भी नेता तलवार के साथ ऐसा सलूक करता है तो हमें ताज्जुब नहीं होता, बुरा नहीं लगता। हमें भी थोड़ा-बहुत आनन्द आता है, थोड़ी हँसी आती है। तो आज तलवार का केवल यही उपयोग रह गया है। इसके बाद इस तलवार का क्या काम! चाहो तो इसे ड्राइंग रूम में सजा लो। 'मुगले आजम', 'जोधा-अकबर', 'महाराणा प्रताप' आदि-आदि फिल्में तो रोज बनती नहीं कि चलो उनमें ही नकली लड़ाई के काम ये आ जाएँगी! और पता नहीं, सोनियाजी के हाथ में जो तलवार थी, वह असली थी या नकली थी! हो सकता है, वह देखने में असली हो मगर काम में नकली हो! दशहरे पर भी तो बच्चों के लिए गत्ते की तलवारें होती हैं, जिनसे मच्छर भी नहीं मर सकता। इसी तरह क्या पता किसी दिन बन्दूक और पिस्तौल का भी यही हश्र हो! बमों का भी यही हाल हो! लोग इन्हें हाथ में तानकर हँसें और कुछ ताली बजाएँ। यह भी हो सकता है कि उस दुनिया में इतने ज्यादा घातक हथियार हों कि ये बन्दूक, पिस्तौल, बम सब हास्यास्पद लगने लगें। ऐसा हो भले न सकता हो मगर सोचने को दिल तो चाहता है कि ऐसा हो और आज जो सोचा कई बार कल हो भी जाता है!

(6 मई, 2009)

गाने का गुनाह

आप हँस उन्हीं पर सकते हैं जिन्होंने आपको हँसने लायक छोड़ा हो, जैसे हमारे तमाम नेता हैं। हालाँकि कई बार इन पर भी रोना आता है और कई स्थितियाँ ऐसी भी आती हैं कि आप रो भी नहीं पाते। ऐसी भी स्थिति की एक खबर पेशावर, पाकिस्तान से आई है। वहाँ दो बच्चों की एक माँ थी ऐमान उदास। तीस से कुछ ज्यादा बरस की थी। उसके पहले पति ने उसे तलाक दे दिया था और उसने दस दिन पहले ही दूसरी शादी की थी। वह पश्तो में शायरी लिखती थी और गाती भी थी। उसके कार्यक्रम पाकिस्तान टी.वी. पर आते थे। उसके टी.वी. गाने से उसके खाविन्द को कोई दिक्कत नहीं थी। इससे उसकी 'इज्जत' पर कोई बट्टा नहीं लग रहा था। लेकिन शादीशुदा और दो बच्चों की माँ अपनी बहन के गाने से बेचारे भाइयों के खानदान की 'इज्जत' जा रही थी। 'इज्जत' कितनी नाजुक चीज होती है और वह भी मर्दों की! कितनी जल्दी चली जाती है! और चली जाती है तो लौटकर नहीं आती है। तो वे भाई एक दिन तब आए, जब न उस औरत के बच्चे घर पर थे, न खाविन्द। भाई कैसा भी हो, घर आए तो बहन दरवाजा तो खोलेगी ही, कमरे में बैठाएगी ही, चाय-पानी पूछेगी ही। भाई कहेंगे कि बहना हम तेरे यहाँ दो रोटी खाकर जाएँगे, तो फौरन रोटी खिलाएगी। बस यही गलती उससे हो गई। भाई आए और एक के बाद एक तीन गोलियाँ उसके सीने में उतारकर चले गए। जैसे हमारे यहाँ होता है, कोई हत्यारा आए तो आसपास के लोग चुप हो जाते हैं, छुप जाते हैं, उनकी आँखें अपने आप बन्द हो जाती हैं, उनके कान बहरे हो जाते हैं, वैसा ही पेशावर में भी हुआ होगा। हत्यारे मारकर चले गए मगर किसी ने न उन्हें पकड़ा, न पकड़वाया। क्या पता उन्हें भी इस औरत का टी.वी. पर गाना पसन्द न आता हो!

तालिबानियों ने जो माहौल पाकिस्तान में बना रखा है, उसमें इन भाइयों को अपनी बहन की जान लेने का कोई अफसोस नहीं हुआ होगा। उधर, तालिबानियों ने भी उन्हें गले लगाया होगा, इज्जत बख्शी होगी। अपने ढंग की पद्मश्री या अन्य वीरता पुरस्कार उन्हें दिया होगा। पता नहीं वह जमाना इन भाइयों के जीते जी कभी आएगा या नहीं, जब उन्हें लगेगा कि उन्होंने अपनी बहन की हत्या करके अपनी जिन्दगी का सबसे बड़ा गुनाह किया! पता नहीं उनकी बहन क्या गाती थी, कैसा गाती थी मगर अच्छा गाना तो इबादत है, प्रार्थना है। आप आमीर खाँ को कभी आकाशवाणी पर सुनिए, कैसेट-सी.डी. पर सुनिए तो इस बात का अर्थ समझ में आएगा। अली अकबर खाँ अपने सरोद से आपको जिस ऊँचाई पर ले जाते हैं, उसके आगे संगीत का सच्चा प्रेमी बड़े से बड़ा सुख न्योछावर

कर सकता है। जो अल्लाह–ईश्वर में यकीन रखता है, उसे तो उस संगीत में वह भी मिल जाता है लेकिन यह संगीत गुनाह बना दिया गया है। उन भाइयों की आँखों में अपनी बहन के लिए आँसू जब आएँगे, तब आएँगे, उस मौत पर हम आँसू न बहाएँ मगर थोड़ा अफसोस तो जाहिर कर लें!

(7 मई, 2009)

मजा नहीं आया सा'ब

नई दुनिया ने भी कहा, नभाटा, ने भी कहा, कांग्रेस ने भी कहा, बी.जे.पी. ने भी कहा, चुनाव आयोग ने भी कहा, महानायकब्रह्म कल्याण एकता मंच ने भी कहा, ऊषा देवी ने भी कहा, नेकराम ने भी कहा, बीकानेर रेस्तराँवाले ने भी कहा और बाऊश एंड लांब वालों ने भी डिस्काउट का लालच देते हुए कहा, यानी जिसने देखी, उसी ने कहा, वोट जरूर देना भाई साहब। मुम्बई की नाक तो कट गई, मगर दिल्ली की नाक जरूर बचाना है! वोट क्या हुआ, मुसीबत हो गई। बी.जे.पी. वालों ने जो पर्ची मरे घर भिजवाई थी, उसमें मेरा नाम नहीं था, पर फिर भी वोट देने चला गया। देखा तो वोटर लिस्ट में मेरा नाम था। अन्दर गया। दस्तखत-वस्तखत किए, अँगूठे में स्याही लगवाई, बटन दबाया, चीं की सी कोई आवाज हुई और जी हो गया काम! मजा नहीं आया! मतदान करने जैसा कुछ नहीं लगा। सोचा था 'दानी' बनकर जा रहे हैं लेकिन 'दान' देने जैसा कुछ नहीं लगा। बेवकूफ बन गए। जैसे घर में बटन दबाते हैं और बल्ब जल जाता है या बटन दबाते हैं और पंखा चल जाता है, वैसा ही कुछ हुआ। फर्क इतना था कि हमने किसी दूसरे के घर की लाइट जला दी, पंखा चला दिया। कई बार होता है न कि आप किसी के यहाँ गए। वह आइए, आइए, बैठिए, बैठिए, कहकर तुरन्त ठंडा पानी लेने दौड़ा। वह भूल गया कि इस गरमी में पहले पंखा चलाने की जरूरत है। तो यह मानते हुए कि गरमी में इनके यहाँ पंखा चलाने की प्रथा जरूर होगी, आप उनके यहाँ का पंखा स्वयं चालू कर देते हैं। तो ऐसा ही कुछ मुझे लगा। वह जो लम्बे मतदान पत्र पर मुहर लगाकर उसे फोल्ड करके पेटी में डालने का सुख था, वह चला गया। तब लगता था कुछ किया। मत का दान किया। अब तो लगता है आने-जाने की मेहनत की, सो की मगर मतदान केन्द्र पर लाइन में लगने के अलावा तो कुछ नहीं किया। बिना कुछ किए घर आ गए और हो गई जी, लोकतंत्र की सेवा! कर दिया जी, नागरिक होने के कर्तव्य का निर्वाह! इसके बाद पाँच साल तक जीतनेवाले के सिर पर चढ़े रहोगे कि तूने ये नहीं किया, तूने वो नहीं किया, तुझसे तो मिलना ही मुश्किल है, फोन करो तो कोई जवाब नहीं मिलता! तू तो वोट लेने के बाद कभी क्षेत्र में आया ही नहीं वगैरह-वगैरह। अपने अन्दर भी झाँक वोटर, तूने भी क्या किया, बटन ही तो दबाया और चला आया। उसने भी तुझे धन्यवाद किया और वह मेरी पहुँच से बाहर चला गया। जो तूने किया, वही उसने भी किया। फिर कैसी शिकायत, कैसा शिकवा!

(8 मई, 2009)

इन्हें समाजवादी सिद्ध करो

एक विश्वविद्यालय के एम.ए. राजनीति विज्ञान के प्रश्नपत्र में एक प्रश्न यह भी आया कि यह सिद्ध करो कि मुलायम सिंह यादव और अमर सिंह समाजवादी हैं। इसके उपरान्त यह भी सिद्ध करो कि स्वयं डॉ. राममनोहर लोहिया भी समाजवादी थे। छात्र दोनों बातें एक साथ एक साँस में सिद्ध नहीं कर पाए और फेल हो गए। नहीं-नहीं, हुए नहीं हैं, हो सकते हैं। प्रामाणिक सूचना यह है कि अगली बार के प्रश्नपत्र में यह सवाल आनेवाला है और अब यह गेसपेपर छापनेवालों का नैतिक दायित्व बनता है कि वे छात्रों को पास कराने के लिए यह सिद्ध करके बताएँ। यह छात्रों के भविष्य का प्रश्न है और छात्र देश का भविष्य होते हैं।

(9 मई, 2009)

खून और दूध

कहते हैं कि चींटी को पंख तब आते हैं जब उसकी मौत आनेवाली होती है। इसी तरह किसी नेता को स्पष्टवादिता का दौरा तब पड़ता है, जब उसकी नेतागिरी खतरे में आनेवाली होती है। तो उस नेता को ऐसा ही एक दौरा पड़ा और उसने कहा कि जनता मेरे लिए ऐसी गाय है जो अपने चारे का खुद इन्तजाम करती है और दूध मुझे देती है। कभी उसके थनों से दूध की जगह खून भी निकलने लगता है मगर अब मुझे खून और दूध में कोई फर्क नहीं मालूम पड़ता। मुझे खून भी दूध की तरह लगता है और मैं उसे गरम दूध की तरह गटागट पी जाता हूँ। क्या आपको नहीं लगता है कि इससे मेरा स्वास्थ्य पहले से बेहतर हुआ है और अब मैं देश की सेवा पहले से बेहतर ढंग से कर सकूँगा।

(9 मई, 2009)

नैनो आदमी का नैनो भविष्य

नैनो कार के बाद अब रतन टाटा नैनो प्लैट बना रहे हैं। पता नहीं वे क्या-क्या नैनो बनाएँगे! नैनो आदमी बनाने का आइडिया भी वैसे बुरा नहीं है। आदमी का छह फीट का होना जरूरी है क्या? वह दो फीट का भी तो हो सकता है! तब उसके नैनो-नैनो हाथ होंगे, नैनो-नैनो पर होंगे। नैनो-नैनो आँखें होंगी, नैनो-नैनो कान होंगे। दिल और दिमाग नैनो बनाने की जरूरत नहीं पड़ेगी। वह तो पहले से नैनो बन चुका है। उसका पेट भी नैनो होगा तो वह पीएगा-खाएगा भी नैनो। अच्छा रहेगा। यह धरती तब आदमी के लिए कम नहीं पड़ेगी। चाँद पर बस्ती बसाने की जरूरत नहीं पड़ेगी। आदमी की इच्छाएँ भी तब नैनो होंगी, इरादे भी नैनो। सब कुछ नैनो-नैनो होगा। फिर तो नैनो कार का भी नैनो वर्जन बनाना पड़ेगा। नैनो फ्लैट का भी नैनो वर्जन बनाना जरूरी होगा। नैनो हवाई जहाज टाटा अगर बनानेवाले हों तो उसका भी नैनो संस्करण बनाना होगा। टाटा एंड संस के पास तब बहुत काम होगा। तमाम किस्म के नैनो नरेन्द्र मोदी अगर उनकी नैनो-नैनो मदद कर देंगे, तो सब तरफ नैनो ही नैनो छा जाएगा। लोग तब कहेंगे, हम नैनो, हमारा सब कुछ नैनो, तो यह देश क्यों नहीं नैनो? इतने बड़े भारत की क्या जरूरत है? इसमें तो बहुत से नैनो देश बन सकते हैं। नैनो देशों के तब बहुत से नैनो प्रधानमंत्री होंगे। नैनो-नैनो मसलों पर आपस में नैनो-नैनो युद्ध करेंगे। एक कहेगा तूने मेरी नाक को नैनो कैसे कहा, चल नैनो युद्ध से तय कर लेते हैं कि मेरी नाक नैनो है या तेरी? खून भी तब नैनो बहेगा। नैनो लोग अपनी इन नैनो उपलब्धि पर बहुत खुश होंगे कि एक वक्त था, जब खूब खून बहता था, अब नैनो खून बहाकर ही नैनो-नैनो मसले तय हो जाते हैं! अरे हाँ, यह तो कहना भूल गया कि तब नैनो मुँह में नैनो जबान भी होगी। लेकिन नैनो जबान से नैनो आदमी क्या नैनो भाषण देगा? कतई नहीं। भाषण तो वह आजकल की तरह डीलक्स ही देगा। बोलने से आदमी थकता नहीं। व्यंग्य तो हम पहले ही नैनो लिख रहे हैं। कई कवि, कविताएँ भी अभी से टाटा की तर्ज पर नैनो ही लिख रहे हैं। कहानीकारों का नैनों कहानी लिखने में दिक्कत आएगी क्योंकि आजकल जो कहानियाँ लिखी जा रही हैं, वे उपन्यास से सीधे मुकाबला कर रही हैं। लेकिन टाटा कहानीकारों से भी नैनो कहानी लिखवा लेंगे। लेकिन टी.वी. तो तब भी 24 गुणा 7 बकेगा क्योंकि टाटा दिन को तो नैनो कर नहीं पाएँगे, न रात को! नैनो अध्ययन करके नैनो विद्वान बने लोग तो आज भी बहुत मिलते हैं लेकिन तब और भी नैनो अध्ययन से और भी नैनो विद्वान पैदा होंगे। और एक दिन ऐसा आएगा, टाटा का नाम टाटा नहीं, नैनो होगा।

(11 मई, 2009)

राजनीति में टिके रहने के नियम

एक दिन हमारे नेता–मित्र पता नहीं क्यों राजनीति में टिके रहने के लिए नियम हमें बताने लगे। जनता के लाभार्थ हम उनका सार–संक्षेप यहाँ प्रस्तुत करने का प्रयास कर रहे हैं :

1. अगर आप संवेदनशील हैं तो और कुछ भी कीजिए मगर कृपया राजनीति में भूलकर भी मत आइए। यह आपके लिए नहीं है।

2. और गलती से आ ही गए हैं तो फिर पछताइए मत। संकल्पपूर्वक अपनी खाल को इतना मोटा करते चले जाइए कि गैंडा भी आपको देखकर शर्मिन्दा हो जाए। वह भी कहे कि भाप्पे, तुसी ग्रेट हो। अपने उद्‌देश्य की प्राप्ति के लिए साम, दाम, दंड, भेद सब कुछ बिना संकोच अपनाइए। भष्टाचार, अनैतिकता आदि से घबराइए मत। आरोपों के लगने से परेशान मत होइए बल्कि इसे राजनीति में आपके बढ़ते महत्त्व का प्रमाण मानिए। गरज हो, उसके पाँव छू लीजिए, उसका कुछ भी उठा लीजिए मगर गरज न हो तो उसकी तरफ देखिए भी मत, पहचानिए भी मत उसे जिसे जो कहना हो, कहे। नैतिकतावादियों द्वारा भावुक बनाने की सभी कोशिशों को दृढ़तापूर्वक ठुकरा दीजिए।

3. जिस पार्टी में उपयुक्त अवसर मिले, मजे से घुस जाइए। आप धर्मनिरपेक्ष हैं तो मानकर चलिए कि भाजपा–शिवसेना समेत सभी दल भी धर्मनिरपेक्ष हैं और आप साम्प्रदायिक हैं तो मानकर चलिए कि सभी पार्टियाँ सारतः साम्प्रदायिक है। यह मानकर चलिए कि सभी दल सिद्धान्तवादी हैं और सभी अवसरवादी भी। सभी में गुंडे हैं और सभी में लफंगे भी, आपको इनके बीच से इन जैसा बनकर, इनका अपना होकर रास्ता बनाना है और लक्ष्य प्राप्त करना है। लेकिन हाँ, किसी भी पार्टी में ऊपर से घुसिए, नीचे से नहीं। दिल्ली, भोपाल, रायपुर के मुख्यद्वार में प्रवेश कीजिए वरना छुटभैया के स्तर से ऊपर कभी उठ नहीं पाएँगे। या तो आप जीवन भर दरी बिछाते रह जाएँगे या उन्नति करके दरी बिछवाने की स्थिति में अपने को पाएँगे।

4. यह मानकर चलिए कि राजनीति में खाने–कमाने आए हैं, गँवाने नहीं। कुर्ते–पायजामे आदि को इनिशियल इन्वेस्टमेंट करने के बाद इस स्थिति में आइए कि कोई आप पर इन्वेस्टमेंट करे। आपके पास फ्लैट और कार कहाँ से आई, आपका जेब–खर्च कैसे चलता है, आपके पास दस–बीस लाख कैसे आ गए, यह आज कोई नहीं पूछता।

5. राजनीति में रहना है तो किसी से वास्तविक दुश्मनी नहीं पालना है। विरोध की मुद्रा बनाए रखिए मगर विरोध मत कीजिए। क्रोध का ड्रामा कीजिए मगर क्रोध मत कीजिए। राजनीति में आकर अभिनय कला में इतने प्रवीण हो जाइए कि कोई फिल्मवाला आपकी

अभिनय कला पर मुग्ध होकर आपको अभिनय करने बुलाए और नेशनल स्कूल ऑफ ड्रामावाले आपको नाट्यकला पर लेक्चर देने के लिए सादर आमंत्रित करें।

तो आइए, आप भी राजनीति में, मेरे मित्र ने मुझसे कहा, हालाँकि हम तो जी अब उस उम्र में आ गए हैं कि कह सकते हैं कि अब क्या खाक मुसलमाँ होंगे! लेकिन आपके काम ये फार्मूले अगर आ सकें तो मुझे खुशी होगी और न आ सकें, तो यह भी मत समझिएगा कि मुझे दुख होनेवाला है!

(12 मई, 2009)

उल्लू, उल्लू नहीं तो क्या?

अपना कई मामलों में ज्ञान सिफर है। अपन बहुत अर्से तक इस मुगालते में रहे कि हम उल्लू को उल्लू मानते हैं तो सारी दुनिया भी उसे उल्लू ही मानती होगी! आखिर हमें विश्वगुरु की मान्य है, दुनिया हमारी बात मानने से इनकार कैसे कर सकती है! लेकिन दुनिया तो दुनिया है और ऊपर से गोल भी है! तो पता चला कि ये ससुरे पश्चिमवाले तो उल्लू को उल्लू तक नहीं मानते! इससे थोड़ा धक्का तो लगा मुझे मगर इतना भी नहीं लगा कि दिल पर इसका कोई बुरा असर हो जाए! लेकिन ये अजीब अहं के लोग हैं। हमारी इतनी सी बात नहीं मान सकते जबकि हमसे अपनी सारी बातें मनवाना चाहते हैं फिर मैंने सोचा मरने दो सालों को, जो कौम अहंकार में इतनी डूबी हो कि उल्लू को उल्लू नहीं मानती, वह आदमी को भी आदमी क्या मानती होगी! उसका पतन आज नहीं तो कल सुनिश्चित है। खैर, मगर जो आज सच है, वह तो फिर भी आज तो सच है ही! लेकिन आज से नहीं सैकड़ों सालों में यही स्थिति बनी हुई है। यूरोप के सबसे पुराने विश्वविद्यालयों में से एक ओस्लो विश्वविद्यालय का प्रतीक चिह्न उल्लू है। वजह यह है कि प्राचीन यूनानी कथाओं में मादा उल्लू को 'ज्ञान की देवी' माना गया है। यानी उनके और हमारे दृष्टिकोण में 180 डिग्री का फर्क है! हम उत्तर हैं तो वे दक्षिण हैं। हम पूरब हैं तो वे पश्चिम हैं! ऐसी पश्चिमी सभ्यता को अपनाकर भी हम उसे हिकारत से देखते हैं तो गलत नहीं करते हैं! जरूर कुछ बात है जो मिटती नहीं हस्ती हमारी! अंग्रेज दो सौ साल हम पर राज जरूर कर गए लेकिन उल्लू बुद्धिमान है, यह वे हमसे मनवा नहीं पाए! और वे इतने बुद्धिमान न तब थे, न अब हुए हैं कि वे हमारी बात ही मान लेते! इससे हमारा क्या नुकसान हुआ है या हो रहा है! हम तो विश्वगुरु थे, हैं और हमेशा रहेगे! अरे भई, अपनी नजर में तो हम विश्वगुरु हैं ही, दूसरा दूसरे की जाने! हमारी बला से वह भाड़ में जाए! लेकिन मुझे लगता है कि उल्लूवाली इस बुनियादी बात पर मतभेद सुलझाने का वक्त आ चुका है। संयुक्त राष्ट्र का विशेष अधिवेशन बुलाया जाना चाहिए, जिसमें इस बात पर बहस हो कि उल्लू बुद्धिमान है या मूर्ख है! बहस खूब हो मगर हम तो प्राचीन सभ्यता हैं, हम तो उनकी बात मानने से रहे इसलिए उन्हें ही हमारी बात माननी पड़ेगी! क्योंकि यह हमारा नैतिक दायित्व है कि इस उल्लू को सारी दुनिया में उसकी असली जगह अवश्य दिखाएँ वरना हर शाख पे उल्लू बैठा होगा तो अंजामे-गुलिस्ताँ क्या होगा!

(13 मई, 2009)

अभी भी मौका है!

वोट पड़ चुके हैं। 48 घंटे बाद लोकसभा चुनाव के नतीजे आने लगेंगे लेकिन पिछले दस दिन से लोग एक-दूसरे से पूछ रहे हैं—क्यों भाई साहब, क्यों भैयाजी, क्या सा'ब, आप किसकी सरकार बनवा रहे हो? भाई साहब, भैयाजी, सा'ब को कुछ नहीं मालूम लेकिन कोई पूछता है तो बताना उनका कर्तव्य भी बन जाता है। जैसे कि कोई अगर रास्ता पूछे तो भले ही खुद को मालूम न हो मगर बताना तो पड़ता ही है न क्योंकि आदमी ही अगर आदमी के काम नहीं आएगा, तो फिर कौन आएगा? तो भाई साहब, भैयाजी को ज्ञान देते हैं कि मुझे तो लगता है, भैयाजी, पक्का आडवाणीजी प्रधानमंत्री बन रहे हैं। इस बार उनका दाँव खाली नहीं जाएगा। इस बार बी.जे.पी. ने ऐसी तगड़ी किलेबन्दी की है कि कांग्रेस चारों खाने चित्त हो जाएगी, आप देख लेना। लेकिन भैयाजी, भाई साहब की बात मान लें तो उनके भैयाजी होने का क्या अर्थ? तो भैयाजी, आप थ्योरी पेश करते हैं कि वैसे तो जनता ही तय करेगी मगर माफ करना भाई साहब, मुझे आपकी बात जँच नहीं रही। सरकार तो मनमोहन सिंह जी की ही आएगी, बी.जे.पी. चाहे कितना जोर लगा ले! लोगों ने देखा है न कि मनमोहन सिंहजी ने कितना काम किया है। फिर भाई साहब यह 'सिद्ध' करने बैठते हैं कि कांग्रेस ने कुछ नहीं किया। किया होता तो यह हालत नहीं होती। उधर सा'ब फरमाते हैं कि आप कुछ भी कह लो, वैसे अब दिन ही कितने बचे हैं, सब सामने आ जाएगा। मगर कहे देता हूँ, लिख लो, कि सरकार तो थर्ड फ्रंट की ही बनेगी और बुद्धदेव भट्टाचार्य या करात या येचुरी पी.एम. बनेंगे। सा'ब का अपना कैलकुलेशन है, जिससे न भाई साहब सहमत हैं, न भैयाजी।

तो अभी 48 घंटे और हैं। जिसकी भी अपनी मनपसन्द सरकार बनाने की इच्छा हो, वह मज़े से बना ले। जिसको जितनी सीटें जिसे देना हो, आराम से दे ले। जिसको प्रधानमंत्री बनाना है, आनन्दपूर्वक बना ले। अभी सब आपके हाथ में है। आपको दुनिया की कोई ताकत इससे रोक नहीं सकती। ईश्वर भी चाहें तो नहीं रोक सकते। बना लो सट्टेवालों, तुम भी बना लो, शेयर बाजारवालों तुम भी अपनी मर्जी कर लो। टी.वी. चेनलवालों तुम भी अपनी दबी हुई सारी इच्छाएँ पूरी कर लो।

ज्योतिषीजी आप भी जोड़-बाकी-गुणा-भाग अच्छी तरह कर लो क्योंकि आपके ज्योतिष ज्ञान की पोल खुलने का समय बहुत नजदीक आ चुका है। जिसको जिससे शर्त लगाना हो, अभी लगा ले। सिर्फ 48 घंटे बचे हैं, केवल 48 घंटे। बाद में पछताना मत कि हमें सरकार बनाने का मौका ही नहीं।

(14 मई, 2009)

उम्मीद है तुमसे जनता

हे भारत देश की जनता, तुम्हें जो करना था, तुम वोट देकर कर चुकीं। अब तो जो करना है, शायद नेताओं को ही करना है। जोड़-तोड़, तोड़-फोड़, खरीद-फरोख्त, लालच-डर का सारा खेल अब यही करेंगे। अब इन्हें तुमसे क्या लेना-देना! तुम फालतू हो इनके लिए! जब लेना-देना होगा तुमसे, पाँच साल बाद, तब ये देखेंगे-सोचेंगे-तिकड़में करेंगे। लेकिन उम्मीद है कि तुमने भी वोट देकर कुछ तो किया ही होगा। कुछ ज्यादा ही होशियार बननेवालों को, धूल जरूर चटाई होगी और ऐसी चटाई होगी कि सारी जिन्दगी की धूल उन्हें एक ही बार में चाटनी पड़ गई होगी! जो समझते थे कि उन्हें धरती पर कोई ताकत हरा नहीं सकती, जिनके सारे कील-काँटे बहुत ही ज्यादा दुरुस्त हैं, उनमें से कुछ को तो तुमने हराया भी होगा। और ऐसे हराया होगा कि वे सदमे की हालत में होंगे। उनमें से भी कुछ को हराया होगा, जिन्होंने पैसा पानी की तरह बहाया था, खूब दारू और खूब साड़ियाँ बाँटी थीं, खूब जहरीले भाषण दिए थे और खूब नंगा नाच किया था। और थोड़े उनको भी जिताया होगा, जिनके पास खर्च करने के लिए ज्यादा पैसे नहीं थे, जो थे, वे ईमानदारी से लोगों से चन्दा लेकर इकट्ठा किए गए थे, जिनके पीछे कोई पैसेवाला नहीं खड़ा था, जिनके जीतने की उम्मीद कोई नहीं कर रहा था। कुछ उनको भी हराया होगा, जो जाति और धर्म की बिसात बिछाए इस बार भी बैठे थे, जो पाँसे पर पांसे फेंक रहे थे और जो इस खेल में पहले कभी नहीं हारे थे। कुछ उनको भी हराया हो, जिन्होंने मन्दिर-मन्दिर, गुरुद्वारे-गुरुद्वारे, मस्जिद-मस्जिद बहुत सिर झुकाया था, बहुत मनौतियाँ मानी थीं, बहुत आशीर्वाद लिये थे, बहुत से तंत्र-मंत्र, जप-तप, दान-पुण्य कराए थे। बहुत से साधु-सन्तों के चरण छुए थे। कुछ बड़बोलों को भी जरूर हराया होगा और कुछ विनम्रों को भी जरूर जिताया होगा। कुछ उन्हें भी हराया होगा, जिन्होंने मुस्लिम-मुस्लिम, हिन्दू-हिन्दू बहुत किया था। कुछ उनके उम्मीदवारों को भी हराया होगा, जो सोचते थे कि हार-जीत की अकेली कुंजी उन्हीं के पास है। वे जिसके पक्ष में फतवा दे देंगे या सन्देश भेज देंगे, वही जीत जाएगा। कई भ्रष्टों, गुंडों, लफंगों, चोरों, जातिवादियों-साम्प्रदायिकों को तुमने जरूर जिताया ही होगा लेकिन उम्मीद है कि ऐसे कइयों को बुरी तरह हराया भी होगा। कुछ रोशन दिमागवालों, कुछ जनता के सच्चे तरफदारों, कुछ सादगीपसन्द लोगों को भी जिताया होगा। और कई उनको तो हराया ही होगा, जो हर काम ज्योतिषी से पूछकर करते थे सिवाय खाँसने के और लैट्रिन-बाथरूम जाने के। कइयों के घमंड को चूर तो किया ही होगा, हालाँकि कई मामलों में जबर्दस्त धोखा भी खाया होगा। कई दुष्टों को इस बुरी तरह हराया होगा कि वे राजनीति करना भूल जाएँगे। आशा है कि तुमने जो भी किया होगा, निराश करनेवाला नहीं होगा!

(15 मई, 2009)

भैयाजी जीत गए हैं

भैयाजी जीत गए हैं। वे गद्गद हैं। उनके फोन पे फोन चले आ रहे हैं। उन्हें मालाओं पर मालाएँ पहनाई जा रही हैं। बाहर नगाड़े बज रहे हैं। बैंडवाले भी आ गए हैं। शहनाईवादक भी कहीं से पधार गए हैं। कहीं नारे लग रहे हैं, कहीं भाषण चल रहे हैं। गुलाल की बारिश हो रही है। अन्दर औरतें विजय गीत गा रही हैं। चाय पर चाय बन रही है। मिठाई पर मिठाई बँट रही है। हर कोई भैयाजी को अपना चेहरा दिखाना चाहता है। कोई उनका चरण छू रहा है, कोई उनसे गले मिल रहा है। सारे प्रॉपर्टी डीलर, सारे बिल्डर, सारे ठेकेदार, सारे इंजीनियर, सारे रिश्वतखोर मोटे-मोटे हार लेकर बधाई देने पहुँच गए हैं। कोई पाँच-पाँच सौ के नोट का हार पहना गया है। वे भी मिलने आ गए हैं जो उनकी पार्टी में होते हुए भी भैयाजी को चुनाव हराने में जी-जान से जुटे थे। वे भी आए हैं जिनकी भैयाजी को जिताने में कोई दिलचस्पी नहीं थी। वे भी आ गए हैं जिन्होंने कहा था कि भैयाजी श्योरशॉट चुनाव हारेंगे। चरण छूनेवाले कई कह रहे हैं कि भैयाजी हमारा खयाल रखना। हमने आपके चुनाव में रात को रात नहीं समझा और दिन को दिन नहीं। भैयाजी कह रहे हैं, 'हाँ-हाँ, क्यों नहीं खयाल रखेंगे, जरूर रखेंगे। ये आपकी ही मेहनत का तो फल है।' उधर मन ही मन वे मोटी गाली देते हुए कह रहे हैं—चोट्टो, तुमने दो महीने तक ऐसा करने के अलावा किया क्या। खूब मीट-मटन खाया, शराब पी, छोकरीबाजी की, पड़े रहे और अब भी मुझे उल्लू बनाने आ गए हो कि दिन-रात हमने एक किया था! वो तो किस्मत थी कि मैं जीत गया लेकिन फिर भी कुल मिलाकर खुश हैं भैयाजी। सबसे कह रहे हैं आप मिठाई जरूर खाना। थोड़ी भीड़ छँटी है तो भैयाजी की भैयाजी उनसे कह रही हैं, 'ऐ मैं दस तोले से कम की सोने की चेन नहीं बनवाऊँगी।' साली कह रही है, 'जीजी, दस तौले की चैन लेंगी तो मैं भी पाँच की जरूर लूँगी। आखिर साली भी तो आधी घरवाली होती है।' बेटी कह रही है, 'पापा, माई डियर पापा, आई रीयली लव यू। इस गरमी में मैं स्विट्ज़रलैंड छुट्टी मनाने जरूर जाऊँगी।' बेटा कह रहा है, 'पापा, यू आर रीयली ग्रेट। आई कांट टेल यू, हाऊ हैपी आई एम। पापा, मैं ऑक्सफोर्ड पढ़ने जरूर जाऊँगा।' इस प्रकार भैयाजी की भावी राजनीतिक दिशा अभी से निर्धारित हो रही है। भैयाजी यह सब सुनकर दुखी-सुखी, सुखी-दुखी हो रहे हैं। बस उनके माँ-बाप ने कोई फरमाइश नहीं की है। माँ की आँखें भर आई हैं। पिता मौन साधे हैं। दादी कमरे में पड़ी--पड़ी खाँस रही हैं ताकि कहीं पोता, उनसे आशीर्वाद लेना भूल न जाए। उधर मिठाई खा-खा के भैयाजी का बुरा हाल है। शोर-शराबे से उनका सिर भन्ना रहा है। लेकिन दिल के अन्दर खुशी भी है कि करोड़ों का इन्वेस्टमेंट फालतू नहीं गया। पद

नहीं मिला तो भी लोकसभा सदस्य तो रहेंगे ही। बाकी जुगाड़ अपने आप जम जाएगा। एक बिल्डर भैयाजी के लिए दिल्ली का एयर टिकट भेंट देने लाया है। एक प्रॉपर्टी डीलर बढ़िया ब्रीफकेस लेकर आया है। जाहिर है कि खाली नहीं लाया है। भैयाजी के मन में आया तो उन्होंने जोर से नारा लगाया : 'भारतमाता की जय।' फिर उन्होंने कहा–'लोकतंत्र,' बाकी ने कहा : 'जिन्दाबाद।'

(16 मई, 2009)

आडवाणीजी की ट्रेजेडी

आडवाणीजी प्रधानमंत्री तो बने ही नहीं, बेचारे 'पी.एम. इन वेटिंग' बने हुए थे, वह भी नहीं रहे! अगले पाँच साल तक पकी हुई उम्र और पके हुए विचारों वाले इस नेता को कौन 'पी.एम. इन वेटिंग' रहने देगा? उन्हें तो इसी बार निपटने और नरेंद्र मोदी को सामने लाने की तैयारी थी! अब तो 2014 में भी बेचारे नरेन्द्र मोदी डरकर 'पी.एम. इन वेटिंग' बनने की हिम्मत नहीं करेंगे! कौन फालतू में अपनी फजीहत कराए? सब लालकृष्ण आडवाणी तो होते नहीं, जो कहें कि आ बैल मुझे मार! लेकिन आडवाणीजी ने पी.एम. बनने के लिए क्या-क्या नहीं किया था! वह सब भी किया था जो एक 82 साल के बुजुर्ग दादा-नाना को नहीं करना चाहिए था। बुजुर्ग हैं तो जवान से मुकाबला करने के लिए उन्हें जवान बनने की जरूरत नहीं थी, लेकिन वह भी बने और अपनी रही-सही इज्जत भी गँवा दी! आडवाणीजी ने राहुल गांधी दिखने-बनने की भी बहुत कोशिश की। यह बताया कि मैं भी बड़ा टैक्नो-सेवी हूँ। मुझे भी ये आई.टी.बाई.टी. के सारे फंडे खूब आते हैं। उन्होंने वजन उठाकर युवा दिखने की कोशिश भी की! उन्होंने मनमोहन सिंह को कमजोर प्रधानमंत्री बताकर एक ताकतवर प्रधानमंत्री के रूप में अपनी छवि बनाने की भी कोशिश की, जबकि सब जानते हैं कि ये भाई साहब भी आर.एस.एस. से पूछकर ही सब कुछ करेंगे, वरना आर.एस.एस. इनका फिर से वही हाल कर देगा, जो जिन्ना को सेक्यूलर बताने के बाद इनका किया था! लेकिन नहीं बने तो आखिर नहीं ही बने आडवाणीजी प्रधानमंत्री! लालू प्रसाद यादव को मजेदार भाषण देने के अलावा और कुछ आता हो या न आता हो लेकिन वे आडवाणीजी के मामले में एक अच्छे ज्योतिषी जरूर साबित हुए, उन्होंने कहा था कि इनकी जन्मपत्री में प्रधानमंत्री होना तो लिखा ही नहीं है!

खैर, आडवाणीजी अब तो विपक्ष के नेता भी नहीं रहना चाहते! उनका तो इस प्रकार सारा जीवन ही, उनकी तो सारी साधना ही निरर्थक गई! इतनी बड़ी रथयात्रा देश भर में निकाली, इतना खून बहाया, 'हिन्दू वोट बैंक पोलिटिक्स' इतनी जमकर चलाई और मिला क्या, ठेंगा? ठीक है कि उनका स्वास्थ्य बहुत अच्छा है मगर उनका क्या अब अचार डालें? कब तक सोफे पर बैठे-बैठे टी.वी. देखें, हलकी-फुलकी किताबें पढ़ें? कब तक बेटे-बेटी-पत्नी से बातें करें? आजकल वाजपेयीजी भी इस हालत में नहीं हैं कि जाकर उनके पास दो बातें करें! भैरों सिंह शेखावत के पास भी नहीं जा सकते, जो मन-ही-मन खुश हो रहे होंगे कि चलो अच्छा हुआ ये भी निबट गया! मेरी एक बात नहीं सुनता था! तो आडवाणीजी अब जाएँ तो जाएँ कहाँ और करें तो करें क्या! इसे कहते हैं, ट्रेजेडी है बड़ी नीच!

(18 मई, 2009)

जिनके 'विकल्प' खुले थे, खुले ही रह गए!

वे कहाँ हैं जो कल तक कह रहे थे–हमारे सारे विकल्प खुले हुए हैं! हम कांग्रेस के साथ भी जा सकते हैं, भाजपा के साथ भी और तीसरे मोर्चे के साथ भी जा सकते हैं। और हम खुद भी प्रधानमंत्री बनने का दावा कर सकते हैं। पूछता उनसे कोई तो वे बड़ी रहस्यमय मुस्कुराहट के साथ कहते थे–'ठहरिए न, 16 मई आने तो दीजिए, फिर बताएँगे कि हम किसके साथ जाएँगे।' जो देखो, वही यह कह रहा था। यहाँ तक कि वामपथी दल भी, जो तीसरा मोर्चा बनाए बैठे थे। नीतीश कुमार की जबान लपलपाने लगी थी, जिन्हें भाजपा अपना सबसे भरोसेमन्द साथी मानती थी। वे भी कह रहे थे, जो बिहार को विशेष पैकेज दे, हम उसके साथ। सब अपनी छोटी–छोटी दुकानें सजाए बैठे थे। 16 मई को मैं ग्राहक को लूट लूँगा। उसकी चड्‌ढी तक उतरवा दूँगा। 16 मई आई और चली गई। जिनके सारे 'विकल्प' खुले हुए थे, उनकी दुकान पर कोई नहीं आया। झूठमूठ को किसी ने भाव तक नहीं पूछा! अरे झाँककर भी नहीं देखा कि इनके पास कितना माल है और किस क्वालिटी का है! सारे विकल्प हरदम सिमट गए! शाम तक दुकानों पर मक्खियाँ मँडाराने लगीं। दुकानदार में इतना उत्साह भी नहीं रहा कि उन्हें भगाए। रात होने से पहले–पहले दुकानों पर ताले जड़ गए।

जिन्होंने सारे विकल्प खुले रखे थे, वे समर्थन देने के लिए गली–गली, दरवाजे–दरवाजे भटक रहे हैं। ले लो भैया, ले लो भैया, हमारा समर्थन ले लो। चाहे इसके बदले कुछ मत देना। मिनिस्ट्री तक मत देना भैया और क्या करेंगे! बस अपने मोर्चे में नन्हा–सा स्थान दे देना, दयानिधि! अपने चरणों में जगह दे देना, करुणानिधि! हम सत्ताधारी पार्टी के कहलाएँ, बस इतना सा सन्देश पूँजीपतियों तक जाना चाहिए, बाकी तो हम इन्तजाम निपट सुलझ लेंगे। खा–कमा लेंगे। जुगाड़ जमा लेंगे। खेल खेल लेंगे! वे समर्थन देना चाहते हैं और कांग्रेसी हैं कि ले नहीं रहे हैं। कैसे उदास चेहरे हैं मुलायम सिंह यादव और अमर सिंह के! इतनी सीट लाना भी व्यर्थ गया! कोई धेले को पूछ नहीं रहा! चतुर–सुजान लालूजी–रामविलासजी सारी हेकड़ी भूलकर बिलकुल पालतू लग रहे हैं! विकल्प खुले रखनेवालों को बैठे–बिठाए करोड़ों–अरबों का नुकसान हो गया! भारत की जनता, तू भी गजब है! तेरा कोई भरोसा नहीं कि तू किसको कब पानी पिला दे! कब जमीन सुँघा दे! प्रणाम जनता, तुझे प्रणाम।

(19 मई, 2009)

सटोरियों की खुशी

मनमोहन सिंह की अपेक्षया स्थिर सरकार क्या आ गई और कम्युनिस्टों के समर्थन के बिना क्या आ गई, शेयर बाजार तो जैसे होश ही खो बैठा है! जैसे शेयर बाजार के सटोरियों ने ही कांग्रेस को इस कदर जिता दिया हो, और कम्युनिस्ट को हरा दिया हो, साधारण जनता ने नहीं। जनता भी अभी खुश है क्योंकि उसी ने इस सरकार को चुना है लेकिन लोग ऐसे झूमते हुए सड़कों पर घूम नहीं रहे हैं, ऐसे पागल नहीं हुए जा रहे हैं जैसे ये सटोरिए! खुशी है मगर संयमित खुशी है। आम आदमी भी जानता है कि चुनाव जीतने के बाद चाहे सरकार कांग्रेस के नेतृत्व में बने या भाजपा के, सर्वप्रथम वह पूजा–अर्चना करेगी बाजार की। उद्योगपतियों वगैरह को जमकर रियायतें देगी। ये 'सुधार' करेगी, वो 'सुधार' करेगी। साढ़े चार साल तक 'सुधार' ही 'सुधार' करती चली जाएगी! उसके बाद आम आदमी की तरफ जरा तकलीफ से गर्दन घुमाकर देखेगी। तीन–चार महीने उसके लिए भी थोड़ा कुछ कर देगी। लेकिन सटोरियों में ऐसी खुशी, ऐसी खुशी, कोरा पागलपन है। बताया जा रहा है कि दुनिया भर में एक दिन में शेयर बाजार में ऐसा उछाल कभी नहीं आया जैसा हमारे यहाँ सेंसेक्स और निफ्टी में सोमवार को दो मिनट में ही आ गया। ऐसा उछाल कि उस पर अंकुश लगाना पड़ा दिन में दो बार। करोड़ो–करोड़ रुपए बिना कुछ किए, सटोरिए बटोर ले गए। उस सट्टेबाजार के लोग बटोर ले गए, जिस सट्टेबाजार की अपनी रीढ़ है ही नहीं। अमेरिका में मन्दी तो यह धड़ाम से गिर जाता है और मनमोहन सिंह की सरकार बनती है तो छलाँगे मारने लगता है। एक ईमानदार आदमी जिन्दगी भर में जो कमा नहीं पाता, मनमोहन सिंह सरकार के आने से खुश होकर ये सटोरिए कुछ सेकंडों में उठाकर ले गए! यह सोचा–समझा पागलपन है। यह छोटे–मोटे निवेशकों को फँसाने के लिए प्रायोजित पागलपन है। चुनावों में कम्युनिस्टों के पतन पर न तो मनमोहन सिंह ऐसे नाच रहे हैं, न लालकृष्ण आडवाणी। कम्युनिस्ट बेचारे इतने वर्षों में बाजार का क्या बिगाड़ पाए? बल्कि चीन से बड़ा बाजारवाद का झंडाबरदार आज कौन है? कल तक तो बुद्धदेव भट्टाचार्य भी बाजार के गीत बड़े सुरीले स्वरों में गा रहे थे और मनमोहन सिंह से लेकर रतन टाटा तक बड़े मगन होकर सुन रहे थे। कह रहे थे कि दादा और गाओ और गाओ। बहुत ही बढ़िया गाते हो, लगता है, बहुत पहुँचे हुए गुरु मिले थे आपको! वाह क्या बात है! और क्या पता केन्द्रीय समिति की बैठक के बाद खुद पूरी माकपा भी बाजार के सुर में सुर मिलाने लगे! वह नाचेगी नहीं मगर विलम्बित स्वर में गाना तो जरूर शुरू कर सकती है। तो ऐसे वामपन्थ की पराजय पर क्या खुशी! होश में रहो सटोरियो। हिन्दुत्व के नाम पर बेहोश लोग कुछ–कुछ अब होश में आने लगे हैं तो तुम बेहोश हुए जा रहे हो! इस देश में लगता है जो होश में रहता है, वह बेवकूफ है!

(20 मई, 2009)

नेताओं की भाषा

नेता कहते कुछ हैं, उसका अर्थ कुछ और होता है! जैसे एक संवाददाता ने माननीय अर्जुन सिंहजी से पूछा कि क्या आप नई सरकार में मंत्री बनने को तैयार हैं तो उन्होंने कहा, 'मैंने अपने जीवन में किसी भी जिम्मेदारी से मुँह नहीं मोड़ा है।' भावार्थ यह हुआ कि मेरा स्वास्थ्य कितना भी खराब हो लेकिन मंत्री बनने के लिए मैं सदैव तैयार हूँ और पक्का मानिए, वह अपना दावा अभी तक ठोंक भी चुके होंगे। इसी प्रकार इसके एक दिन पहले भाजपा के वरिष्ठ नेता मुरली मनोहर जोशी इस बात से जरा भी दुखी नहीं हुए कि लालकृष्ण आडवाणी ने विपक्ष का नेता पद छोड़ने की पेशकश की है बल्कि वह खुश हुए। यहाँ तक कि उन्होंने आडवाणीजी की तारीफ करने का साहस भी दिखाया। उन्होंने कहा कि आडवाणीजी ने यह पेशकश करके एक 'आदर्श' प्रस्तुत किया है। 'आदर्श' इसलिए प्रस्तुत किया है कि यह जिम्मेदारी सँभालने का मौका क्या पता कहीं जोशीजी को मिल जाता जो काफी समय से कोने में पड़े हुए हैं। इसी प्रकार आपको स्मरण होगा कि चुनाव नतीजे आने से पहले बड़बोले नेता मुलायम सिंह यादव ने यह शर्त पेश कर दी थी कि वे उस गठबंधन को अपना समर्थन देंगे, जो मायावती की सरकार को बर्खास्त करेगा। कांग्रेस भी मुलायम सिंह यादव की इस शर्त से बेहद दुखी थी मगर तब उन्हें नाराज करने की हिम्मत उसमें नहीं थी। क्या पता सरकार बनाने के लिए उनका समर्थन जरूरी हो जाए! इसलिए कांग्रेस के नेता इस सवाल पर आँ-ऊँ, आँ-ऊँकरते रहे। लेकिन आडवाणीजी ने तीखी प्रतिक्रिया व्यक्त करने में जरा भी देर नहीं की। उन्होंने इस शर्त को संविधान के विरुद्ध बताकर नामंजूर कर दिया। आपको लगेगा कि कांग्रेस के नेताओं से ज्यादा सिद्धान्तनिष्ठ तो आडवाणीजी हैं। लेकिन आप यह भी अच्छी तरह जानते हैं कि जब समर्थन के लाले पड़ रहे हों तो नेताओं के सिद्धान्त-विद्धान्त सब हवा-हवाई हो जाते हैं। तो फिर आडवाणीजी उस समय सिद्धान्तवादी क्यों नजर आए? इसलिए आए कि उस समय उन्हें लग रहा था कि उत्तर प्रदेश की सबसे ज्यादा सीटें मायावती बटोरकर ले जाएँगी। इसके अलावा भीतर-भीतर भाजपा-बसपा का सौदा भी पट चुका था। तो मायावती की सहानुभूति हासिल करने के लिए आडवाणीजी तत्काल सिद्धान्तवादी हो गए! सिद्धान्तवादी दिखना हर नेता को 'सूट' करता है, बशर्ते कि वह व्यावहारिक राजनीति में बाधक न बने! तो ये नेता होते बड़े डिप्लोमैट हैं, बात को कूटनीति में लपेटकर रखते हैं। लेकिन ये इतने बडे डिप्लोमैट होते हैं कि इनकी डिप्लोमैसी हम साधारणजनों को भी अच्छी तरह समझ में आ जाती है। लेकिन आ जाए! ये तो वैसे ही रहेंगे, जैसे ये थे! आखिर ये नेता जो हैं!

(21 मई, 2009)

ज्योतिषी और चुनाव

जनता ने कांग्रेस को जिताकर ज्योतिषियों का बड़ा नुकसान किया है। कन्धे पर अँगोछा डालकर, माथे पर टीका लगाकर या त्रिपुंड्र धारण करके ज्योतिषी अत्यन्त गम्भीर स्वरों में न जाने क्या-क्या चुनावी भविष्यवाणियाँ किए चले जा रहे थे। सब के सब गलत साबित हो गए! वैसे एक-दो तो सट्टेबाज भी सही साबित हो जाते हैं! लगभग सभी कह रहे थे कि नई लोकसभा अपना पाँच साल का कार्यकाल पूरा नहीं कर पाएगी। कोई कह रहा था कि लोकसभा का गठन गुरु चंडाल योग में हो रहा है तो यह ढाई साल से ज्यादा किसी हालत में नहीं चल सकती। अब जरा ज्योतिषी महाराजो, हम साधारण पाठकों को यह समझाओ कि जिस यूपीए को 265 सीटें मिली हैं, जिसकी सरकार आसानी से पाँच साल चल सकती है, वह लोकसभा को ढाई साल में क्यों भंग करेगी? बेवकूफ हैं क्या ये सारे नेता, ये सारे सांसद, जो जानबूझकर अपने पैरों पर कुल्हाड़ी मारेंगे? कह रहे थे कुछ ज्योतिषी महाराज कि अगली सरकार न अजीब सी खिचड़ी होगी! क्यों जनाब, जो सरकार बनने जा रही है, वह अजीब सी खिचड़ी होगी या वैसी ही खिचड़ी होगी, जैसी खिचड़ी हम-आप-सब कभी से खाते आ रहे हैं! बोलो-बोलो, चुप क्यों हो गए! कोई-कोई कह रहे थे कि 16 मई को चूँकि मिथुन लग्न का प्रारम्भ होगा और भाजपा चूँकि मिथुन लग्न में है, अतः इस चुनाव का फायदा भाजपा को होगा। हो गया न फायदा भाजपा को? कितना हुआ? क्या आप लोग घाटे को ही फायदा करते हो? कोई कह रहे थे कि न, इस बार न आडवाणी प्रधानमंत्री बनेंगे, न मनमोहन सिंह। क्यों श्रीमान आपकी यह भविष्यवाणी सही साबित हो गई न!

अरे भैया ज्योतिषियो, मेरे मित्रो, मेरे सुहृद प्रारम्भ दो, कुछ तो बन्धु गरीब मतदाता पर भी छोड़ दिया करो! कहा करो कि चुनाव का फैसला करोड़ों मतदाता करते हैं। हम कैसे बताएँ कि क्या होनेवाला है? हम भगवान हैं क्या? जनता के मन में ठीक-ठीक क्या चल रहा है, यह तो भगवान ही नहीं बता सकते तो हम बेचारे ज्योतिषी क्या बताएँ! लेकिन कोई भी आपके पास जन्मपत्री लेकर आए, तो आप कुछ भी बताने से मना नहीं करते! आप डरते भी नहीं कि कल मेरा बताया झूठ साबित हो गया तो मेरा क्या हाल होगा? कुछ डरा करो, भाई। कम-से-कम लोकतंत्र को जनता के भरोसे ही छोड़ दो, बाकी रोजी-रोटी कमाने के लिए तमाम लोग कुछ-न-कुछ करते हैं, तो आप भी करो, किसने मना किया है! लेकिन स्वहित में लोकतंत्र का पीछा अब छोड़ दो। इन कैंडीडेटों की जन्मपत्री देखने से मना कर दो। या कह दो कि अपने सभी मतदाताओं की भी

जन्मपत्री लाकर दिखाओ तो बताऊँगा और इसके एक करोड़ रुपए से कम नहीं लूँगा। इसके बाद भी मेरी भविष्यवाणी ठीक निकले, इसकी कोई गारंटी नहीं! ठीक निकले तो तुम्हारा भाग्य! और ठीक न निकले तो मेरा भाग्य! कान खोलकर पहले अच्छी तरह सुन लो और आ सको तो सबकी जन्मपत्री लेकर जल्दी आना, और सुनो, देर बिलकुल मत करना, मुझे बहुत काम है!

(22 मई, 2009)

राखी सावन्त का स्वयंवर

चलो, चुनाव तो जैसे-तैसे निबट गया पर देश के सामने एक और गम्भीर चुनौती आ खड़ी हुई है और वह है राखी सावन्त का स्वयंवर। मुझे तो लगता है चुनाव की चुनौती से ज्यादा गम्भीर चुनौती यह है। चुनाव तो फिर भी हो ही जाते हैं। कितने ही चुनाव हम-आप देख चुके हैं, कितनी ही बार सरकार बना-गिरा चुके हैं, यह अब एक 'नार्मल' सी बात हो गई है। लेकिन देश के हजारों साल के इतिहास में मेरे खयाल से सीता के स्वयंवर के बाद यह दूसरा महत्त्वपूर्ण स्वयंवर है। इसमें शिव का धनुष जरूर नहीं है लेकिन राखी सावन्त सीता भी नहीं है कि जिसने धनुष उठा लिया, चुपचाप उसी की हो जाएगी। वह स्वयं एक धनुष है जिसे उठाने की हिम्मत कोई कर नहीं सकता! कहते हैं कि हजारों ने उससे शादी के लिए एप्लीकेशन लगा रखी है और चुनना उसे इनमें से सिर्फ एक है! लेकिन उसके मानदंड इतने ज्यादा कड़े हैं कि सलमान खान भी अगर उससे शादी करने प्रोग्राम में आ जाए तो वह रिजेक्ट हो जाएगा! बाकी का तो कहना ही क्या! राखी ने कहा है कि उसे ऐसा दूल्हा चाहिए जो थोड़ा अमीर खां हो, थोड़ा खाहरूख खां हो और थोड़ा सलमान खां हो यानी तीनों का मिक्स जूस हो। उसमें इन तीनों की कोई बुराइयाँ न हों और तीनों की सभी अच्छाइयाँ हों। अब बताइए ऐसा दूल्हा हमारी एक अरब से भी ज्यादा की आबादी वाले देश में तारे मिलने से रहा! चीन का दूल्हा उसे पसन्द आएगा नहीं। बाकी किसी देश की आबादी इतनी है नहीं कि वहाँ ऐसा कोई वर पैदा होने की सम्भावना तक हो! इसलिए मुश्किल तो बहुत है। या तो राखी सावन्त को 100 एपीसोडों के बाद भी कोई दूल्हा नहीं मिलेगा या उसे 'कम्प्रोमाइज' करना पड़ेगा, जो करना उस बेचारी को आता नहीं। इतना कम्प्रोमाइज वह जरूर कर रही है कि अपना वजन घटा रही है। लेकिन वजन घटाने-बढ़ाने में तो बॉलीवुड की कन्याएँ काफी होशियार हैं। यह काम तो कोई भी अभिनेत्री, कोई भी आइटम गर्ल कर लेती है तो राखी ने भी कर दिखाया तो क्या तोप चला दी! वह शायद कम बोलने का भी अभ्यास कर रही है जो शायद ज्यादा बोलनेवालों के बस की बात है नहीं! फिर गुस्सा भी उसे बहुत आता है। तो इतनी सारी साधनाएँ करना उसके लिए कठिन होगा और कर लेगी तो उसके स्वयंवरवाले काय्रक्रम में आनन्द क्या आएगा? एक सुन्दर-सुशील और लजानेवाली कन्या का विवाह समारोह तो टी.वी. पर दर्शक देखेंगे नहीं! उन्हें तो राखी अपने 'एलीमेंट' में चाहिए! इसलिए राखी सावन्त का स्वयंवर कार्यक्रम जिसके अन्त में वह विवाह करेगी, ऐसा उसने कहा है-एक राष्ट्रीय चुनौती-सा लगता है। मुझे नहीं लगता कि इस देश में इतनी सामर्थ्य है कि वह इस चुनौती को झेल पाएगा! झेल पाया तो मानना पड़ेगा कि इस देश में भी कुछ दम है!

(23 मई, 2009)

बहुविवाह के लाभ

कल्पना कीजिए कि महाराजा दशरथ एक-पत्नीव्रती होते तो क्या 'रामायण' और 'रामचरितमानस' कभी लिखी जाती? अगर दशरथ सिर्फ कौशल्या से विवाह करते तो कौन राम को 14 वर्ष के वनवास पर भेजता? अगर राम अच्छे पिता की अच्छी सन्तान की तरह आराम से अयोध्या के राजा बन जाते तो न सीता का अपहरण होता, न राम-रावण युद्ध होता, न हनुमान होते, न धोबी के कहने पर सीता को राम छोड़ते तो वाल्मीकि और तुलसीदास का क्या होता? अब आप यहाँ से सीधे आज के युग में आकर महज दो-तीन दिन पीछे चले जाइए। मान लीजिए कि तमिलनाडु के मुख्यमंत्री करुणानिधि साहब ने तीन-तीन शादियाँ न की होतीं, उनकी दो बीवीयाँ उनके साथ न होतीं, दोनों के बच्चे-बच्चियाँ न होते तो मनमोहन सिंह मंत्रिमंडल के शपथ ग्रहण समारोह के अवसर पर इतना सारा दिलचस्प ड्रामा कैसे पैदा होता? क्यों करुणानिधि ऐसे अड़ते, क्यों रूठकर शपथ ग्रहण समारोह से पहले ही वापस चेन्नई चले जाते? और यह सब नहीं होता तो टी.वी. चैनलवाले कितने बोर होते? भला हो करुणानिधि साहब की दोनों बीवियों का कि वे पर्दे के पीछे अपने-अपने बच्चों को 'प्रमोट' करने में लग गईं, कोप भवन में जा बैठीं। ड्रामा इसलिए भी दिलचस्प हो गया कि करुणानिधि साहब की एक और बेटी भी करुणानिधि के भतीजे के पुत्र दयानिधि मारन को मंत्री बनाने के लिए सीन में आ चुकी थीं। और करुणानिधि की दो पत्नियाँ हैं इसीलिए दोनों पूर्व केन्द्रीय मंत्रियों टी.आर. बालू तथा ए. राजा को एक-एक बीवी के जरिए तगड़ी से तगड़ी सिफारिश लगवाने का मौका मिल गया! अन्ततः करुणानिधि की दो बीवियाँ होने से 'राष्ट्रीय संकट' खड़ा हो गया। संकट खड़ा नहीं होता तो शान्तिपूर्वक शपथ ग्रहण समारोह निपट जाता! करुणानिधिजी, आपका धन्यवाद! ईश्वर करे भविष्य में और भी राजनेता अधिकृत बीवियों के जरिए हमारे राजनीतिक जीवन को यूँ ही रोमांचक, नाटकीय और संकटपूर्ण बनाते रहें!

(25 मई, 2009)

बहनजी की विशाल हृदयता

मुझे उत्तर प्रदेश की राजनीति की एक ही बात बहुत पसन्द है कि वहाँ खुला खेल फर्रुखाबादी होता है। वहाँ कोई काम दबा-छुपाकर नहीं किया जाता। जो भी किया जाता है डंके की चोट किया जाता है। ताजा उदाहरण बहन मायावती का है। लोकसभा चुनाव में उनकी आशा के विपरीत परिणाम निकले तो उन्होंने बिना विलम्ब किए उन सभी जिलों के जिलाधिकारी और एस.पी. बदल दिए, जहाँ से उनकी पार्टी बसपा के उम्मीदवार हारे थे। अब जिसे इस कदम की आलोचना करना हो, बेशक आराम से करे। आलोचना करने से कुछ नहीं होता, करने से होता है जो कि बहन मायावती ने कर दिखाया है और उन्होंने गलत भी क्या किया है! सर्वविदित है कि उन्होंने चुनाव मैदान में यू.पी. के एक से बढ़कर एक रतन उतारे थे। उन्होंने छोटे-मोटे चोर-उचक्कों को टिकट देने की बजाय सीधे माफिया किंगों को ही टिकट दिया था, जिनसे शासन-प्रशासन की भी रूह काँपती है। उन्हें हारना नहीं चाहिए था, लेकिन क्या करें, वे हार गए। बहनजी ने एक से बढ़कर एक करोड़पति खड़े किए थे। कई तो इतने बड़े करोड़पति थे कि उनकी सम्पत्ति का विवरण सुनकर ही आप गश खा जाएँ। उन सबको उन्होंने लोकतंत्र की मुख्यधारा से जोड़ने का भगीरथ प्रयत्न किया था लेकिन बहन मायावती के इस प्रयत्न में पलीता लगा दिया तमाम कलेक्टरों और एस.पी. साहबानों ने। लोकतंत्र को मजबूत करने के बहनजी के संकल्प को उन्होंने पूरा नहीं होने दिया। उनकी आशाओं पर तुषारापात कर दिया। ऐसे में उनकी बर्खास्तगी न करके महज स्थानान्तरण करके उन्होंने अपनी विशाल हृदयता का ही परिचय दिया है। यह बताइए कि पुलिसवालों के पास आखिर काम क्या है? कौन इनसे पूछ रहा है कि तुमने कितने चोर-गुंडे-लफंगे पकड़े, कितने हत्यारों-बलात्कारियों को पकड़कर सजा दिलाई, कानून-व्यवस्था की स्थिति कितनी दुरुस्त रखी! इन्हें बहनजी ने कोई रूटीन काम नहीं दे रखा है, मगर वर्दी दी है और तनख्वाह दी है। फिर भी ये इतना तक नहीं कर सके कि मुख्यमंत्री के स्वप्न को साकार कर दें? दलित की बेटी को प्रधानमंत्री बनने का अवसर ही प्रदान कर दें? फिर ये किस काम के? काम के न धाम के, दुश्मन अनाज के। ऐसों का सिर्फ स्थानान्तरण करना क्या कोई अपराध है, गलत है? क्या मुलायम सिंह यादव मुख्यमंत्री होते तो यह सहन करते? फिर दलित की बेटी पर ही यह सवर्ण उँगली क्यों उठ रही है? मैं कहता हूँ क्यों? क्यों?

(26 मई, 2009)

लाइलाज दर्द

यूँ तो अक्सर शादियाँ निर्विघ्न ढंग से सम्पन्न हो जाती हैं लेकिन हजारों-लाखों में एक बार ऐसा भी होता है कि कल बरात आनी है और आज दुल्हन अपने किसी प्रेमी के साथ या दूल्हा अपनी किसी प्रेमिका के साथ भाग गया! इसके बाद जो-जो होता है, वह आपको मालूम है। यह भी होता है कि दूल्हे और दुल्हन के तमाम नजदीकी रिश्तेदार शादी के लिए जो नए कपड़े बनवाते हैं, उन सबके साथ एक कड़वी स्मृति जुड़ जाती है। मेरा खयाल है कि ऐसा ही कुछ भाजपा के तमाम केन्द्रीय नेताओं के साथ भी हुआ होगा। भाजपा को 200 प्रतिशत विश्वास था कि उसकी सरकार आनेवाली है। आडवाणीजी को तो कोई शक था ही नहीं कि वह प्रधानमंत्री बननेवाले हैं। इसलिए बाकी कई नेताओं को भी विश्वास रहा होगा कि वे मंत्री बननेवाले हैं। अतः चुनाव की तमाम सरगर्मियों-व्यस्तताओं के बीच भी उन्होंने सूट का कपड़ा, साड़ियाँ आदि खरीदी होंगी कि शपथ ग्रहण के दिन यह पहनेंगे। लेकिन पता नहीं क्या हुआ कि बाजी पलट गई और इन नेताओं का हाल वहीं हो गया है जो कि शादी से ठीक पहले दूल्हे और दुल्हन के भागने पर उनके अपनों का होता है। अब इनकी सरकार नहीं बन पाई तो ऐसा तो हुआ नहीं होगा कि इन्होंने कहीं आना-जाना बन्द कर दिया होगा! ये पाँच-सितारा में लंच-डिनर लेने जाते ही होंगे या वहाँ चाय-कॉफी-दारू आदि का सेवन करते ही होंगे। इसलिए रोज अपने वार्ड रोब भी खोलते होंगे और रोज वह ड्रेस भी देखते ही होंगे, जो उन्हें राष्ट्रपति भवन में शपथ ग्रहण समारोह के दिन पहननी थी! हजारों रुपए व्यर्थ जाने का गम आज चाहे उन्हें न भी होता हो—क्योंकि हो सकता है यह भुगतान किसी और ने किया हो लेकिन यह गम तो होता ही होगा कि हाय, हमारे साथ ये क्या हुआ? इतनी बढ़िया ड्रेस काम नहीं आई! उनके दिल पर रोज कैसी-कैसी तो गुजरती होगी, वैसी निराशा भी होती होगी, जैसी भागनेवाली दुल्हन या दूल्हे के माँ-बाप को होती है। लेकिन यह दर्द, ऐसा दर्द है जिसका कोई इलाज नहीं। मान लो अरुण जेटली को यह दर्द हो तो यह तो नहीं हो सकता कि मनमोहन सिंह जी उनसे कहें कि बन्धु दुखी क्यों होते हैं, आइए, मैं आपको मंत्री बना देता हूँ! यह तो ऐसा दर्द है जो खुद ही झेलना पड़ता है। दूसरे दुख-दर्द तो फिर भी बाँटे जो मिलेगा, उसी से कहेंगे कि मालूम है कि इन नेता का दर्द आजकल क्या है? फिर दोनों हँसेंगे और यह हँसी इस तरह पूरे समाज में सार्वजनिक हो जाएगी। किसी दिन पता चलेगा कि किसी अखबार के 'गप-शप' के कॉलम में यह बात छपी हुई है। लेकिन मैं इन नेताओं पर हँस नहीं रहा हूँ, मैं तो उस पीड़ा का अनुभव कर रहा हूँ और आपको भी करा रहा हूँ!

(27 मई, 2009)

'मर्दानगी' की बीमारी

हालाँकि अखबारों में रोज साँडे के तेल का विज्ञापन छपता रहता है मगर साफ करें कि मुझे नामर्दी से ज्यादा बड़ी समस्या पुरुषों की 'मर्दानगी' लगती है। साँडे का तेल हो न हो मगर नामर्दी के कई इलाज हैं लेकिन 'मर्दानगी' का कोई इलाज है, इसकी आज तक मुझे कोई जानकारी नहीं है। अखबार रोज ही पुरुषों की 'मर्दानगी' के समाचारों से भरे पड़े होते हैं। किसी 'मर्द' ने छह महीने की बच्ची के साथ बलात्कार कर दिया तो किसी 'मर्द' ने अपनी 'मर्दानगी' का सबूत 70 साल की बुजुर्ग महिला पर बलात्कार करके पेश किया। किसी ने अकेली लड़की को जाता देखकर उसका रास्ता रोक लिया, किसी ने उसके अंगों को छूकर मर्दानगी दिखाई। कोई किसी लड़की के ऐसे पीछे पड़ गया कि उसका जीना हराम हो गया, किसी की हालत ऐसी कर दी कि उसने आत्महत्या कर ली। वैसे मर्दानगी क्षेत्र भी कई हैं। हमारे पुलिसवाले तो मर्दानगी के साक्षात् अवतार हैं, जहाँ भी किसी गरीब-गुरबे को देखा, मन हुआ तो उसे माँ-बहन की गाली दी, चाहा तो पीट दिया और थाने में बन्द कर दिया। कोई पत्रकार या कार्यकर्ता ज्यादा उलझा तो उसे भी उसका 'कद' नापकर बता दिया। कई मर्द अपनी मर्दांनगी अपनी बीवी को पीटकर नित्य प्रति नहीं तो कम-से-कम सप्ताह में एक बार तो जरूर दिखाते हैं ताकि वह बस में रहा करे। खिड़की खोलकर सड़क पर भी न देखे और पुरुष नामक किसी जीव से—चाहे वह बच्चा क्यों न हो—बात तक न करे। कई 'मर्द' रिक्शे पर बैठते हैं, किराया तय करते हैं और उतरकर बिना पैसे दिए चल देते हैं। रिक्शेवाला पैसा माँगे तो कहेंगे, बदतमीजी करता है? तेरी औकात क्या है? सीधे से माँगता तो दे भी देता, जा अब नहीं देता, पुलिस में रिपोर्ट लिखवा देना। कई अपने घर काम करनेवाली, बर्तन धोनेवाली, कपड़े धोनेवाली पर अपनी 'मर्दानगी' का रुआब झाड़ते रहते हैं, कई अपनी ऑफिसकर्मियों पर। कई खानदान की इज्जत बचाने के नाम पर अपनी मर्जी से शादी करनेवाली बेटी तथा दामाद की हत्या करके 'वी फॉर विक्टरी' का साइन दिखाते हुए जेल चले जाते हैं। दैनिक मर्दानगी के इतने रूप हमारे समाज में उपलब्ध हैं कि किसका वर्णन करूँ और किसका छोड़ दूँ? यह 'हरि अनन्त, हरि कथा अनन्ता' है। अब आप ही बताइए किसी डॉक्टर के पास इस 'मर्दानगी' का इलाज है? देश में है कोई ऐसा डॉक्टर? इसलिए आपने कभी किसी पत्र-पत्रिका में ऐसे डॉक्टर का विज्ञापन भी नहीं देखा होगा, जो मर्दानगी का इलाज करता हो। इसका कोई जापानी तेल, कोई टैबलेट कहीं उपलब्ध नहीं है। फिर भी करेंगे आप इस 'मर्दानगी' का इलाज!

(29 मई, 2009)

शान्तता, राग राहुल चालू आहे

आजकल मीडिया में राग-राहुल जमकर गाया जा रहा है। जो देखो, इस राग को गाने में पिला पड़ा है। 'गा के ही रहूँगा' के दृढ़ संकल्प के साथ भिड़ा हुआ है। सुर में गाने के लिए तो एक तैयारी चाहिए, लज्जत चाहिए, विश्वास चाहिए, वह है नहीं, इसलिए जो देखो, वह बेसुरा गाये जा रहा है। ऐसे रोगों का गायन सबसे पहले टी.वी. चैनलों पर शुरू होता है। एक चैनलवाला सोचता है कि राहुल की स्तुति-गायन मेरा 'यूनीक आइडिया' है, लेकिन इससे 15 मिनट पहले दूसरा वही गायन शुरू कर चुका होता है और उससे आधा घंटे पहले तीसरा! फिर प्रतियोगिता शुरू होती है कि किसका दम पहले फूलता है? पता चलता है कि कोई भी बेदम होने को तैयार नहीं है। खाँस रहा है, खखार रहा है, नाक सुड़क रहा है, पसीना पोंछ रहा है, बाथरूम जाना रोक रहा है मगर श्रद्धापूर्वक-विश्वासपूर्वक गाता जा रहा है। मुद्रा ऐसी है कि जैसे दिल की अनजान गहराइयों से स्वर निकल रहे हैं। टी.वी. चैनलवाले थोड़े थकते हैं तो अखबारवाले ज़िम्मेदारी सँभाल लेते हैं। यह मानकर कि टी.वी. कौन देखता है और देखता भी है तो क्या हुआ, पाठक के रूप में वह ये सब चीजें पढ़ना चाहता है। तो वे सा रे ग म से शुरू करते हैं, राग दरबारी गाते हैं और राग भैरवी पर जाकर खत्म करते हैं। फिर साप्ताहिक पत्रिकावाले सोचते हैं कि अखबारवालों में गहराई और विस्तार में जाने का धैर्य तो है नहीं तो वे राग को पूरी दिखावटी तन्मयता से विस्तारपूर्वक गाना शुरू कर देते हैं। पाक्षिकवाले सोचते हैं कि बस साप्ताहिक पत्रिकावाले इतने ही विस्तार और इतनी ही गहराई में गए हैं, हम और भी गहराई में डूबकर और कुछ नए ऐसे मोती लाएँगे कि श्रोता झूमने लगेंगे और कहेंगे कि वाह दादा, वाह, क्या गाया है! कमाल ही कर दित्ता तुसी! होर गाओ जी! मासिकवालों की जब तक बारी आती है, तब तक कुछ और नए प्रयोग टी.वी. चैनलवाले 'राग-राहुल' में कर चुके होते हैं। इस प्रकार सिलसिला थमता ही नहीं। मेरा खयाल है कि राहुल अभी जिस उम्र में हैं, उन्हें अपनी इतनी प्रशंसा ऊबा रही होगी। हर माँ को अपने बेटे की तारीफ अच्छी लगती है, लेकिन सोनियाजी भी सोच रही हो शायद कि ये सब क्या हो रहा है! स्टाप धिस नॉनसेंस। प्रियंका भी चैनल बदल देती होगी, पत्र-पत्रिका के पन्ने पलट देती होगी! अब तक वह भी इस 'राग-राहुल' की सारी खूबसूरती और सारी बदसूरती जान चुकी होगी! राहुल के साथियों के पास इतनी सीडी, इतनी अखबारी कतरनें, इतनी राहुलमय पत्रिकाएँ पहुँच चुकी होंगी कि सबको सँभलकर वे रखें तो एक कमरा तो आसानी से भर जाएगा। यही राहुल चुनाव से पहले मीडिया को इतने प्यारे नहीं लगते थे बल्कि बुरे लगते थे। और कल राहुल को कहीं एक ठोकर लग गई, वे गिर पड़े तो ये सब

तारीफें भूल जाएँगे और भयानक राहुल-निन्दा का गायन आरम्भ कर देंगे। अगर कल आडवाणीजी जीत जाते तो 'राग-आडवाणी' शुरू हो जाता, हालाँकि आडवाणीजी इसे सुन-सुनकर कतई बोर नहीं होते बल्कि हर शनिवार की रात को हर चैनल पर एक घंटे का 'राग-आडवाणी' आता और वही घिसे-पिटे-चुके हुए लोग, जो आज राग-राहुल गा रहे हैं, राग-आडवाणी भी गाते। उनके बेसुरेपन तथा उनकी आडवाणीजी के प्रति 'श्रद्धा-विश्वास' में कोई कमी नहीं आती! गायक हैं भई! अवसरानुकूल अलग-अलग राग तो गाने ही पड़ने हैं न!

(30 मई, 2009)

सड़क पर पड़ा मैं

अभी एक दिन की बात है। हमने देखा कि हम मय रंगीन तस्वीर के सड़क पर धूल में पड़े हैं। एक सज्जन–जो हमसे आगे जा रहे थे–हमारे ऊपर पैर रखते हुए ठाठ से चले गए। हम भी उनके नक्शेकदम पर चलते हुए ऐसा ही करनेवाले थे कि अचानक हमारी नजर अपनी तस्वीर और लेख के शीर्षक पर पड़ गई तो प्रयत्नपूर्वक हमने अपने आपको अपनी तस्वीर और अपने लेख का अपमान करने से बचाया। धूल में हमारे लेख और हमारी तस्वीर की हालत ये हो चुकी थी कि हम उसे उठाकर-पोंछकर अपने साथ ला नहीं सकते थे वरना आस-पड़ोस के लोग देखकर सोचते कि इनकी कब से ये हालत हो गई! ये रद्दी लेखन करने के बाद क्या अब रद्दी उठाने का काम भी करने लगे हैं और वह भी ऐसी रद्दी उठाने का–थू-थू। यह तो और भी गन्दा काम है! कहीं इनका दिमाग तो नहीं चल गया है! अपनी तस्वीर और अपने लेख की इस हालत पर हमारे भीतर दया-करुणा और क्रोध के मिश्रित भाव आते-जाते रहे। हमने सोचा इतना तो कर दें कि इस कागज को गुड़ी-मुड़ी करके कोने में फेंक दें ताकि किसी का पैर तो इस पर न पड़े मगर फिर हम रुक गए। हमने सोचा जो होना है, होने दो। यह लेख इसी काबिल होगा और हमीं कौन से दिखने में ऐसे खूबसूरत हैं कि कोई हमारी तस्वीर का यह हाल होने से बचाए! हमने यह भी सोचा कि विष्णु नागर यह तो संयोग से तुम्हारी नजर पड़ गई वरना तो तुम्हारा यह हाल 30-35 साल से हो रहा है। और अब तो कुछ ज्यादा ही होता होगा क्योंकि तुम रोज अपने नाम से लिखते हो और रोज ही रद्दी में चले जाते हो! तुम्हारे व्यंग्य, तुम्हारे लेख वगैरह अवश्य कई बार बच्चों को नित्यकर्म कराने के उपयोग में भी आते होंगे। इस प्रकार तुम्हारे लेखन का कई प्रकार से सदुप्रयोग हो रहा है, क्या तुम्हें इसकी खुशी नहीं होती! लोग अक्सर लेखकों से पूछते हैं कि लेखन से समाज को क्या फायदा, तो तुम कह सकते हो कि फायदा यह है कि रद्दी होने के बाद तो लेखक उसके भी काम आता है जो उसे कभी नहीं पढ़ता! अतः विष्णु नागर दुखी मत होओ और किसी भी प्रकार से समाज के उपयोग में आते रहो!

(1 जून, 2009)

संस्कृत में वोट भी माँगिए

बढ़िया हुआ कि नई लोकसभा बन गई। नए सांसद शपथ ले रहे हैं। वैसे तो संविधान में मान्यताप्राप्त किसी भी भाषा में सांसद शपथ ले सकते हैं लेकिन हमारे कुछ मेम्बरान संस्कृत और अंग्रेजी में शपथ क्यों लेते हैं, यह आज तक मुझे समझ में नहीं आया। शायद मेरी बुद्धि कुछ मोटी है। यह ठीक है कि संस्कृत देवभाषा है, देवता कहीं अगर होते होंगे तो वे अवश्य संस्कृत में बोलते होंगे! यह भी सत्य है कि हमारे कई प्राचीन और महान ग्रन्थ संस्कृत में लिखे गए हैं! लेकिन सवाल यह है कि कोई इस भाषा में वोट नहीं माँगता। वोट माँगने के लिए तो सबको हिन्दी, बँगला, मराठी, तमिल, उड़िया, पंजाबी आदि भाषाएँ ही याद आती हैं। हमारे इंदौर की सांसद सुमित्रा महाजन को भी जब वोट माँगना होता है तो उन्हें हिन्दी और हद से हद मराठी भाषा ही याद आती है। लेकिन जब वे संसद में पहुँच जाती हैं तो उन्हें संस्कृत याद आ जाती है। अरे, वोट भी तो वे संस्कृत में ही माँगतीं! पुरानी सांसद हैं, बी.जे.पी. की हैं। वे संस्कृत में वोट माँगती तब भी उन्हें 10–20 हजार या क्या पता एक लाख वोट तो मिल ही जाते! और हार भी जातीं तो क्या हुआ! चुनाव में हार–जीत तो लगी ही रहती है। लेकिन इतिहास में उनका नाम हो जाता कि उन्होंने देवभाषा में वोट माँगे थे, इसलिए मनुष्यों ने उनको वोट नहीं दिए! संस्कृत को प्रोत्साहन देने का इससे बेहतर तरीका और क्या हो सकता था, हालाँकि मुझे मालूम नहीं है कि ताई को भाषण देने लायक संस्कृत आती है या नहीं! मेरा निवेदन है उनसे कि अगली बार वे चुनाव लड़ें तो जरूर संस्कृत में ही वोट माँगे क्योंकि सांसद तो हजारों लोग बन चुके हैं और वे भी कई बार बन चुकी हैं! यह तो एक आम सी बात हो चुकी है। खास बात यह है कि एक उम्मीदवार ऐसा तो था जिसने संस्कृत में वोट माँगने की हिम्मत दिखाई। इसी प्रकार का निवेदन मेरा माननीय वीरभद्र सिंह और फारूख अब्दुल्ला से भी है। उन्हें भी अंग्रेजी में ही वोट माँगना चाहिए जिसमें उन्होंने लोकसभा में शपथ ली है। वे पुराने नेता हैं, अपने–अपने राज्यों में प्रतिष्ठित हैं, उन्हें भी लाख–पचास हजार वोट तो मिल ही जाएँगे! अगली बार इन सबको यह प्रयोग करना चाहिए! महाशयो, कुछ तो नया कीजिए, इन भाषाओं के विकास के लिए भी तो कुछ कीजिए, या सिर्फ राजनीति करते रहेंगे। आइए और इस दिशा में आगे बढ़िए!

(2 जून, 2009)

आडवाणीजी उदास हैं

लालकृष्ण आडवाणीजी आजकल बहुत उदास हैं। इतने उदास हैं कि उन्हें इतना उदास देखकर आश्चर्य है कि मेरा दिल भी उदास हो गया है। अभी विपक्ष के नेता चुने जाने पर उनका एक फोटोग्राफ देखा। उनके गले में गेंदे के फूलों की माला है मगर उनका चेहरा उदास है। यहाँ तक कि उन्हें माला पहनानेवाले और बधाई देनेवाले भी उन जैसे ही उदास हैं। लोकसभा की सदस्यता की शपथ लेते हुए भी आडवाणीजी बहुत उदास थे। लगता है कि जैसे प्रधानमंत्री न बनने का सदमा उन्हें बर्दाश्त नहीं हो रहा है वरना तो पाँच साल पहले भी एनडीए-भाजपा हारी थी। तब तो स्थिति यह थी कि किसी को भी एनडीए की जीत में शक नहीं था। खुद कांग्रेसियों को भी नहीं। लेकिन तब तो आडवाणी इतने उदास और परेशान नहीं दिखे थे। इस बार तो भाजपा के चमचों को छोड़कर हर कोई यह मान रहा था कि यूपीए थोड़ा ही सही मगर एनडीए से आगे रहेगी। तमाम लोग कह रहे थे कि चाहे कांग्रेस की सरकार बने या न बने जो भी सरकार बनेगी वह कांग्रेस समर्थित सरकार होगी। इसलिए आडवाणीजी को ऐसा मुगालता तो होना ही नहीं चाहिए था, जैसा कि लगता है कि उन्हें था। खुद कांग्रेस तैयार थी इस बार हारने के लिए तो आडवाणीजी क्यों तैयार नहीं थे? और उन्हें हराने का फैसला उसी जनता ने किया है जो हमेशा ऐसा फैसला करती आई है। तब इस बार ऐसा क्या गजब हो गया कि आडवाणीजी इतने परेशान हैं? आडवाणीजी प्रधानमंत्री बनने की महत्त्वाकांक्षा पाल रहे थे तो यह उनकी समस्या थी, मतदाताओं की नहीं। मतदाताओं का काम किसी व्यक्ति या किसी पार्टी की महत्त्वाकांक्षाओं को पूरा करना नहीं है। उनके लिए अपना व्यापक हित प्रमुख है। और मतदाताओं ने तो बड़ों-बड़ों को धूल चटाई है। जब इन्दिरा गांधी प्रधानमंत्री थीं, तब उन्हें हार का मुँह देखना पड़ा था। तो फिर तो आडवाणीजी अभी 'पी.एम. इन वेटिंग' ही तो थे! तब उन्हें इतना उदास होने की क्या जरूरत? ठीक है कि यह प्रधानमंत्री बनने की उनकी अन्तिम बारी थी लेकिन मतदाता इसका क्या करें? फिर आडवाणीजी तो बड़ी दार्शनिक टाइप मुद्रा बनाए रहते हैं। तो महाराज, अपने साथ नहीं तो अपनी मुद्रा के साथ तो न्याय कीजिए! विपक्ष का नेता ही उदास-उदास, उखड़ा-उखड़ा होगा तो वह विपक्ष तेवर क्या दिखाएगा?

(3 जून, 2009)

विश्वविख्यात

पता नहीं वह कौन सा 'विश्व' है, जिसमें वह 'विख्यात' हैं मगर वे 'विश्वविख्यात' हैं। अगर कोई खुद को माने कि वह 'विश्वविख्यात' है, तो वह है! आप कैसे कह सकते हैं कि वह नहीं है! कोई पैमाना तो ऐसा है नहीं कि जिसके आधार पर आप कह सकें कि फलाँ तो 'विश्वविख्यात' है और फलाँ 'भारत-विख्यात', फलाँ तो 'प्रदेश-विख्यात' है और फलाँ 'मोहल्ला-विख्यात' आप किसी पर मुकदमा तो ठोंक नहीं सकते कि उसने अपने आप को 'विश्वविख्यात' कैसे कहा? इसलिए दिल्ली की एक अविख्यात जगह एक 'विश्वविख्यात ज्योतिषी' का बड़ा-सा बोर्ड मैंने देखा, तो मैं थोड़ा ठिठकने और थोड़ा मुस्कुराने के बाद चुपचाप आगे बढ़ गया। आगे बढ़ते-बढ़ते मुझे भी आइडिया आया कि मैं भी अपने को 'विश्वविख्यात' कहने लगूँ तो मेरा कोई क्या बिगाड़ लेगा? हँसेगा न, हँस ले। जो 'विश्वविख्यात' होता है, वह इसकी परवाह नहीं करता कि कोई उस पर हँस रहा है। जो परवाह करता है, वह 'विश्वविख्यात' तो क्या 'मोहल्ला-विख्यात' भी बड़ी मुश्किल से हो पाता है। यह कहने के लिए कि मैं 'विश्वविख्यात' हूँ, बहुत बड़ा कलेजा चाहिए जो हरेक के पास नहीं होता। मेरे पास भी नहीं है, मैं भी सिर्फ खयाली पुलाव पका रहा था, जिनसे किसी का पेट नहीं भरता, खुद मेरा भी नहीं भरा। मैंने अपने एक मित्र को यह प्रसंग सुनाया तो उसने कहा कि तुम खामखाँ क्यों परेशान होते हो, ज्योतिष तुम्हारा फील्ड नहीं है बल्कि तुम तो इतने नीच हो कि उसे ज्योतिष-फ्योतिष कहते हो! मैंने कहा कि भाई, मैं उनके 'विश्वविख्यात' होने से परेशान नहीं हूँ, मैं तो केवल इस बात से परेशान हूँ कि वे 'विश्वविख्यात' हो गए और इसका मुझे पता नहीं चला, जबकि मैं खुद को पत्रकार कहता हूँ! मुझे अपने अज्ञान पर शर्म आई, आत्मग्लानि हुई और कुछ नहीं हुआ। मुझे इसका दुख हुआ कि मुझे उस 'विश्व' का पता नहीं है, जिसमें वे 'विख्यात' हो चुके हैं। जैसे मुझे यह भी पता नहीं है कि वह कौन-सी शुभ घड़ी थी कि जब हीरो-होंडा 'देश की धड़कन' बन गया! 'देश की धड़कन' हीरो होंडामय हो गई और इतनी बड़ी घटना की मुझे हवा तक नहीं लगी! मुझे दुख हुआ कि मेरे जैसे सौ-पचास और पत्रकार हिन्दी में हो गए तो इस भाषा का, इस पत्रकारिता का आखिर क्या होगा!

(5 जून, 2009)

मृतक-पूजन

हम बड़ी दिलचस्प कौम हैं। हम मृतकों के पूजक हैं और जीवितों के घनघोर निन्दक हैं। माँ मर जाए तो हम उसका बेहद श्रद्धापूर्वक श्राद्ध करते हैं और वह जिन्दा रहती है तो कहते हैं कि ए बुढ़िया, तू चुप बैठती है या नहीं ? पता नहीं, इसे मौत क्यों नहीं आती! हमारी छाती पर न जाने कब तक यह मूँग दलेगी! अगर कोई मर जाता है तो हमें उसकी वे भी अच्छाइयाँ दिखने लगती हैं जो उसमें कभी नहीं थीं और जिन्दा रहता है तो वे भी अच्छाइयाँ नहीं दिखतीं तो उसमें निश्चित तौर पर हैं! कोई मर जाता है तो हम हाय-हाय करते हैं कि हमें इतनी जल्दी छोड़कर क्यों चले गए या क्यों चली गईं! हम कहते हैं कि उनके मर जाने से एक ऐसा शून्य पैदा हो गया है जिसे भरा न जा सकेगा। तब हमें याद आने लगता है कि जीवन भर उनकी कितनी उपेक्षा हुई। लेकिन वही सज्जन या सज्जनी जब जिन्दा होते हैं तो उनकी तरफ कोई झाँककर भी नहीं देखता। भूखे मर रहे हों तो उन्हें वे तो रोटी दे देंगे, जो उनकी महानता और उनके योगदान के बारे में कुछ भी नहीं जानते लेकिन वे बिलकुल नहीं देंगे, जिनकी आँखों से अब आँसू बहते चले आ रहे हैं। प्रेमचन्द और मुक्तिबोध जब तक जिन्दा थे, महान नहीं थे। निन्दनीय और प्रताड़नीय थे। जिन्दगी से हारकर मर गए तो समझ में आया कि अरे-अरे, इतना महान लेखक दुनिया से चला गया! वह भी इतनी जल्दी! इतनी उम्र में वह इतना काम कर गया और वह भी इतनी उच्च कोटि का! फिर तो प्रेमचन्द और मुक्तिबोध का जाप करते हुए बाकी जिन्दगी तमाम होती है। गांधीजी की कोई बात उनकी जिन्दगी के आखिरी सालों में नहीं सुनी जाती थी। सबको लगता था कि यह बुड्ढा सनकी हो चुका है। पत्थर खाने से भी बचा लिया! उसके बाद तो जहाँ देखो, जब देखो, जिधर देखो, गांधी ही गांधी हैं। हालाँकि बात आज भी कोई उनकी नहीं मानता। जो कबीर मन्दिर-मस्जिद, मुल्ला-पंडित की ऐसी-तैसी करता था, क्या उसे जीते जी चैन से जीने दिया गया होगा ? लेकिन अब पंडित, मौलवी, पाखंडी, ज्ञानी सभी हाय कबीर, हाय कबीर करते हैं। इसलिए अच्छा है कि आदमी अक्सर सौ के अन्दर ही निबट जाता है वरना प्रेमचन्द, गांधी आज भी जिन्दा होते तो उनका हमने मलीदा बना दिया होता और आज कोई उनका नामलेवा भी न बचता!

(6 जून, 2009)

लोकतंत्र में राजतंत्र

आजादी के छह दशकों की एक बड़ी उपलब्धि यह है कि यहाँ लोकतंत्र में राजतंत्र सुस्थापित हो चुका है। इस समय कम-से-कम तीन-चार सौ ऐसे परिवार होंगे, जो पीढ़ी-दर-पीढ़ी संसदीय पद्धति से राज करते चले आ रहे हैं। पहले लोग सिर्फ नेहरू-गांधी परिवार का नाम लेते थे। खैर, यह परिवार तो लोकतंत्र का पहला राज-परिवार है ही पर अब ऐसे छोटे-बड़े कई-कई लोकतांत्रिक राज-परिवार बन चुके हैं। उड़ीसा के 'राजा' कभी बीजू पटनायक थे। अब उनके बेटे नवीन पटनायक गद्दी सँभाल रहे हैं। वे अविवाहित हैं। पटनायक राज-परिवार की मशाल आगे कौन सँभालेगा, यह अभी रहस्य है लेकिन ज्यादा दिन यह रहस्य रहेगा नहीं। फिर अपने उत्तर प्रदेश में मुलायम सिंह यादव तथा मायावती के प्रतिद्वन्द्वी राज-परिवार हैं। यादवजी ने अभी-अभी उत्तर प्रदेश में अपना राजपाट अपने बेटे अखिलेश यादव को सौंप दिया है। मायावती कुँआरी है। अभी राजपाट किसी को सौंपने की उनकी उम्र भी शायद नहीं है। उम्र हो जाएगी तो उनके मायके में भी बहुत लोग हैं। किसी-न-किसी को अपना उत्तराधिकारी बना ही देंगी। दिल्ली में शीला दीक्षित का राज-परिवार है। लगता है कि उनकी विरासत उनके बेटे संदीप दीक्षित आगे सँभालेंगे। छत्तीसगढ़ के चक्रवर्ती सम्राट अजित जोगी हो जाते मगर भाई साहब ने काफी जल्दबाजी करके अपना खेल बिगाड़ लिया। तमिलनाडु में करुणानिधि एंड कम्पनी का राजपाट चल रहा है। वहाँ महारानी जयललिता भी हैं लेकिन उनकी समस्या भी कुछ-कुछ मायावती जैसी है। उधर पटियाला के भूतपूर्व राजा अमरिन्दर सिंह तथा प्रकाश सिंह बादल के राज-परिवार हैं। इस प्रकार नजर घुमाते जाइए, देश में सर्वत्र राज-परिवार पाते जाइए। हाँ, कुछ राजा हैं और कुछ अभी जागीरदार हैं। कई केन्द्रीय मंत्रियों, मुख्यमंत्रियों, राज्यों के मंत्रियों, सांसदों, विधायकों आदि के भी अपने राज-परिवार हैं। उधर भूतपूर्व कहे जानेवाले कई राजा-महाराजा लोकतंत्र में भी अपना राजपाट चला ही रहे हैं। लोकतंत्र है तो इन राज-परिवारों को बीच-बीच में झटके भी लगते रहते हैं। जैसे आजकल देवीलाल राजवंश के ओमप्रकाश चौटाला एंड संस का परिवार झटका खाकर अलग बैठा है। लोकतंत्र है इसलिए थोड़ा-बहुत यह सब भी चलता रहता है। जिस राज्य में दो मजबूत राज-परिवार हैं, वहाँ एक सत्ता में आता है तो दूसरे के खिलाफ जाँच बैठाता है। लेकिन यह जाँच भी कुल मिलाकर सत्ताधारी राज-परिवारों का आपसी मनोरंजन है। जाँच से न कभी कुछ हुआ है, न होगा! लोकतंत्र में राजतंत्र का यह खेल

बताता है कि भारत में परम्परा और परिवर्तन दोनों कैसे साथ-साथ रह सकते हैं! किस प्रकार भारत नए को भी अपना लेता है लेकिन पुराने को छोड़ता नहीं बल्कि वह नए को भी अपना लेता है लेकिन पुराने को छोड़ता नहीं बल्कि वह नए को भी पुराना बना लेता है! इसे कहते हैं ठेठ भारतीय लोकतांत्रिक परम्परा!

(8 जून, 2009)

जहर मत खाइए

शरद यादव ने कहा है कि महिला विधेयक पारित हो गया तो वे सुकरात की तरह जहर खा लेंगे (वैसे सुकरात को जहर खिलाया गया था, उन्होंने खाया नहीं था।) मुझे शरद यादव की अकल पर पूरा भरोसा है कि वे ऐसा कतई नहीं करेंगे! विधेयक पारित हो गया तो वे मिठाई जरूर नहीं खाएँगे मगर जहर नहीं खाएँगे। उन्हें यह अच्छी तरह मालूम है कि जहर खानेवाला हर आदमी सुकरात नहीं हो जाता वरना दुनिया में लोग जहर तो रोज ही खाते हैं और मरते हैं! सुकरात की तरह जहर खाने के लिए पहले आदमी को सुकरात भी बनना पड़ता है और जो सुकरात होते हैं, वे चुनाव लड़ने के चक्कर में भी नहीं पड़ते। जो सुकरात होते हैं, वे जहर खाने की धमकी देंगे। क्या पता वे अपने आपको आग लगा लेने की धमकी दें या ऐसा ही अन्य कुछ करने की! फिर मुलायम सिंह यादव इसी अखाड़े के पहलवान हैं। वे ठहरे डॉ. राममनोहर लोहिया के पक्के चेले, जिनके सिर पर विशेष रूप से चुनाव के दौरान समाजवाद की प्रतीक लाल टोपी भी आपने अवश्य देखी होगी। उन्हें भी महिला विधेयक का विरोध करते हुए 'समाजवाद' लाने के लिए कुछ-न-कुछ करना ही पड़ेगा! वे चुप कैसे बैठेंगे ? वे इस सबमें वरिष्ठ हैं। वे कनिष्ठों को आगे कैसे बढ़ने देंगे ? तो महिला विधेयक का जो होगा, सो होगा मगर यादवों में व्यर्थ में आपसी प्रतिस्पर्धा शुरू हो जाएगी कि महिला विधेयक का तू बड़ा विरोधी या मैं ? मेरे रहते दूसरा कोई 'शहीद' बनने का श्रेय कैसे ले सकता है ? इसलिए बेहतर यह है कि शरद यादव जहर खाने की अपनी धमकी वापिस लें। राजनीतिकों को नाटक कभी-कभी क्या, अक्सर ही करना पड़ता है लेकिन गड़बड़ तब हो जाती है जब नाटक लिखनेवाला भी वही हो और नाटक करनेवाला भी वही! शरद यादव ने यही गड़बड़ कर दी! खैर, अभी उनके पास वक़्त है। वे गलती सुधार लेंगे! वे बच्चे नहीं हैं! वे जिद पर अड़े नहीं रहेंगे।

(9 जून, 2009)

ताली पिटवानेवाला काम

मैं क्या करूँ कि सामान्यतः लोग जिस काम को प्रशंसनीय समझते हैं, उसमें भी मुझे खोट नजर आता है। उदाहरण के लिए उड़ीसा के केन्द्रपाड़ा जिले के एक गाँव तालचुआ का एक दलित लड़का रमाकान्त सेठी इंटरमीडिएट की परीक्षा में 80 प्रतिशत से भी ज्यादा अंक लाया। खुश होकर मुख्यमंत्री ने उसे भुवनेश्वर बुलाया और पूछा कि बेटे तुम्हारे गाँव में बिजली है? रमाकान्त ने कहा, 'नहीं है, लगवा दीजिए। मैं तो कन्दील की रोशनी में पढ़ा हूँ।' तो मुख्यमंत्री ने तुरन्त प्राथमिकता के आधार पर उसके गाँव में बिजली लगाने के आदेश दे दिए। उम्मीद करनी चाहिए कि वायदे के अनुसार एक महीने में उसके गाँव में बिजली पहुँच जाएगी। सब ताली पीटेंगे कि वाह, मुख्यमंत्री ने बहुत अच्छा किया। गाँव में रमाकान्त की भी प्रशंसा होगी। लेकिन मुझे लगता है कि नवीन पटनायकजी ने जो किया, वह एक मुख्यमंत्री का काम नहीं है बल्कि यह एक राजा का काम है और संयोग से हम एक लोकतंत्र में रह रहे हैं! हमारे विधायक अपने में से एक को मुख्यमंत्री चुनते हैं, राजा नहीं। राजा अक्सर यह करते थे कि किसी से खुश हो गए तो उसे गले से निकालकर सोने का हार पहना दिया। किसी को चार गाँवों की जमींदारी दे दी—जाओ, खाओ, कमाओं और खुश रहो। मुख्यमंत्री का काम तो होना यह चाहिए कि वह हर गाँव में ऐसी स्थितियाँ पैदा करे कि हर दलित बस्ती में रमाकान्त हों। एक नहीं, कई-कई रमाकान्त हों। और रमाकान्तों को कंदील की रोशनी में नहीं पढ़ना पड़े बल्कि बिजली की रोशनी में वे पढ़ें। और हर दलित लड़का और लड़की स्कूल जाए, दसवीं-बारहवीं, बी.ए., एम.ए., एम.बी.ए., बी.टेक., एम.टेक., एम.बी.बी.एस. जो पढ़ना चाहे, पढ़े। हर दलित पिता को प्रोत्साहन मिले कि वह अपने बच्चों को ज्यादा से ज्यादा पढ़ाए। कोई आर्थिक बाधा न हो। लेकिन इसके बजाय मुख्यमंत्रीजी ने एक गाँव में बिजली पहुँचवाकर अपनी जिम्मेदारी से छुट्टी पा ली और सबसे ताली पिटवा ली कि वाह, नवीन पटनायकजी कितने अच्छे इनसान हैं! देखिए, एक दलित बच्चे ने अच्छी पढ़ाई की तो उसके पूरे गाँव को उन्होंने लाइट दे दी। इस तरह कितने गाँवों को हर साल लाइट मिलेगी? इस तरह तो सैकड़ों साल लगेंगे उड़ीसा के गाँवों को बिजली पहुँचने में!

साल में दो रमाकान्त पैदा होंगे तो दो गाँवों में रोशनी पहुँचेगी, चार पैदा होंगे तो चार गाँवों में। और इस तरह हर मुख्यमंत्री राजा बना रहेगा। हम प्रजा बनकर ताली पीटते रहेंगे। उन्हें दुआ देते रहेंगे। लेकिन आखिर कब तक?

(10 जून, 2009)

मुलायम की मासूमियत

मुलायम सिंह यादव और अमर सिंहजी मुझे काफी मासूम-से आदमी लगते हैं। वे हमेशा मुसीबत के मारों का साथ देते हैं और खुद उसका फिर नुकसान भी उठाते हैं। आप जानते ही हैं कि परमाणु मुद्दे पर वामपन्थियों ने मनमोहन सिंहजी का साथ जब छोड़ दिया था, तब मुलायम-अमर की जोड़ी का ही दिल पिघला था। सोचा था उन्होंने कि यह सरकार मुसीबत की मारी है। अगर हमने इसका इस समय साथ नहीं दिया तो फिर हमारे समाजवादी होने का मतलब ही क्या रह जाएगा! तो फौरन दोनों भैयाओं ने परमाणु मुद्दे पर अपना रुख 180 डिग्री बदला और सरकार को गिरने से बचा लिया। उन्हें क्या पता था कि मदद हम करेंगे और फायदा कांग्रेस का हो जाएगा! उसकी सीटें बढ़कर 206 हो जाएँगी, यानी इतनी ज्यादा हो जाएँगी कि कांग्रेस समाजवादियों को फिर से ठेंगा दिखा सकेगी। लेकिन अब पछताय का होत, जब चिड़िया चुग गई खेत! उनके भलेपन का यह सिला दिया जा रहा है कि संसद में महिला आरक्षण विधेयक लाया जा रहा है जिससे सबसे ज्यादा नफरत मुलायमजी को है। लेकिन अब करें क्या। भले हैं तो नतीजा भी भुगतेंगे! वे भले हैं इसलिए उन्होंने इस विधेयक के बारे में अपनी बात शरद यादव की तरह घुमा-फिराकर, लपट-लिपटाकर नहीं कही, एकदम खरी-खरी कही। पुरुष सांसदों से साफ-साफ कह दिया कि देख लो, जान लो, ये मुसीबत तुम्हारे ही सर पर आनेवाली है। कल 33 प्रतिशत महिला आरक्षण हो गया तो तुममें से ज्यादातर घर बैठ जाओगे, पोलिटिक्स करना भूल जाओगे! छोटे-मोटों की तो हैसियत ही क्या है, मुरलीजी-आडवाणीजी-शरदजी-लालूजी जैसे दिग्गज भी धरे के धरे रह जाएँगे! लेकिन आजकल भले आदमियों की बात कौन सुनता है? ये कांग्रेसी, ये भाजपाई करेंगे वही, जो इनकी पार्टी कहेगी। तो डालो अपने गले में खुद फँदा। मुलायमजी का काम तो चेतावनी देना था, वह उन्होंने दे दी है। विधेयक आया तो उस दिन काफी हल्ला-वल्ला भी कर देंगे! मौका मिला तो विधेयक फाड़ देंगे! अव्यवस्था उत्पन्न कर देंगे! इससे ज्यादा समाजवादी कर भी क्या सकते हैं? बाकी देश जाने, देश के बाकी मर्द जानें! उन्हें औरतों की किच-किच संसद में सुनना पसन्द है तो सुनें! बस इसका दोष बेचारे मुलायम सिंहजी को न दें!

(11 जून, 2009)

आदमी मशीन नहीं बन सका

आदमी ने सब कुछ बना लिया। सौ साल पहले जिसकी कल्पना नहीं थी, वह भी बना लिया। पचास साल पहले जिसका सपना तक देखना मुश्किल था, वह भी बना लिया। बीस साल पहले जिसे असम्भव माना जाता था, वह भी बना लिया। आदमी ने अपने से कई गुना ताकतवर, भव्य, भीमकाय, बुद्धिमान, तेजतर्रार मशीनें बना लीं मगर आदमी, आदमी को नहीं बना पाया। आदमी हजारों साल से वैसा ही है। उसे अब भी नींद आती है, वह थकता है, वह चिढ़ता है, वह उत्साहित होता है, उसे भूख लगती है, उसे प्यास लगती है, उसे पसीना आता है, उसे रोना आता है, उसे हँसी आती है, उसे ईर्ष्या होती है, उसे घृणा होती है, उसे प्यार होता है। आदमी ने सब कुछ बना लिया लेकिन उन्हें चलाने का काम फिर भी मनुष्यों के जिम्मे है। उसने अन्तरिक्ष यान भी बना लिया मगर उसे चलाने और नियंत्रित करनेवाला मनुष्य है। जिस कार में ओमप्रकाश आदित्य और कवि सम्मेलन के अन्य कविगण सवार थे, उसकी सब मशीनें दुरुस्त थीं मगर उसे चलानेवाला मनुष्य था–जिसे ड्राइवर कहते हैं–वह गड़बड़ था। सुबह पाँच बजे का वक्त था, उसकी नींद का वक्त था। वह ड्राइवर था लेकिन फिर भी था तो वह आदमी ही, इसलिए उसे नींद आ गई और अच्छी–भली कार टकरा गई। अच्छे–भले कवि मृत्यु को प्राप्त हो गए।

मान लो कार को आदमी नहीं बल्कि रोबोट चला रहा होता तो निश्चित रूप से उसे नींद नहीं आती। रोबोट को इससे क्या फर्क पड़ता है कि सुबह के तीन बजे हैं या पाँच, क्योंकि वह न तो जागता है, न सोता है। न तनख्वाह लेता है, न परिवार चलाता है। न उस पर महँगाई का असर होता है, न तबीयत का। हो सकता है उसी ड्राइवर ने इन कवियों की कविताएँ रात–भर जागते हुए सुनी हों और वाह–वाह भी की हो। इससे उसे कोई रोक नहीं सकता था लेकिन उसे सोने से भी तो कोई रोक नहीं सकता था। वह खुद भी अपने को रोक नहीं सकता था। उसने क्या अपने को कम रोका होगा सोने से ? उसने क्या सोचा नहीं होगा कि ये कविगण–जो ठीक उसकी तरह हैं–इस कार में सवार हैं, उनकी जान को किसी तरह भी खतरा नहीं होना चाहिए! फिर भी पट्ठा सो गया और उसे पता नहीं चला कि वह कब सो गया! इसलिए वैज्ञानिको, तुमने सब बना लिया मगर आदमी को तुम रोबोट नहीं बना पाए। रोबोट को तुमने आदमी जैसा जरूर बना लिया है मगर आदमी को चाहकर भी रोबोट नहीं बना पाए। जल्दी बनाओ ताकि ऐसी दुर्घटनाएँ फिर न हों और हों तो फिर मरने का दुख न हो क्योंकि रोबोट कभी मरता नहीं।

(12 जून, 2009)

तस्वीर खिंचवाते जाओ

पुराने जमाने के राजा और अंग्रेज बहादुर आदि मरे हुए शेर के साथ अपनी फोटो खिंचवाते थे ताकि यह साबित किया जा सके कि यह शेर राजाजी ने मारा है, अंग्रेज बहादुर ने मारा है। राजशाही का जमाना था, अंग्रेजों का जमाना था। कैमरा जो कहे, वही सही। किसमें हिम्मत थी, जो कहता कि इस राजा की तो मरे शेर को देखकर भी हवा खिसक रही थी। बड़ी मुश्किल से उसे विश्वास दिलाया गया कि राजाजी यह वाकई मर चुका है! इससे अब कोई खतरा नहीं है! आप तो आराम से आइए और फोटो खिंचवाइए। तब राजाजी आए थे और मुस्कुराते हुए उन्होंने फोटो खिंचवाया था। आजकल शेर को मारने की मनाही है। वैसे शेर को आप भले मार दें मगर उसके साथ फोटो खिंचवाकर छपवाने की मनाही है। किसी ने छाप दिया तो सीधे जेल जाएँगे। लेकिन आदमी को मारने की मनाही नहीं है। किसी 'कुख्यात' अपराधी, डाकू, आतंकवादी को मार दीजिए और मुस्कुराते हुए उसकी लाश के साथ अपना फोटो खिंचवाइए। अभी श्रीलंका में लिट्टे के नेता प्रभाकरन को मारा तो उसके चेहरे की अच्छे से फोटो खिंच जाए, इसलिए किसी ने उसकी गर्दन ऊपर उठा दी थी। उसकी लाश के साथ फोटो खिंचवाए गए थे। अभी दिल्ली में लश्कर-ए-तैयबा का एक आतंकवादी मोहम्मद उमर मदनी पकड़ा गया। पाँच-पाँच पुलिसवालों ने यह दिखाने के लिए कि इसे हमने पकड़ा है, बड़े गौरव के साथ उसके साथ अपनी फोटो खिंचवाई। एक साहब ने तो यह दिखाने के लिए कि यह खासुलखास उनकी कामयाबी है, उसके दोनों कन्धों पर अपने हाथ इस तरह रखे थे कि वे तो वे, उनके हाथ भी कैमरे में साफ दिखाई दे रहे थे। फोटो खिंच गया, उनका काम पूरा हो गया। आजकल पुलिसवाले हमेशा ताक में रहते हैं कि फोटो खिंचाने लायक कोई आतंकवादी, कोई अपराधी, कोई नेता पकड़ा जाए ताकि इसी बहाने उनकी भी तस्वीर अखबारों में छप जाए। यह तस्वीर फिर उनके ड्राइंग रूम में लगेगी। पत्नी बताएगी कि मालूम है कि मेरे ये बहादुर हैं। उनके बच्चे-बच्ची कहेंगे कि मालूम है कि मेरे पापा कितने बहादुर हैं। तेरे पापा हैं इतने बहादुर ? तेरे पापा तो डरपोक हैं! उनकी तो कभी ऐसी तस्वीर छपी नहीं। तो बहादुरो लगे रहो। अपराधियों-आतंकवादियों की बगल में खुश होकर तस्वीरें खिंचवाते रहो। भगवान तुम्हारा भला करे!

(13 जून, 2009)

भ्रष्टाचार खत्म करोगे?

जब भी कोई नेता–अफसर आदि कहता है कि भ्रष्टाचार को अब बर्दाश्त नहीं किया जाएगा, भ्रष्टाचार से कोई समझौता नहीं किया जाएगा तो बरबस मेरी हँसी छूट जाती है। गलत काम है यह लेकिन यह किसने कहा है कि आदमी इस पृथ्वी पर सिर्फ इसलिए पैदा हुआ है कि वह सारे सही काम ही करता रहे! आखिर भ्रष्टाचार भी आदमी ही तो करता है, चिड़िया तो नहीं करती! वैसे जो भ्रष्टाचार खत्म करने आदि की बात करता है, वह खुद भी जानता है कि मेरी बात सुनकर जनता हँसेगी बल्कि सच तो यह है कि उसे खुद भी डर लगा रहता है कि ऐसी बात करते समय कहीं खुद उसके चेहरे पर हँसी न आ जाए। वह बेचारा जबर्दस्ती गम्भीर बना रहता है और बाद में इस बात पर खुश होता है कि उसने गम्भीरता का बेहतरीन अभिनय किया। वह तो फिल्म में भी जा सकता था और वहाँ ज़्यादा कामयाब हो सकता था!

दरअसल भ्रष्टाचार तो इस व्यवस्था के पहिए हैं और पहिए के बिना आज तक कोई गाड़ी चली नहीं है। इसलिए व्यवस्था को चलाना है तो 'भ्रष्टाचार को बर्दाश्त नहीं किया जाएगा' जैसी बकवास हमेशा के लिए बन्द करनी होगी। ऐसे मुहावरे दरअसल शब्द–विलास हैं। इनसे सिवाय मुख–शुद्धि के कुछ नहीं होता। इस हिन्दुस्तान में विभिन्न रंग–रूपों में, अदाओं में, शैलियों में, अलग–अलग पायदानों पर दो से चार करोड़ दलाल विराजमान हैं। सारी व्यवस्था वे ही चला रहे हैं। प्रधानमंत्री–मुख्यमंत्री वगैरह तो भ्रम में रहते हैं कि इस व्यवस्था को वे ही चला रहे हैं! उनसे ज्यादा तो उनके दलाल चलाते हैं जिन्हें दलाल नहीं कहा जाता, विभिन्न अन्य सम्मानजनक नामों से पुकारा जाता है।

कई मुख्यमंत्रियों के कहने पर काम नहीं होते लेकिन सही दलाल को पकड़ो तो हो जाते हैं! तो इन दो–चार करोड़ दलालों को हटाने की हिम्मत किस माई के लाल में है! दलाल हटानेवाले को ही ऐसा हटा देंगे कि उसे पता भी नहीं चलेगा कि उसे कब, कैसे और किसने हटा दिया! किस आरोप में हटा दिया या और उसे कहाँ से कहाँ पहुँचा दिया! वह सफाई देगा तो कोई सुनेगा नहीं। इसलिए किसी को भी ऐसी बातें नहीं कहनी चाहिए, जिन्हें करना असम्भव है।

सच कहना हो तो कहो कि भ्रष्टाचार हमारा रक्त है, हमारी प्राणवायु है, उसके बिना हम कैसे रहें, कैसे जिएँ? और क्या आप चाहते हैं, हम मर जाएँ! इसलिए हम भ्रष्टाचार करेंगे नहीं तो भ्रष्टाचार सहेंगे अवश्य!

(15 जून, 2009)

दानी मंत्री

माँ बचपन में कहती थीं कि बेटा, भगवान तो मात्र भाव के भूखे होते हैं। शायद वह इसलिए कहती होगी कि उनके पास भी भगवान को अर्पित करने के लिए सिर्फ भाव थे। इसके अलावा शक्कर के कुछ दाने भी थे तुलसी के पत्तों के साथ, जिन्हें मैं खा जाया करता था। लेकिन जिसके पास करोड़ों-अरबों रुपए होते हैं वह नहीं मानता कि भगवान भाव के भूखे होते हैं। वह तो मानता है कि भगवान पैसे, सोना-चाँदी, हीरे-जवाहरात आदि के भूखे होते हैं। तिरुपति मन्दिर में लाखों-करोड़ों का दान ये यूँ ही देकर चले आते हैं लेकिन ये ठीक वही लोग हैं जो जरूरतमन्द को एक रुपया भी नहीं दे सकते। इन्हीं में से एक हैं कर्नाटक के अरबपति मंत्री जी जनार्दन रेड्डी। ये तीन भाई हैं। इनमें से दो कर्नाटक सरकार में मंत्री हैं, एक विधायक हैं। बड़ी-बड़ी खानों के ये मालिक हैं। इतना पैसा है इनके पास कि कहते हैं कि सरकारें इनकी जेब में रखी रहती हैं। तो इन जनार्दन जी ने तिरुपति मन्दिर में 42 करोड़ रुपए का सोने का हीरा-रत्न जड़ित एक मुकुट चढ़ाया है। जैसे भगवान, भगवान नहीं, कोई राजा है जिसके लिए मुकुट पैसेवाले खरीदते हैं और उसे पहनाते हैं। लेकिन जिस दिन भगवान के प्रति धन के समर्पण का यह ऐतिहासिक समाचार छपा, उसी दिन यह समाचार भी छपा कि इन दानियों की खदानों का धन्धा अब सिमट रहा है। इनके खिलाफ वन संरक्षण कानून का उल्लंघन करने के मामलों में 'उच्चस्तरीय' जाँच शुरू हो गई है क्योंकि 'निम्नस्तरीय' जाँच होती तो उसे ये यूँ ही दबा देते। शायद उच्चस्तरीय जाँच के साथ ये ऐसा 'सम्मानजनक' सलूक न कर पाएँ। उनकी आन्ध्र की दो खानों की लीज भी खत्म की जा रही है। उधर आर्थिक मन्दी के कारण इनकी लोहे की खानें भी फायदा नहीं दे रही हैं। फिर भी इनकी भगवान के प्रति अनन्य श्रद्धा देखिए कि 42 करोड़ का मुकुट ये ईश्वर के श्रीचरणों मे चढ़ा रहे हैं। चार सौ साल बाद मन्दिर को इतना बड़ा दान देने का ये रिकॉर्ड बना रहे हैं। देखिए भगवान इनका क्या करता है! इनके मुकुट से वह कितना खुश होता है जिसमें अनाम मजदूरों का न जाने कितना खून-पसीना होगा, कितने आँसू होंगे, कितनी भूख और कितना अपमान होगा! भगवान की तराजू के एक पलड़े में मेरी माँ के भाव हैं, दूसरे पलड़े में रेड्डी साहब का शुद्ध स्वर्ण और हीरे-जवाहरात का मुकुट है। देखिए, पलड़ा किस तरफ झुकता है! देखिए, यह कहाँ तक सिद्ध होता है कि करोड़पति-अरबपति आदमी तो आदमी, भगवान को भी पैसे से खरीद लेते हैं। हालाँकि ऐसे अरबपतियों का बिगड़कर भी कितना बिगड़ेगा, जो 42 करोड़ का तो दान देने की

हैसियत रखते हैं! ये केवल ईश्वर की सेवा ही थोड़ी करते होंगे, मनुष्यों की सेवा इससे कहीं ज्यादा करते होंगे। नहीं करते तो ये इतने बड़े आदमी कैसे बनते! होना क्या है इनका! हमें तो उनके बारे में एक ही दिन में दो अलग तरह की खबरें पढ़ने को मिलीं, इसकी खुशी थी। ऐसी खुशियाँ दफ़न भी आसानी से होती हैं बल्कि कई बार तो इनकी कब्र दूसरे दिन भी नहीं मिलती!

(16 जून, 2009)

राजा-रानी की खत्म कहानी

कैसी शर्मनाक बात है कि राजस्थान सरकार के सूचना एवं जनसम्पर्क निदेशालय ने पत्रकारों को यह याद दिलाया है कि भय्यों, राजाओं-रानियों, महाराजाओं-महारानियों और रियासतों के जमाने कभी के लद चुके हैं। इसे 60 साल से भी ज्यादा गुजर चुके हैं और जनतंत्र आ चुका है। रियासतों का विलीनीकरण हो चुका है और भूतपूर्व राजाओं-रानियों के प्रिवीपर्स कभी बन्द किए जा चुके हैं। अब तो तुम होश में आओ। अब तो इन्हें राजा-रानी कहना बन्द करो। कब तक इन्हें सिर पर ढोते रहोगे? यह काम तो पत्रकारों को खुद अपने आप करना चाहिए था, जो सरकार को करना पड़ रहा है। जिस टी.वी. चैनल को खोलो, जिस पत्र-पत्रिका को खोलो, वहाँ 'राजा-रानी' विराजमान हैं। 'महारानी' गायत्री देवी, 'महारानी' वसुंधरा राजे, ये किस रियासत की 'महारानियाँ' हैं? गायत्री देवी तो चलो, कुछ साल कभी 'महारानी' रही भी हैं मगर ये वसुन्धरा राजे कहाँ की 'महारानी' हैं? जब इन्होंने शादी की थी, तब तो राजाओं के राजपाट उजड़ चुके थे। व्यवहार में नहीं तो सिद्धान्त में ये हमारे-आपके बराबर हमेशा थीं और आज भी हैं। ये अलग बात है कि कांग्रेस और भाजपा जैसी पार्टियाँ इनके मोहपाश में बँधी हुई हैं और इन्हें मंत्री-मुख्यमंत्री बनवा देती हैं। और ये बताइए कि दिग्विजय सिंह या वसुन्धरा राज के लिए अपने-अपने राज्य का भूतपूर्व मुख्यमंत्री होना ज्यादा सम्मान की बात है या किसी मामूली सी रियासत के—जिसका अब नामोनिशान भी नहीं है—वंशज होना! और ये तो 'भूतपूर्व राजा' या 'भूतपूर्व महारानी' भी नहीं हैं क्योंकि ये कीाी राजा या रानी थे ही नहीं! अब ये तथाकथित राज-परिवार अपने को हास्यास्पद बनाने के लिए अपना राजतिलक करवाएँ, दरबार लगाएँ, अपने को महाराजा-महारानी मानें, दूसरों से भी ऐसा कहलवाएँ, एक-दूसरे को 'महाराजा' या 'महारानी' कहकर संबोधित करें तो यह हँसने की बात है या गम्भीर होने की? वे बेचारे आपका मनोरंजन करने के लिए खुद को हास्यास्पद तक बनाने को तैयार हैं और आप मार गम्भीर हुए जा रहे हैं। बचो भाई, मेरे पत्रकार बन्धु! अरे, खुद तो हास्यास्पद होने से बचो!

(17 जून, 2009)

कल के हीरो, आज के जीरो

आखिर आत्मा तो मेरे पास भी है। इसलिए जब कल के हीरो, आज के जीरो बन जाते हैं तो मेरी आत्मा को बहुत कष्ट होता है। अब जैसे चुनाव के बाद से मेरी आत्मा निरंतर कष्ट पा रही है कि उस बेचारे वीर बालक वरुण गांधी का क्या हुआ, जो चुनाव से पहले हुकार भर रहा था, दहाड़ रहा था, जेल जाकर आत्म-बलिदान दे रहा था, मुसलमानों के हाथ-पाँव काटने की धमकियाँ दे रहा था! उसके बारे में इतना ही पता चला है कि वह पीलीभीत से चुनाव जीत गया है। उसकी माँ भी जीत गई हैं। लेकिन वह दहाड़ कहीं गायब हो गई! चुनाव के बाद मार-काट मचा दूँगा की वे धमकियाँ कहाँ फना हो गईं! चुपचाप अच्छे बच्चे की तरह वह घर में-बँगले में क्यों छुपा बैठा है? और वे भी कहाँ गए जो उसे सिर पर चढ़ा रहे थे? कह रहे थे कि हम इसे सोनिया गांधी-राहुल गांधी से ज्यादा वोट दिलवाकर इन माँ-बेटों की नाक-कान काट देंगे। वे कहाँ गए जो चुनाव सभाओं में इस वीर को बुलाने को अत्यन्त आतुर-व्याकुल थे? उसे 'स्टार-प्रचारक' का दर्जा दे रहे थे! उनका क्या हाल है जो चुनाव आयोग की सलाह के बावजूद वरुण गांधी को टिकट देने को उतावले थे और कह रहे थे कि होता कौन है चुनाव आयोग हमें सलाह देनेवाला! आजकल तो वरुण गांधी तो वरुण गांधी खुद उनके हाल भी बेहद बुरे हैं। उनकी पार्टी में ज्वालामुखियों के विस्फोट-दर-विस्फोट होते जा रहे हैं। लावे में दबे पड़े हैं सारे के सारे नेता! एक-दूसरे का हाल पूछ रहे हैं—भैया तुम ठीक हो, बहनजी, आप भी ठीक हो और सब जानते हैं कि उनमें से किसी का हाल अच्छा नहीं है। तो इस प्रकार मुझे वाकई कल के हीरो के लिए आज दर्द हो रहा है। यह दर्द तब और बढ़ गया, जब आर.एस.एस. के एक बुजुर्ग नेता वैद्यजी ने भी वरुण गांधी को जबरन पीट दिया, कह दिया कि हाथ-पैर काटने की बात करना 'हिन्दुत्व' नहीं है। ये सब भैया अच्छे लक्षण नहीं हैं! मेरी पूरी सहानुभूति उस वीर बालक वरुण गांधी के साथ है। आपकी हो तो आप भी व्यक्त कर देना। चूकना मत!

(18 जून, 2009)

आपका स्वागत है

इस दुनिया में किसी का भरोसा नहीं, खुद अपना भी नहीं। कौन आपकी जेब काट ले, कौन चोरी का माल आपके घर में रख दे, कौन कहाँ लँगड़ी मार दे, कौन कहाँ आपकी टोपी उछाल दे और कौन कहाँ आपका बेमतलब स्वागत-सत्कार कर दे! अब मुझे ही लो। दिल्ली में हूँ तो नोएडा-गाजियाबाद-फरीदाबाद भी कभी-कभी चला ही जाता हूँ। अपने काम से जाता हूँ और काम करके वापस आ जाता हूँ। हो सकता है वह काम सिनेमा देखना हो या किसी से मिलना हो या किसी बीमार का हालचाल पूछना हो। वहाँ मेरा कोई स्वागत-सत्कार करेगा! इसकी अपेक्षा से तो मैं जाता नहीं। और क्यों करेगा स्वागत-सत्कार, कोई वजह भी तो हो! और आप साल में पच्चीस बार वहाँ जाते हों तो कौन करेगा आपका स्वागत और कौन करेगा आपका सत्कार!

आना हो तो आओ, नहीं आना हो तो भाड़ में जाओ! किसने तुम्हें निमंत्रण दिया था कि नहीं सा'ब, आना जरूर, आप आओगे तो हमें अच्छा लगेगा। हम आपका बेसब्री से इन्तजार कर रहे हैं। फिर भी हम दिल्ली से जाते हैं तो नोएडा विकास प्राधिकरण हमारा 'स्वागत' करता है। गाजियाबाद जाते हैं तो वहाँ का प्राधिकरण हमारा 'स्वागत' करता है। फरीदाबाद में भी यही होता है। वापस दिल्ली आओ तो फिर यहाँ 'स्वागत' होता है। हम स्वभाव से ही बेवकूफ से हैं। जैसे ही कहीं 'स्वागत' शब्द देखते हैं तो तुरन्त फूलमालाएँ और कुछ मुस्कुराते चेहरे हमारी आँखों के सामने दौड़ जाते हैं। हम समझते हैं कि चलो, यहाँ नहीं तो थोड़ी दूर पर कोई फूलमाला लेकर जरूर बैठा होगा। गरमी के दिन हैं तो कोला-शोला भी शायद मिल जाए। लेकिन कहीं कुछ नहीं मिलता। कोरा लिखित स्वागत और मामला खत्म। बहुत निराशा तो होती है लेकिन क्या करें!

ये दिल्ली के पड़ोस के शहर हैं तो जाना तो पड़ता ही है। हम तो गुजरात तब भी जाते थे, जब वहाँ हिन्दू-राष्ट्रवाले हमारा स्वागत 'हिन्दू-राष्ट्र' में करते थे तो वह भी करवा लेते थे! क्या करें! अहमदाबाद या सूरत या बड़ौदा जाना आप इसलिए बन्द तो नहीं कर सकते कि वहाँ 'हिन्दू राष्ट्र' में आपका ज़बर्दस्ती स्वागत हो जाएगा! तो अपन तो अब ऐसे प्राणी बन चुके हैं कि जिसका 'स्वागत' जो भी करना चाहे, कर ले। अपन हमेशा एवेलेबल हैं। जिस तरह चाहे, स्वागत कर ले। बस सिर पर जूते न मारे, तो अपने को चलेगा। क्यों सा'ब आपकी क्या राय है? आप सहमत हैं न मुझसे!

(19 जून, 2009)

प्रगतिशील कौन–हम या वे?

हम हिन्दुस्तानी बहुत भ्रम में रहते हैं कि अमेरिकी लोग बड़े 'प्रोग्रेसिव' होते हैं। यह सच नहीं है। उनसे बहुत ज्यादा 'प्रोग्रेसिव' तो हम हैं! आपको याद होगा कि अमेरिका के एक राष्ट्रपति हुआ करते थे बिल क्लिंटन। उन्होंने व्हाइट हाउस की एक कर्मचारी मोनिका लेवेंस्की से इश्क फरमाया और खूब फरमाया। राष्ट्रपति थे, फिर भी उनका भाँडा फूट गया। पूरे अमेरिका में तूफान मच गया। राष्ट्रपतिजी की गद्‌दी हिलती–सी लगी। गनीमत है कि हिली नहीं। बाद में राष्ट्रपतिजी ने इस पर शर्मिन्दगी–सी जाहिर की।

अमेरिका के ही नेवादा प्रान्त के रिपब्लिकन पार्टी के सीनेटर जान एनसाइन हैं। उनका नाम उन लोगों में है जो अगली बार राष्ट्रपति पद का चुनाव रिपब्लिकन पार्टी की ओर से लड़ सकते हैं। उन्होंने दोस्त की बीवी से इश्क फरमा दिया। बात खुल गई। शर्मिन्दा घूम रहे हैं। आप ही कसम से बताइए अमेरिकी सचमुच के 'प्रोग्रेसिव' होते तो इन सज्जनों को ऐसी मामूली बातों पर शर्मिन्दा होना पड़ता! हमारा देश तो फिर भी परम्परागत देश माना जाता है। बड़ी कंजरवेटिव सोसायटी है, ऐसा कहा जाता है। लेकिन हमने तो अपने किसी नेता को ऐसे मामलों में शर्मिन्दा होते नहीं देखा बल्कि शर्मिन्दा होना तो वे जानते ही नहीं! उलटे उनकी बेशर्मी पर हम जनता को ही शर्म आ जाए तो आ जाए! अपने यहाँ तो ऐसे प्रसंग बेहद मामूली बात है! नाम किसी का ले नहीं सकते, लेकिन बिना नाम लिये भी सबके बारे में लगभग सब जानते हैं।

दूसरे की पत्नी को अपने साथ रखनेवाले हमारे यहाँ बड़े–बड़े पदों पर बैठे हैं। नेताओं के प्रेम–प्रसंगों को तो चर्चनीय भी नहीं माना जाता क्योंकि फिल्मी हीरो–हिरोइनों के प्रेम–प्रसंगों के नरम–गरम किस्से बहुत आसानी से बहुत बड़ी तादाद में उपलब्ध हैं। रोज एक पेज अखबारों में इसी से भरा रहता है। 'बलात्कार' का आरोप किसी नेता पर लग नहीं सकता और कोई लगा दे तो भी क्या! तो सच्चे 'प्रोग्रेसिव' तो हम हैं! ऐसे मामलों को हम तूल ही नहीं देते! उन मामलों को तूल देते हैं, जिनमें नेताओं को रँगे हाथों पकड़ा जाता है, उनमें ही उनका क्या बिगड़ जाता है! उनके चरित्र पर एक धब्बा तक नहीं लगता, जबकि अपने यहाँ तो दाग–धब्बे धोने के एक से एक बढ़िया साबुन भी मौजूद हैं। तो यह है 'रियल' प्रगतिशीलता। ये अमेरिकी बेचारे क्या जानें हमारी प्रगतिशीलता के बारे में! अज्ञानी हैं, इसीलिए अक्सर परेशान भी रहते हैं।

(20 जून, 2009)

ओबामा और मक्खी

अगर आप किसी से पूछें कि और भाई साहब आजकल आप क्या कर रहे हैं और 'भाई साहब' कहें कि कुछ नहीं कर रहा, बस बैठे-बैठे मक्खी मार रहा हूँ तो हमारे यहाँ कोई माइंड नहीं करता। कोई नहीं कहता कि क्या भाई साहब आप भी न, अपना वक्त काटने के लिए आप मक्खियों की 'हत्या' कर रहे हैं और कहते हैं कि मैं कुछ नहीं कर रहा? इसे क्या कुछ नहीं करना कहते हैं? महात्मा बुद्ध और महात्मा गांधी के देश के होकर भी ऐसा 'दुष्कर्म' कर रहे हैं और आपको जरा भी शर्म नहीं आती? उलटे होता यह है कि आप ऐसे 'भाई साहब' से सहानुभूति जताते हैं। इसके विपरीत अमेरिका को देखिए। वहाँ के राष्ट्रपति बराक ओबामा ने एक मक्खी को, जो उन्हें बार-बार टेलीविजन इंटरव्यू के दौरान परेशान कर रही थी, तंग आकर उसे हथेली में लेकर मसल दिया। अपनी इस सफलता पर वे थोड़े खुश भी हुए क्योंकि आपको पता होगा कि मक्खी को मारना भी आसान काम नहीं है। यह एक कला है और विज्ञान है। बस जी इस बात पर टेलीविजन की खबर बन गई! दुनिया भर में यह खबर छा गई कि ओबामा ने मक्खी मार दी! मार दी तो मार दी, मक्खी ही तो थी, मार दी तो क्या हुआ? वैसे हमारे यहाँ ओबामा के स्तर का या उससे काफी नीचे का नेता होता तो वह स्वयं मक्खी नहीं मारता। वह चपरासी को बुलवाता। पहले तो उसे जमकर डाँटता। कहता कि तुम्हारे होते हुए हमारे बँगले में ये मक्खी कहाँ से आ गई? फिर यहाँ तुम्हारे होने का फायदा क्या है? दिन भर हरामखोरी करते रहते हो! तो चपरासी कहता कि सर मक्खियों से आपकी सुरक्षा करना मेरा काम नहीं, यह सुरक्षा का मामला है। सुरक्षावालों से पूछिए। मुझे क्यों मुफ्त में डाँटते हैं? वह नेता सुरक्षा प्रमुख को बुलाता। उसे डाँटता। वह भी इसे अपनी गलती नहीं मानता। खैर, नेता परेशान होकर दुबारा चपरासी से ही कहता कि इसे फौरन मारो। चपरासी कहता, 'सर मक्खी मारना मेरा काम नहीं है मगर आपकी इज्जत रखने के लिए मार देता हूँ।' फिर वह चपरासी मक्खी के पीछे भागता रहता। मक्खी भी उसे भगाती रहती। कोई साढ़े तीन या साढ़े सात मिनट की जद्दोजहद के बाद अन्ततः मक्खी मरती। तब जाकर इंटरव्यू फिर शुरू होता। लेकिन यह बात तब भी खबर नहीं बनती। मगर अमेरिका में तो खबर भी बन गई और मक्खी की 'हत्या' करने के लिए ओबामा साहब को झाड़ भी पड़ गई। जानवरों के अधिकार सम्बन्धी अन्तर्राष्ट्रीय संस्था 'पेटा' ने उन्हें उपदेश दिया कि सभी जीवों के प्रति राष्ट्रपति को समान व्यवहार करना चाहिए। उन्हें छोटी-सी मक्खी को मारना नहीं चाहिए था, उसे भगाना चाहिए था। वगैरह-वगैरह। अमेरिकी

राष्ट्रपति न जाने कितने देशों में कितनों की हत्या करवाते रहते हैं मगर ऐसी तगड़ी खबर फिर भी नहीं बनती। लेकिन एक मक्खी मार दी तो मामला इतना बढ़ गया! किसी दिन कहीं हम यह न सुनें कि ओबामा पर मक्खी मारने के आरोप में मुकदमा चल गया है और सजा हो गई है!

(22 जून, 2009)

नाम में क्या रखा है?

शेक्सपियर ने सही कहा है कि नाम में क्या रखा है? अब हमें ही लो। हमारा नाम विष्णु है। किसी को विष्णु कहने में दिक्कत होती है, तो वह बिस्नु कह देता है। बचपन में माँ कई बार चिढ़कर 'बिस्निया' भी कह देती थीं। विष्णु प्रभाकरजी अब स्वर्गीय हो गए हैं मगर उनके जीवित रहते कुछ ऐसे महानुभाव भी थे, जो हमें गलती से विष्णु प्रभाकर समझकर फोन कर देते थे। अब हमें तमाम लोग अर्थशास्त्री विष्णु दत्त नागर समझने की गलती किया करते हैं तो हम इनका क्या करें और विष्णु दत्तजी भी बेचारे क्या करें! और हमारा नाम जिन भगवान के नाम पर है, उनके तो एक भी गुण, एक भी लक्षण हममें नहीं हैं। वे तो शेषशायी हैं। समुद्र में शेषनाग के फन के नीचे आराम से विश्राम करते हैं। लक्ष्मी उनके चरण दबाती रहती हैं। जहाँ तक अपना सवाल है जिस साँप का जहरीला दाँत निकाला जा चुका है, वह भी अगर फुफकार दे तो अपन दो कदम पीछे हट जाते हैं। अपनी क्या हिम्मत कि उस पर विश्राम करें! विश्राम की तो छोड़िए, हम विश्राम करने की कल्पना भी नहीं कर सकते!

ऐसा सपना भी अगर दिख जाए तो हम पसीना-पसीना हो जाएँ और रात भर फिर नींद न आए! और जहाँ तक समुद्र में विश्राम करने का प्रश्न है, तो हमारे लिए तो घर ही बहुत है।

इस देश में कहने को अपना एक घर है, यही क्या कम है? पैर दबवाने की हमें आदत नहीं और हमारी लक्ष्मीजी को इतनी फुर्सत भी नहीं कि हमसे कहें—लाओजी, आपके पैर दबा दूँ! उनकी जान को पचास काम लगे रहते हैं। ईश्वर हम हैं नहीं, यहाँ तक कि ईश्वर में हमारा विश्वास तक नहीं है! तो हमारा नाम जरूर है विष्णु लेकिन दूर-दूर तक हम विष्णु नहीं। लेकिन नाम यह है तो है! इसी तरह हमारे शहर दिल्ली को कोई देहली कहता है, कोई डेल्ही और कोई दिल्ली। अब कोई कहे कि नहीं जी इसका नाम तो सिर्फ एक ही रख दो—दिल्ली, तो इसकी क्या तुक है? जिसे जो कहना होगा, वही तो इसे कहेगा। उससे देहली या डेल्ही की बजाय दिल्ली लिखवाना चाहोगे तो वह लिख जरूर देगा लेकिन इससे किसी को क्या लड्डू मिलेगा? इसलिए जो चल रहा है, चलने दो। जो नहीं चलना चाहिए, जब वह भी आराम से चल रहा है तो जो चलने योग्य है, उसे तो चलने दो! क्यों जी, मैं गलत तो नईं के रिया!

(23 जून, 2009)

सफेद कपड़े, काला दिल

मेरा एक दोस्त है। उसने अपना नाम गोपनीय रखने की शर्त पर हमारी यह प्राइवेट बातचीत छापने की इजाजत दी है। वह कहता है कि यार मुझे सफेद रंग देखकर बहुत गुस्सा आता है। मैंने पूछा, क्यों भई क्यों, सफेद रंग तो शान्ति का प्रतीक है। तुम्हें उसे देखकर गुस्सा क्यों आना चाहिए? उसने कहा कि यार इसलिए आता है कि ये नेता जब देखो, तब सफेद-झक्क कपड़े पहने रहते हैं। जिस नेता का दिल जितना ही काला होता है, उसके कपड़े उतने ही ज्यादा सफेद होते हैं। हमेशा ऐसे लगते हैं कि जैसे आज ही पहली बार पहने हों। इसलिए पहली प्रतिज्ञा तो मैंने यह की है कि मैं जिन्दगी में सफेद कपड़े कभी नहीं पहनूँगा। रूमाल तक सफेद नहीं रखूँगा। यहाँ तक कि मेरे सिर के सारे बाल सफेद हो चुके हैं मगर उन्हें भी मैं काला इसीलिए रखता हूँ कि सफेद रंग को अब मैं सिर के ऊपर भी बर्दाश्त नहीं कर सकता। उसकी आखिरी बात पर मैं मुस्कुराया। मैंने कहा, 'साले, फ्रॉड। तू भी नेताओं का बाप है। तू बुड्ढा दीखना नहीं चाहता, इसलिए बाल काले करवाता है और झूठमूठ का दोष नेताओं को देता है!' वह भी मेरी इस बात पर मुस्कुराया, उसने मंजूर किया कि मैंने उसका झूठ पकड़ लिया है। बाल तो नेता भी अपने सफेद देखना नहीं चाहते। 70 की उम्र में भी 40 का दीखने के लिए वे बाल काले करवाते हैं। लेकिन उसने कहा कि सफेद कपड़ों से मेरी चिढ़, मेरी घृणा असली है। उसमें कोई झूठ नहीं है।

सफेद कपड़ा देखता हूँ तो मुझे किसी-न-किसी नेता का जबरन मुस्कुराता हुआ चेहरा और उसका काला दिल याद आ जाता है। शान्ति का प्रतीक यह रंग मेरे लिए पूरी तरह अशान्ति का प्रतीक बन चुका है। क्या ये नेता सफेद रंग हमारे लिए नहीं छोड़ सकते? दिल से मेल खाते काले कपड़े वे क्यों नहीं पहन सकते? मैंने कहा कि तू इतना परेशान है तो नेताओं से काले कपड़े पहनने की अपील कर ले। एक-दो अखबारों में तो मैं ही छपवा दूँगा। उसने इस मामले को फिलहाल विचाराधीन रख लिया है लेकिन मुझे इजाजत दे दी है कि मैं उसका नाम लिये बगैर उसकी बात अपने स्तम्भ में छाप दूँ। और मैं भी ऐसा बेवकूफ हूँ कि मैंने उसकी बात मान ली है और वह भी ऐसा बेवकूफ है कि उसने भी यह मान लिया है कि आज यह स्तम्भ पढ़कर कल ही सारे नेता काले कपड़े खरीदकर दर्जी को नाप दे देंगे और परसों-नरसों से काले कपड़े पहनने लगेंगे! हमारी बेवकूफी ही, हमारी दोस्ती की मजबूत आधारशिला है।

(24 जून, 2009)

समाजवाद पर चर्चा

एक नेता हैं। थोड़ी पुरानी पीढ़ी के हैं। कभी समाजवादी या कम्युनिस्ट रहे होंगे। इसलिए अपने भाषण के अन्त में वह यह कहना नहीं भूलते कि हमें समाजवाद लाना है। कई वर्षों में, कई बार सुना उनको, समाजवाद लाने की रट उनकी गई नहीं हालाँकि वे लाये भाई-भतीजावाद, जातिवाद, सम्प्रदायवाद आदि-आदि तमाम किस्म के वाद। एक दिन हम उनके पास पहुँच गए इंटरव्यू लेने। वे खुश हो गए। कहने लगे-पूछो सवाल। मेरा पहला सवाल था कि आप अपने हर भाषण का अन्त 'समाजवाद लाना है' से क्यों करते हैं? उन्होंने कहा कि भाषण का इससे खूबसूरत अन्त मुझे नहीं लगता कि कोई दूसरा हो सकता है। इसलिए यह मेरी टेक बन चुका है। देखो, तुमसे क्या छिपा है, समाजवाद तो लाना-वाना है नहीं। इसलिए जन्म से मृत्यु तक मैं इस टेक का आराम से इस्तेमाल कर सकता हूँ, बल्कि सम्भव हो तो मृत्यु के बाद भी। मैंने पूछा कि समाजवाद को लाना क्यों पड़ेगा, क्या वह खुद नहीं आ सकता? उन्होंने कहा कि यही तो समाजवाद की खूबी है वरना समाजवाद और पूँजीवाद में क्या फर्क रह जाएगा? कभी किसी ने नहीं कहा कि हम पूँजीवाद लाएँगे मगर वह बिना लाने की घोषणा किए, स्वयं घुसा चला आता है। और ये भाईसा जाओ तो भी नहीं आते, मेरा तीसरा सवाल था कि आजकल समाजवाद कहाँ है और उसे कहाँ से लाना है? उनका जवाब था कि मुझे वाकई नहीं मालूम कि समाजवाद आजकल है। पहले लोग कहते थे कि पड़ोसी देश चीन में है, तो लगता था कि चलो पास में है, कभी जरूरत पड़ गई तो ले आएँगे। अब बताते हैं कि वहाँ भी नहीं है। लेकिन जिसे लाना होगा, वह पता कर गई। अभी फालतू की इन्क्वायरी का क्या फायदा! वैसे भी इंटरनेट वगैरह से सब जानकारी मिल जाती है। लेकिन सच यह है कि जब समस्या सामने आएगी, तभी समाधान भी अपने आप प्रकट हो जाएगा। मेरा चौथा प्रश्न था कि नेता लोग जो भी लाना होता है पहले उसे अपने घर में लाते हैं। आप जब भी समाजवाद लाएँगे, तो कहाँ लाएँगे? मेरा प्रश्न समाप्त होने से पहले ही वह बोल पड़े—निश्चित रूप से आपके घर में लाऊँगा क्योंकि मेरे घर में पूँजीवाद ही जमता है। मेरे नातियों-पोतियों तक को पूँजीवाद बेहद पसन्द है। इसलिए जब भी लाऊँगा, निश्चिन्त रहिए, आपके ही घर लाऊँगा। यह मेरा पक्का वायदा है आपसे। अगर तब तक आपके पास घर जैसी कोई चीज रही तो! मैं अगला प्रश्न पूछता, उससे पहले ही उन्होंने कहा—'अब बहुत हो गया समाजवाद-वमाजवाद, अब थोड़ा पूँजीवाद हो जाए। क्या लेंगे आप? कोल्ड ड्रिंक या बीयर? और नहीं तो चलिए बन्धु, ओबेराय इंटरकांटिनेंटल वहीं चलकर बैठते हैं। आइए-

आइए, शरमाइए मत। आखिर अपने समाजवाद पर इतना इम्पार्टेंट इंटरव्यू लिया है हमारा पर प्लीज इसे छापिएगा मत! मैं आपको अपने पसन्दीदा विषय पर खुद लिखा-लिखाया इंटरव्यू भिजवा दूँगा। आप अपने नाम से छाप लेना। मैंने कहा—ठीक है और हम उनकी कार से होटल रवाना हो गए!

(25 जून, 2009)

सिर्फ मूर्ति से क्या होगा?

हमारे नेता समझदार हैं। वे न भूतकाल में रहते हैं, न भविष्यकाल में। वे हमेशा वर्तमान काल में रहते हैं। उन्हें अपनी असली औकात मालूम होती है। वे किसी गलतफहमी में नहीं रहते। इसलिए वे अपने लिए, अपनी सन्तानों के लिए, सन्तानों की सन्तानों के लिए जो भी कुछ आज कर सकते हैं, निर्भय होकर करते हैं। अब जैसे मायावतीजी हैं। हैं तो बड़ी भारी नेता लेकिन बेचारी को इतना भी विश्वास नहीं है कि कल जब वे कहीं नहीं होंगी, तो भी कोई उन्हें याद करनेवाला इस दुनिया में होगा। कोई होगा, जो उनकी प्रतिमा श्रद्धापूर्वक लगाएगा और उस पर फूलमालाएँ चढ़ाएगा। इसलिए वे अपने जीते-जी अपनी मूर्तियाँ सारे उत्तर प्रदेश में लगवा रही हैं। वे भविष्य के लोगों पर सिर्फ फूलमालाएँ चढ़ाने की जिम्मेदारी छोड़ना चाहती हैं। वैसे हो सकता है वे जगह-जगह ऐसी संस्थाएँ, ऐसे एन.जी.ओ. भी बनवा जाएँ, जिनके पास सिर्फ इतना पैसा हो कि वे साल में कम-से-कम एक बार उनकी प्रतिमा पर फूलमालाएँ चढ़ा सकें। अब तो मुझे यह भी लगने लगा है कि शीघ्र ही ऐसा भी समय आएगा जब हमारे नेता जीते-जी राजकीय सम्मान के साथ अपना 'अन्तिम संस्कार' भी करवा जाएँगे। उसी तरह जैसे कि साधारण लोग जीते-जी अपना मृत्युभोज दे देते हैं। ऐसा होना मुझे बहुत सम्भव लगता है। साधारण लोगों के बरक्स नेताओं की इतनी औकात है कि वे अपना राजकीय अन्तिम संस्कार अपने जीते-जी करवा सकें, बल्कि वे चाहें तो अपनी श्रद्धांजलि सभा की अध्यक्षता भी स्वयं कर सकते हैं। इसमें करना क्या है, गमगीन चेहरा ही तो बनाना है! दूसरों की मृत्यु के बाद—जिनके मरने का कोई अफसोस भी उन्हें नहीं होता—वे गमगीन नहीं हो सकते? क्या वे अपनी भावी मौत पर स्वयं दो आँसू नहीं बहा सकते? नेता हैं तो क्या हुआ, इतना तो वे कर ही सकते हैं! इतने आँसू तो नेताओं की आँखों में भी असली होते हैं। क्या नहीं होते?

(26 जून, 2009)

देश है महान मेरा

राजीव गांधी जब थे, तब बार-बार कहा करते थे--मेरा देश महान। तब कोई उनकी बात मानता नहीं था। यहाँ तक कि तब राजीव गांधी के इस नारे की लोग हँसी उड़ाते थे। आज यह नारा कोई नहीं लगाता लेकिन आज सब मानते हैं कि वाकई 'मेरा देश महान' है। मुझे तो अपने देश की महानता का अहसास भी अभी दो-तीन दिन पहले ही जाकर हुआ है। आप तो जानते हैं कि हम विदेशी कर्ज लेने में महान हैं। विश्व बैंक, अन्तर्राष्ट्रीय मुद्रा कोष, एशियाई विकास बैंक आदि जो भी हमें कर्ज दे दे, हम तुरन्त, बिना हीले-हवाले के ले लेते हैं। हम इस मामले में अत्यन्त उदार-हृदय हैं। जरूरत हो तो ले लेते ही हैं, बेजरूरत भी ले लेते हैं। फिर इस बात पर गर्व भी करते हैं कि दुनिया में हमारे देश की सीख कितनी अच्छी है कि हमें फौरन कर्ज प्राप्तकर्ता हैं कि कर्जा मिलने का उत्सव भी मनाते हैं। अभी हमने एशियाई एक ऐसे विकास बैंक के कर्ज ले लिया, जिसको देने का विरोध चीन कर रहा था। यह कर्ज हमने अरुणाचल प्रदेश के लिए लिया था, जिसे चीन अपना हिस्सा मानता है। लेकिन चीन को ठेंगा दिखाकर यह कर्ज पाने से हमें बहुत खुशी हुई। तो इस प्रकार कहने का तात्पर्य यह है कि हम कर्ज लेने की कला में पारंगत हैं। इतने अधिक कुशल हैं कि उन योजनाओं केलिए भी कर्ज माँग लेते हैं जिन्हें जमीन पर उतारने की हमारी कोई भी तैयारी नहीं है। उस हालत में कर्ज़ का पैसा विश्व बैंक के पास हमारे नाम से जमा रहता है और हमने जो पैसा उनसे लिया ही नहीं है जो उनके खाते में अभी भी जमा है, उस पर आनन्दपूर्वक जुर्माना भरते रहते हैं। इस प्रकार हम कर्ज माँगकर कर्ज की राशि न लेने के लिए 1400 करोड़ रुपए मुफ्त में दुनिया भर के बैंकों को खुशी-खुशी दे चुके हैं। 700 करोड़ रुपए तो इस मद में हम मनमोहन सिंहजी के पिछले कार्यकाल में ही दे चुके हैं। अब ऐसे देश को महान न मानने की गलती भला कौन कर सकता है? हम गरीब हैं मगर इतने गरीब भी नहीं हैं कि कर्ज न ले सकें और इतने गए-बीते भी नहीं हैं कि कर्ज लें तो उसका फौरन इस्तेमाल करना शुरू कर दें। मुफ्त का जुर्माना भरने में हमें आध्यात्मिक आनन्द की प्राप्ति होती है। हमें इससे आत्मिक ऊर्जा मिलती है। यह बात लेकिन हमारे मामूली निरक्षर किसानों-मजदूरों को समझ में नहीं आती। वे तो तब कर्ज लेते हैं जब उसकी जरूरत उन्हें होती है। लेकिन हमारे बड़े-बड़े अफसर महान हैं और राष्ट्रभक्त हैं। वे फौरन बिना सोचे-समझे कर्ज मिलता हो तो ले लेते हैं क्योंकि न उन्हें यह कर्ज चुकाना है, न उनके पिताश्री को, न उनके पिताश्री के पिताश्री को चुकाना है। हमारी गरीब जनता को, तो फिर शर्म कैसी,

झिझक कैसी ? अफसरों को तो वास्तव में कर्ज लेने के बहाने अमेरिका, फ्रांस, ब्रिटेन, जर्मनी जहाँ कहीं भी दुनिया में सम्भव हो सके, सैर करने का मौका मिलता है। ऐसे कुशल अफसरों से भरे हमारे देश को जो महान नहीं कहे, उस पर लानत है, उसकी देशभक्ति पर शक करने का हमें पूरा हक है। तो आइए, हम आज फिर से कहें—मेरा देश महान।

(27 जून, 2009)

ईश्वर भी परेशान है

आन्ध्र प्रदेश में भी बारिश नहीं हो रही है तो वहाँ के मुख्यमंत्री ने लोगों से मन्दिरों-मस्जिदों-गुरुद्वारों-गिरजाघरों में विशेष प्रार्थना को कहा है। मध्य प्रदेश में मुख्यमंत्रीजी हवन-यज्ञ आदि सब करवाकर देख चुके हैं। वहाँ वर्षा के लिए 'राग-मल्हार' भी गाया जा चुका है लेकिन वहाँ पानी नहीं बरसा है। मैं सोच रहा था कि ईश्वर इतना कठोर-हृदय क्यों है ? जनता की तो वह सुन ही नहीं रहा है, मुख्यमंत्रियों की भी नहीं सुन रहा! चिन्तन करना मुझे आता नहीं लेकिन फिर भी मैंने इस पर खूब चिंतन करने की अनगढ़ कोशिश की और पाया कि आखिर ईश्वर भी बेचारा क्या करे! सब कुछ तो उस पर आदमी ने छोड़ रखा है। बरसात भी उसे लानी है और बेमौसम की बारिश भी उसे नहीं लानी है। ठंड भी इतनी नहीं लानी है और इतनी गरमी भी नहीं कि लोग तड़ातड़ मरने लगें। सबकी नौकरी भी उसे लगानी है। सबका धन्धा भी उसे चमकाना है। सबकी बेटियों की अच्छे घरों में शादियाँ भी उसे करानी हैं, सबको अच्छी बहुएँ भी उसे दिलानी हैं। एम.एल.ए-एम.पी. का चुनाव भी उसे जितवाना है, मंत्री भी उसे बनवाना है। परीक्षा में भी उसे पास करवाना है और अच्छे कॉलेज या अच्छे पब्लिक स्कूल में एडमिशन भी उसे दिलवाना है। विदेश यात्रा भी उसे करवानी है और हर यात्रा को शुभ भी उसे बनवाना है। धनवान भी उसे बनवाना है और ज्ञानवान भी उसे बनवाना है। कोई फ्रॉड करे तो उसे जेल जाने से भी बचाना है और कोई बलात्कार कर दे तो उसकी 'इज्जत' की रक्षा भी उसी को करनी है। अपना काम उसे कुछ नहीं करना है, सब कुछ परमार्थ ही परमार्थ करते रहना है। और एक अरब से ज्यादा आबादी का भारत ही उसके सामने थोड़े ही है, सारी दुनिया उसके सामने है। और सारी दुनिया के लोगों ने अपना सारा बोझ उसके कन्धों पर डाल रखा है। वह मशीन की गति से भी काम करे, सुपरकम्प्यूटर से भी तेज चले तो भी सबके सब काम वह नहीं कर सकता। इसलिए वह कठोर नहीं है बल्कि हमीं कुछ ज्यादा नरम हैं। जरा सी कोई दिक्कत आई नहीं कि फट से उसके चरणों में जाकर लेट जाते हैं कि हे भगवान, अब तू ही हमारी रक्षा कर, कल्याण कर। मुश्किल यह है कि हम तो उसके चरणों में अपना सिर रख देते हैं, वह किसके चरणों में जाकर अपना सिर रखे, किसके सामने रोए-गिड़गिड़ाए, किसे प्रसाद चढ़ाए ? लिहाजा वह भी परेशान है और हम भी परेशान। फिर भी कमाल है कि दुनिया चले जा रही है!

(29 जून, 2009)

विनम्र सुझाव

मैं तो भई जनता हूँ और इस नाते विनम्र सुझाव ही दे सकता हूँ और आप अच्छी तरह जानते हैं कि समस्त विनम्र सुझावों की नियति यही होती है कि वे सीधे कूड़ेदान में चले जाएँ। फिर भी जो जनता होती है न, उसे विनम्र सुझाव देने की गन्दी आदत पड़ चुकी होती है और गन्दी आदतों की खूबी यह होती है कि वे आसानी से जाती नहीं इसलिए मैं विनम्र सुझाव दे रहा हूँ और फिर विनम्र सुझाव ही देना है तो छोटे-मोटे को क्या देना, इसलिए सीधे प्रधानमंत्री को ही दे रहा हूँ जिन्हें हिन्दी में क्या छपा, क्या नहीं छपा, इसकी कोई परवाह नहीं होती। हाँ, तो मेरा उन्हीं प्रधानमंत्री को विनम्र सुझाव है कि आप ममता बनर्जी को पश्चिम बंगाल मामलों का मंत्री क्यों नहीं बना देते? आराम से वे कोलकाता में रहेंगी। सीपीएम–जिसकी वैसे ही ऐसी-तैसी हुई पड़ी है–और जमकर ऐसी-तैसी करेंगी। वैसे भी वे रहती कोलकाता में हैं और करती भी यही काम हैं। रेल मंत्रालय भी उन्होंने इसलिए लिया हुआ है कि पश्चिम बंगाल का हो सके तो लगे हाथ कुछ भला भी कर दें। उन्होंने अपने मंत्रालय का कामकाज भी कोलकाता में सँभालने की एकदम नई परम्परा स्थापित की। 31 दिनों के अपने रेल मंत्रित्व में 20 दिन उन्होंने कोलकाला में ही गुजारे हैं। दिल्ली में 3 जुलाई को रेल बजट पेश होना है और ममता दी लालगढ़ के लिए लाल-पीली होने में व्यस्त रहीं। अधिकारी बेचारे दौड़-दौड़कर कोलकाता जाते रहे। ममता दी को अगर इस बीच फुर्सत मिलती है तो वे उनसे चर्चा कर लेते थे। वे वक्तव्य भी कभी रेल मंत्रालय के बारे में देती हैं तो यह सिर्फ संयोग होता है और जीवन में संयोग तो आप जानते हैं कि हो ही जाते हैं कभी-कभी।

एक और विनम्र सुझाव है, मान लो कोई राजनीतिक मजबूरी हो प्रधानमंत्री की, जिसकी वजह से ममता दी के पास रेल मंत्रालय रखना अनिवार्य हो तो वे ऐसा करें कि उन्हें रेल मंत्रालय का अतिरिक्त प्रभार दे दें। उनका मुख्य मंत्रालय पश्चिम बंगाल हो बल्कि उनके मंत्रालय का नामकरण 'पश्चिम बंगाल वाममोर्चा सरकार उखाड़ मंत्रालय' होना चाहिए ताकि यथा नाम तथा काम भी वह कर सकें, जो कि वे स्वभावतः कर भी रही हैं। इसके लिए उन्हें अधिकारियों की जरूरत भी नहीं पड़ेगी, यह मंत्रालय तो वे खुद अकेले चला लेंगी। उखाड़ गई वाम मोर्चा सरकार तो प्रधानमंत्री इस मंत्रालय को समाप्त कर सकते हैं क्योंकि तब ममता दी पश्चिम बंगाल की मुख्यमंत्री होंगी। तो ऐसी ममता दी को बार-बार दिल्ली आने का कष्ट अभी भी क्यों दिया जाए! जहाँ उनकी आत्मा बसती है, वहीं उनका शरीर भी क्यों बसे! इतना सुन्दर सुझाव है मेरा, मगर आप देखना यह प्रधानमंत्री कार्यालय के कूड़ेदान तक भी नहीं पहुँचेगा!

(30 जून, 2009)

बरसात दिल्ली आई

दिल्ली देश की राजधानी है। यहाँ कौन नहीं आता? 'राजा' से लेकर 'रंक' तक सभी आते हैं। उधर रेलवे स्टेशन के जनरल डिब्बे से बिहार, झारखंड, उड़ीसा, छत्तीसगढ़ का मजदूर उतरता है एक थैला या पोटली लेकर तो उधर वायुसेना के हवाई अड्डे पर किसी देश का राष्ट्रपति-प्रधानमंत्री। किसिम-किसिम के दलाल, गिरहकट, लुटेरे, चोर, लफंगे भी यहाँ आते हैं और किसान-मजदूर, कलाकार, लेखक, संगीतकार भी। एकाध बाल ठाकरे टाइप ही कोई ऐसा होता है जो यहाँ नहीं आया होता है। यहाँ ठंड भी आती है और दिल्ली तो उसे इतनी ज्यादा पसन्द है कि महीनों वह नहीं जाती, धकियाओ तो भी नहीं जाती। यही हाल गरमी का भी है। हाँ, बरसात को दिल्ली कम पसन्द है पर फिर भी वह आती है। इस बार सब जगह देर से आई तो यहाँ भी देर से आई लेकिन आई। दिल्ली आए बिना तो बरसात का भी गुजारा नहीं। उस दिन आई और इतने सपाटे से आई कि लगा अब जल्दी नहीं जानेवाली लेकिन जितने सपाटे से आई थी, उतने सपाटे से चली भी गई। हालाँकि बरसात फिर आएगी, फिर-फिर आएगी। वह दिल्ली की उपेक्षा नहीं कर सकती। वह आई तो जो लोग घंटे भर पहले तक पसीने से नहा रहे थे, वे पानी से नहाने लगे। थोड़ी देर तो वह इतनी तेज आई कि साइकिल-स्कूटर-मोटर साइकिल वाले किसी पुल के नीचे खड़े हो गए कि यह जाए तो हम भी जाएँ। कहीं कुछ कारों के इंजन में पानी घुस गया, वे रुक गईं, हलका सा ट्रैफिक जाम भी हो गया। जब बरसात आई तो धरती से भाप उठी, मिट्टी की सुगन्ध चारों ओर फैल गई। पेड़ भी खुश नजर आए। पत्ते तक। झुग्गीवाले खुश हुए मगर थोड़ी देर के लिए डरे भी। कहीं पानी इतना न बरस जाए कि झुग्गियों को खतरा हो जाए, अन्दर का सारा सामान गीला हो जाए, सोने की जगह भी न रह जाए! लेकिन उस दिन बरसात ने किसी का कुछ नहीं बिगाड़ा, हवा में थोड़ी सी ठंडक जरूर आ गई। उम्मीद जरूर बँध गई कि अब बादल बार-बार बरसेंगे। कुछ लोग जो मान बैठे थे कि इस बार बरसात आएगी ही नहीं, उनमें से कुछ की आँखें आँसुओं से भर गईं।

(1 जुलाई, 2009)

हमारा चचा है पाकिस्तान

पाकिस्तान कुछ मामलों में हमारा चचा है। वैसे तो हमारे यहाँ भी यह आम सिद्धान्त है कि जेब गरम करो और अपना कोई भी काम आराम से कराओ। वह कानूनी हो या गैरकानूनी। करनेवाले आपकी सेवा में स्वयं हाजिर हैं। बस इतनी तकलीफ कई बार करनी पड़ जाती है कि उन तक दलालों के माध्यम से पहुँचना पड़ता है। जेब में पैसा हो तो यहाँ जो चाहो, वह अपराध भी कर लो! बचानेवाले तुरन्त मिल जाएँगे। और जेल हो भी गई तो क्या गजब हो गया! वहाँ भी तरह-तरह से आराम पाओगे। चार कहो चार, दस कहो दस सेवक वहाँ आपकी सेवा में हरदम हाजिर रहेंगे। जो खाना चाहो, खाओ। जो पीना चाहो, पीओ। और भी जो करना चाहो, करो, छूट है। लेकिन पाकिस्तान तो जी पाकिस्तान है। भारत से चार कदम आगे है। उसके तो कहने ही क्या! यहाँ इस देश में आप पैसे वाले हैं और आपने सड़क पर सोते आदमियों पर कार चढ़ा दी या किसी की हत्या कर दी तो हो सकता है कभी ऐसा भी हो जाए कि 'अच्छा से अच्छा' वकील और 'अच्छी से अच्छी' पुलिस भी आपको बचा न पाए! लेकिन पाकिस्तान में तो बाकायदा हत्या करके भी आप बच सकते हो! वहाँ व्यवस्था है कि आपने किसी की हत्या कर दी और आपको फाँसी की सजा हो गई तो भी डरने की कोई बात नहीं! पैसा फेंको और तमाशा देखो। किसी तरह उस हत्या की कीमत वसूल करने के लिए, जिसकी हत्या की है, उसके परिवारवालों को राजी कर लो और मौज करो! फाँसी के फन्दे पर झूलने से बच जाओगे। बस जिनके भाई, जिनकी बहन, जिनकी माँ या जिनके पिता की आपने हत्या की है, उनमें इतनी हिम्मत होनी चाहिए कि वे हत्यारे से पैसा ले सकें और वे ले क्यों नहीं सकते? जब लोग 5-10 हजार रुपए लेकर हत्या कर सकते हैं तो जिसने हत्या की है, उसके हाथों मौत का शिकार बने आदमी के रिश्तेदार पैसा क्यों नहीं ले सकते? कोई पैसा दे सकता है तो कोई ले भी तो सकता है। और पैसा, आखिर पैसा होता है, उसका कोई रंग थोड़े ही होता है! न वह काला होता है, न सफेद! वह तो लाल भी नहीं होता! खून से भी वह रँगता नहीं! कई धनी हत्यारे तो सोच रहे होंगे कि काश, हम भारत में नहीं, पाकिस्तान में पैदा हुए होते, तो कितना मजा रहता!

(2 जुलाई, 2009)

इन्हें क्यों सुरक्षा चाहिए!

हमारा देश बड़ा मजेदार है। जिन आम लोगों को चोरों-डकै तों-लुटेरों-हत्यारों-ठगों से सुरक्षा चाहिए, उन्हें कोई पूछनेवाला नहीं। मरो तो मरो, सड़ो तो सड़ो। कोई लूटे तो तुम्हारी किस्मत और न लूटे तो भी तुम्हारा नसीब! कोई हत्या कर दे तो मर जाओ और किसी तरह बच जाओ तो लँगड़ाते-गिरते-पड़ते जिओ। लेकिन सुरक्षा उन्हें चाहिए, जिन्हें कभी मधुमक्खी ने भी नहीं काटा, चींटी ने भी जिनके करीब जाना अपनी बेइज्जती समझा! इस देश में जिस व्यक्ति के गृहमंत्री रहते हुए सबसे ज्यादा आतंकवादी हमले हुए और जो दिन में छह बार कपड़े बदलने और छत्तीस बार बाल सँवारने में व्यस्त रहा, उसे जेड प्लस सुरक्षा आज भी चाहिए जबकि मौजूदा गृहमंत्री मामूली सुरक्षा लिये घूमते हैं। इसी तरह एक और सज्जन हैं। उनकी प्रसिद्धि इसलिए नहीं हुई कि वे एक काबिल मंत्री थे बल्कि इसलिए हुई कि उनके बेटे उनके इशारे पर बड़ी काबिलियत से तेल की दलाली खाते थे, उन्हें भी सुरक्षा चाहिए। किससे चाहिए, उन्हें भी नहीं मालूम! जिन्हें जम्मू-कश्मीर का राज्यपाल बने हुए दशकों बीत गए, जिनका नाम और जिनका काम आज उनके खुद के अलावा किसी को याद नहीं, उन्हें भी सुरक्षा चाहिए! जिन्हें कभी किसी गलती से किसी सरकार ने एक बार पद नवाज क्या दिया, वे असुरक्षित हो गए, उन्हें जिन्दगी भर अब सुरक्षा चाहिए! पता नहीं इन लोगों को आजादी से घूमना-फिरना, आना-जाना, खाना-पीना, बैठना-बतियाना क्यों नहीं पसन्द है? वे 'बड़े आदमी' हैं। यह बताते रहना क्यों जरूरी है? भाइयो आप काफी बड़े आदमी हो, आखिर यह किसे बताना चाहते हो? साधारण लोग तो तुम्हें आदमी तक नहीं मानते, बड़ा आदमी मानना तो बहुत दूर की बात है, फिर किसे तुम अपनी शान दिखाना चाहते हो? तुम्हारे अपने वर्ग के लोग तुम्हारे 'बड़े' होने की असलियत को तुमसे ज्यादा अच्छी तरह जानते हैं! भूतपूर्वों को तो आजकल वैसे भी कहाँ-कौन पूछता है? दलाल आदि इतने चतुर होते हैं कि कल आप 'वर्तमान' बन जाओगे तो फिर से वे आपके कब-कैसे बन जाएँगे, यह आपको भी पता नहीं चलेगा। मगर जब तक भूतपूर्व हो, वे अपना 'कीमती' वक्त आप पर क्यों बर्बाद करेंगे? और आप देश के बड़े से बड़े अधिकारी भी रहे तो रहे! बहुत से पहले भी रहे हैं और बहुत से बाद में भी रहेंगे! जनता के पैसे से जिन्हें बड़ा-सा बँगला चाहिए, गाड़ियाँ चाहिए, सुरक्षा का तामझाम चाहिए, वे आखिर किसकी नजर में बड़े आदमी हैं? असली बड़े आदमी को तो बताना नहीं पड़ता कि वह बड़ा आदमी है। गांधीजी तो सिर्फ धोती पहनते थे लेकिन वे 'बड़े आदमी' थे। उनकी एक झलक पाने के लिए लोगों की आँखें तरसती थीं। और तुम इतना सारा लवाजमा लेकर चलते हो और

तुम्हें कोई पूछता तक नहीं! सड़क पर लोग चर्चा करते हैं—गया होगा कोई! दिल्ली में ऐसे न जाने कितने हैं! तो भैया छोड़िए सुरक्षा, हमारे कन्धों पर लदना बन्द करो। सुरक्षा का इतना ही शौक है तो बहुत सी प्राइवेट एजेंसियाँ हैं। गाँठ ढीली करो और सुरक्षित हो जाओ, किसने रोका है!

(3 जुलाई, 2009)

जनता का चिन्तन

जनता ने आजकल नेताओं पर सड़े अंडे-टमाटर फेंकने बन्द कर दिए हैं। इसका कारण यह नहीं है कि जनता में नेताओं के प्रति सम्मान की भावना पैदा हो गई है। इसका कारण यह भी नहीं है कि महँगाई के इस जमाने में जनता को यह लगने लगा है कि इस तरह नेताओं पर सड़े टमाटर-अंडे फेंकने से नेताओं का नहीं टमाटर-अंडों का अपमान होगा। दरअसल जनता को भय इस बात का रहने लगा है कि कहीं मंच पर उपस्थित नेता इन्हें फौरन लपक न लें और घर जाकर बीवी के सामने शेखी न बघारें कि देखो मैंने परिश्रम करके आमलेट के कच्चे माल का इन्तजाम कर लिया है। अब तुम ऐसा करो कि फटाफट आमलेट बनाकर ले आओ। मुझे बहुत भूख लग रही है।

घोड़ा और घास

एक पत्रकार की नजर एक घोड़े पर पड़ी। घोड़े के सामने हरी-हरी घास पड़ी थी मगर वह नहीं खा रहा था। पत्रकार ने इस पर खास ध्यान नहीं दिया। लेकिन दूसरे घोड़े पर नजर पड़ी तो देखा वह भी नहीं खा रहा है। पत्रकार थोड़ा चौंका मगर इसे भी उसने संयोग माना लेकिन इससे उसकी जिज्ञासा थोड़ी बढ़ जरूर गई।

वह घोड़ों की तलाश में निकला और हर जगह उसने देखा कि सामने हरी-हरी घास पड़ी है और घोड़े खा नहीं रहे हैं। उसे इसमें एक अच्छी स्टोरी की सम्भावना दिखाई दी। उसने घोड़ों से बात करना शुरू किया। घोड़ों ने जवाब दिया कि जब से आदमी ने अनाज के अलावा घास भी खाना शुरू कर दिया है, तब से हमने घास खाना बन्द कर दिया है। इसकी वजह यह है कि आदमी ही जब घास खाने लगेगा तो हमें फिर घास कहाँ से मिलेगी! हम कल कोई और चीज खाने लगेंगे तो क्या पता आदमी की देर-सबेर नजर उस पर भी पड़ जाए! इसलिए उपवास करना ही बेहतर है। वैसे भी हमें भजन तो करना नहीं है कि भूखे पेट नहीं कर सकते!

(6 जुलाई, 2009)

सड़क के उपयोग

टी.वी. पर एक विज्ञापन आता है–'मेरे देश में पैसा सिर्फ पैसा नहीं है।' इसी से मुझे खयाल आया कि मेरे देश में सड़क भी सिर्फ सड़क नहीं है। सड़क कार, बस, ट्रक, मोटरसाइकिल, जुगाड़, साइकिल, रिक्शा, भैंसों, भेड़ों, मनुष्यों के चलने के काम तो खैर आ ही जाती है मगर और भी इतने सारे काम आती है कि वह सड़क होकर भी महज सड़क नहीं लगती। ऐसा नहीं लगता कि सरकार ने सिर्फ वाहनों, मनुष्यों और जानवरों के चलने के काम के लिए इतना भारी खर्च क्यों कर दिया! यह पी.डब्ल्यू.डी. आदि जो विभाग हैं, सर्वप्रथम उनके लिए निरंतर भ्रष्टाचार का निमित्त बनती है। फिर टेलीफोन विभाग, बिजली विभाग, जल विभाग के कर्मचारियों को खोदने के लगातार काम आती है। बीचोबीच मन्दिर–मस्जिद बनाने के काम भी आती है। भगवती जागरण करने, शादी–पूजा आदि का टेंट लगाने के काम भी सड़क आती है। गाय–भैंस–बकरी आदि के साथ ही विशेष रूप से बच्चों को नित्यकर्म कराने के काम भी सड़क आती है। हाट–बाजार लगाने के काम भी आती है। सड़क किनारे दुकान हो तो उसका विस्तार करने के काम भी आती है। शादी के समय नाचने के काम भी आती है। धार्मिक–राजनीतिक जुलूस निकालने के काम पूरी तरह आती है। घर की मरम्मत हो रही हो या नया घर बन रहा हो तो ईंट–रेत–सीमेंट–लकड़ी आदि रखने के काम भी आती है। जुआ–सट्टा खेलने तथा जादू का खेल दिखाने के काम भी आती है। खटिया बिछाकर, मुड्ढा लगाकर गपियाने, हुक्का पीने के काम भी आती है। पानी नल में नहीं पहुँच रहा हो तो गड्ढा खोदकर पानी भरने के काम भी आती है। कार–बस–ट्रक–मोटरसाइकिल पार्क करने के काम आती है। बैरिकेड लगाकर पुलिस के लिए वसूली करने के काम आती है। दुर्घटनाएँ करने के काम तो खैर आती ही है। इसलिए कहा गया है सड़क के उपयोग बहुत हैं। उन्हें दुरुपयोग कहना भारतीय सभ्यता तथा संस्कृति का अपमान करना है।

(8 जुलाई, 2009)

'हिन्द स्वराज' का लेखक कौन?

कुछ लोग इसका मजाक बनाने की कोशिश में लगे हैं कि दिल्ली की हिन्दी अकादमी के एक कार्यक्रम में मुख्यमंत्री शीला दीक्षित ने 'हिन्द स्वराज' को हास्य कवि अशोक चक्रधर की किताब बता दिया। लोगों का क्या है, लोगों को तो मजाक बनाने के लिए कोई विषय और कोई व्यक्ति चाहिए। अरे भई, मुख्यमंत्री हैं, सुबह से शाम तक और शाम से रात तक पचास लफड़े उनके पीछे लगे रहते हैं! तो सिम्पल सी बात है कि उनसे हो गई चूक! और चूक किससे नहीं होती! और इस तरह भी सोचिए कि अशोक चक्रधर के हिन्दी अकादमी का उपाध्यक्ष बनने के बाद यह पहला कार्यक्रम था। मुख्यमंत्रीजी ने भी उसमें हास्य का तत्त्व पैदा करके अगर अशोक चक्रधर के हाथ मजबूत किए तो कुछ गलत तो नहीं किया! यह भी सम्भव है कि मुख्यमंत्री को यह कल्पना नहीं रही हो कि उपाध्यक्षजी इस मौके पर अपनी नहीं बल्कि गांधीजी की किताब का विमोचन उनसे करवाएँगे। उन्हें अपेक्षा रही होगी कि भई, इस आदमी को उपाध्यक्ष बनाया है तो यह पद का 'सदुपयोग' करते हुए कम-से-कम इतना तो अवश्य करेगा कि सबसे पहले खुद की किताब छापेगा! बल्कि उन्हें यह खुशी भी हुई होगी कि अशोक चक्रधर ने हास्य कवि की अपनी छवि को धोने-पोंछने के लिए 'हिन्द स्वराज' जैसी गम्भीर किस्म की किताब गांधीजी पर लिख दी है। मन-ही-मन में सोचा होगा कि बड़ा स्मार्ट बन्दा है भाई! यह तो खुद भी प्रगति करेगा, हिन्दी अकादमी की भी प्रगति कराएगा, यह मिनिस्टीरियल मटेरियल है। यह भी सम्भव है कि शीलाजी को यह कल्पना नहीं रही होगी कि गांधीजी लेखक भी रहे होंगे। भई, वे खुद भी तो लेखक नहीं हैं, सोनियाजी भी नहीं हैं, राहुलजी भी नहीं हैं और स्वर्गीय राजीवजी तथा इन्दिराजी भी नहीं थीं। शायद नेहरूजी थे, ऐसा हलका-सा खयाल उन्हें आया होगा मगर सोचा होगा कि पंडितजी तो भई पंडितजी थे! उनका किसी से क्या मुकाबला! इसलिए उन्होंने 'हिन्द स्वराज' का लेखक अशोक चक्रधर को मान लिया तो तर्क के हिसाब से बिलकुल ठीक किया! वैसे भी अशोक चक्रधरजी भले ही हास्य कवि के रूप में प्रसिद्ध हों मगर वे हिन्दी के प्रोफेसर रहे हैं। कभी वे मुक्तिबोध पर किताब भी लिख चुके हैं तो शीलाजी का यह अनुमान गलत नहीं था कि हो न हो, 'हिन्द स्वराज' भी अशोकजी की पुस्तक रही होगी। और अगर यह मानें कि गलती शीलाजी से ही हुई है तो यह गलती दरअसल उनकी थी जो उन्हें 'ब्रीफ' करते हुए कहा हो कि देखिए शीलाजी, लोग मुझे मुफ्त में बदनाम करते हैं कि मैं हिन्दी अकादमी को हास्य-व्यंग्य की शरणस्थली बना दूँगा मगर मैंने 'हिन्द स्वराज' छापकर दिखा दिया है कि मैं ऐसा नहीं हूँ! और

शीलाजी ने समझ लिया हो कि यह किताब इन्हीं श्रीमान की है। खैर, सार्वजनिक जीवन में यह सब होता रहता है। दिन भर जुबान चलानी पड़ती है तो वह कभी फिसल भी जाती है। मान लीजिए, शीला दीक्षित की जगह कोई और मुख्यमंत्री होता, दिल्ली का नहीं बल्कि मध्य प्रदेश, छत्तीसगढ़, उत्तर प्रदेश का होता तो क्या इस परिस्थिति में ठीक यही गलती नहीं करता और क्या जनता उसे माफ नहीं करती! तो शीलाजी, हम दिल्लीवालों ने भी आपको माफ किया। जय हिन्द।

(22 अगस्त, 2009)

दाल-रोटी और भ्रष्टाचार

इस देश में सबको बेईमानी करने का जन्मसिद्ध अधिकार है। राष्ट्रमंडल खेलों के आयोजक आखिर इस अधिकार का उपयोग खुलेआम आजकल कर ही रहे हैं। तो यही अधिकार जज साहबानों को हासिल क्यों न हो! क्या वे भारत के नागरिक नहीं? क्या उन्हें गेहूँ, दाल, चावल, आलू, प्याज, बैंगन, गोभी, मौसंबी, सेब, आड़ू, आम, काजू, बादाम आदि की जरूरत नहीं? चूँकि लोगों को न्याय देना होता है तो शायद कुछ ज्यादा ही इनकी जरूरत है। इनकी पत्नियों को गहनों की, क्रॉकरी की जरूरत भी है, आखिर वे जजों की बीवियाँ हैं। पत्नी-बेटी-बहू को स्लिम-ट्रिम रहने की, ब्यूटी पार्लर जाने की जरूरत भी है। और मुन्ने या मुन्नों को बाइक की जरूरत भी पड़ती ही है और फिर सरकार विशाल बँगला देती है तो फर्नीचर की जरूरत भी पड़ जाती है। उसकी गाजियाबाद में भी जरूरत पड़ जाती है और इलाहाबाद में भी। और जरूरत पड़ जाती है तो उसे पूरा भी करना ही पड़ता है। और पूरा करने के लिए जब आशुतोष अस्थाना जैसा मददगार व्यक्ति मिल जाए तो फिर जरूरत भी ज्यादा पड़ जाती है। और अगर तीसरी-चौथी श्रेणी के कर्मचारियों के भविष्य निधि खाते में से माल उड़ाने की पूरी आजादी हासिल हो, हाथ साफ करने का सुनहरा अवसर हो तो उसका पूरा-पूरा 'सदुपयोग' न करना बेवकूफी ही मानी जाएगी। फिर भी चूँकि वे न्यायाधीश हैं, बुनियादी रूप से लोगों को न्याय देने का काम करते हैं तो साधारण कर्मचारियों के माल पर हाथ साफ करने के मामले में उन्होंने काफी संयम बरता, 'न्याय' किया वरना नेता लोग तो 100-200-1000 करोड़ जीम जाते हैं और डकार भी नहीं लेते। इन्होंने तो बरसों तक सिर्फ दैनिक जरूरतें पूरी करने के लिए और वह भी मात्र पौने तीन करोड़ सफाई से उड़ाए। उन्होंने इतना ही खाया कि इससे इनका पेट भले ही बिगड़ गया हो, मगर आत्मा को ज्यादा तकलीफ नहीं झेलनी पड़ी क्योंकि पैसा तो गरीब कर्मचारियों का था! फिर भी जितना किया, जैसे किया, उसे पर्दे के पीछे करने की जरूरत तो खैर थी ही। इसलिए इन्होंने किया तो पर्दे के पीछे ही मगर क्या करें पर्दे का कपड़ा कमजोर निकल गया, इसलिए पर्दा-फाश हो गया। पर्दा मोटा होता तो फाश नहीं होता और इज्जत बची रहती मगर अब किया ही क्या जा सकता है! अब तो चिड़िया खेत चुग चुकी है, अब तो हाथ मले जा सकते हैं और ये जरूर मल रहे होंगे।

ऊपरवाला इन पर शायद मेहरबान ज्यादा नहीं रहा होगा वरना कहते हैं ऊपरवाला मेहरबान तो गधा भी पहलवान। वैसे ऊपरवाले के सामने चलती किसकी है और जितनी चल सकती है इन्होंने खूब चलाई भी और बरसों चलाई। फिर भी इस सारे कांड का

सकारात्मक पक्ष यह है कि यह पुण्यकार्य धर्म, क्षेत्र, जाति, भाषा की संकीर्ण भावनाओं से ऊपर उठकर किया। संविधान की मृत भावना की रक्षा करते हुए किया। इसलिए यह सम्भव हुआ कि इनमें एक तो सुप्रीम कोर्ट तक पहुँच गए, कुछ हाईकोर्ट तक और इनके पहुँचने से पहले किसी को इनके इस काम की भनक तक नहीं लगी। वैसे जो इन्होंने किया, इस भावना से प्रेरित होकर किया कि दुनिया भर में इनका नाम भी रोशन हो और साथ में देश का नाम भी रोशन हो जाएगा क्योंकि इन्हें लग रहा होगा कि देश का नाम दुनिया में उतना रोशन अभी नहीं हो रहा है, जितना कि होना चाहिए।

फिर इन्होंने जो किया, परिवार नामक संस्था के हित में भी तो किया। यह काम इन्होंने देश की राजधानी में जरूर नहीं किया मगर उसके बिलकुल करीब किया। और इस तरह किया कि इतिहास के पन्नों में स्वर्णाक्षरों में लिखा जाएगा कि कितने सारे न्यायाधीशों ने कितना भ्रष्टाचार किया और बड़ी बहादुरी से किया और खास बात ये है कि 'वीरता पदक' पाने की तुच्छ इच्छा से नहीं किया। और फिर भी अगर मिल जाएगा तो ये क्या करेंगे, उसे विनम्रतापूर्वक स्वीकार कर लेंगे!

(22 अगस्त, 2009)

बड़ी मछलियाँ आखिर बड़ी मछलियाँ हैं

हमारे प्रधानमंत्रीजी भी बताइए कैसी-कैसी अनोखी बातें कहते रहते हैं! उन्होंने सी.बी.आई. के अफसरों से कह दिया कि भैये, तुम छोटी मछलियों को तो बहुत पकड़ चुके, अब जरा बड़ी मछलियों को भी तो पकड़कर दिखाओगे! उनके इस कथन से मछली-मछली में भेदभाव करने की बू आती है। इससे साफ तौर पर यह भी जाहिर होता है कि प्रधानमंत्री बड़ी मछलियों को टारगेट बनाना चाहते हैं, जो कि ठीक नहीं है। और भला बताइए, ऐसी बात कभी खुलेआम कही जाती है क्या! और जब खुलेआम कही जाती है तो क्या आप समझते हैं कि इससे बड़ी मछलियाँ डर जाती हैं, काँप जाती हैं? कतई नहीं। बड़ी मछलियाँ समझ जाती हैं कि ये बात दुनिया भर के सामने कही है तो इसका साफ मतलब है कि यह सुनाने के लिए कही है। इस बात में कोई दम नहीं है। प्रधानमंत्रीजी सिर्फ इतना चाहते हैं कि उनका भाषण टी.वी. और अखबारों की हेडलाइन बने। और बन गया तो हो गया प्रधानमंत्री का काम! अच्छा वैसे बेचारे सी.बी.आई. वाले भी यही चाहते हैं कि भ्रष्टाचार के जल में जब भी वे जाल फेंकें तो बड़ी-छोटी सभी किस्म की मछलियाँ उसमें फँसें लेकिन फँसती हैं सिर्फ छोटी मछलियाँ! उन्हीं से जाल बहुत ज्यादा भारी हो जाता है कि उसे बाहर निकालना पड़ जाता है। दरअसल सी.बी.आई. वालों का जाल है भी फटा-पुराना, चूहों द्वारा बार-बार कुतरा हुआ। इसमें गलती से कोई बड़ी मछली अगर फँस भी जाती है तो ज़रा सी ताकत लगाते ही वह भाग निकलती है। ऐसे में सी.बी.आई. के अफसर भी बेचारे क्या करें! जो फँस गई हैं, उन्हें टोकरी में रखें या जो भाग रही हैं, उन्हें पकड़ने के लिए उनके पीछे भागें? क्यों उनके लिए वे नदी में या समुद्र में कूद जाएँ? भगवान ने उन्हें भी हमारी-आपकी तरह हाथ दो ही दिए हैं और सरकार महीने में उन्हें तनख्वाह एक ही देती है तो वे भी आखिर क्या करें, कितना करें? और मान लीजिए, किसी भागती हुई बड़ी मछली को किसी तरह उन्होंने पकड़ लिया, फिसलकर उसे भागने नहीं दिया, तो मछली का तो क्या होना है, जो होगा वह तो अफसर का ही होगा न! स्वतंत्र भारत का इतिहास इसका गवाह है, उस अफसर को ऐसी जगह फेंक दिया जाएगा कि वह खारा पानी पीने को भी तरसेगा-तड़पेगा। आगे चलकर नौकरी से हाथ धो बैठेगा, वह अलग। इसलिए वह छोटी मछलियों को, प्यारी-प्यारी, नन्ही-नन्ही मछलियों को पकड़ता है। वे जल्दी पकड़ में आ भी जाती हैं और उनमें से कई तो बहुत स्वादिष्ट भी होती हैं। वे कई थालियों की मुफ्त में शोभा बढ़ाती हैं। इधर आम लोगों को भी लगता है कि इतनी छोटी मछलियाँ पकड़ी जा रही हैं, इसका मतलब है कि देश में काम हो रहा है। भ्रष्टाचार पर अंकुश लगाकर लोकतंत्र का

शुद्धीकरण किया जा रहा है। पारदर्शिता को बढ़ावा दिया जा रहा है। इससे ज्यादा और चाहिए भी क्या?

और भई, आप जानते ही हैं, बड़ी मछलियाँ तो अन्ततः बड़ी मछलियाँ होती हैं। आप शार्क का तभी कुछ बिगाड़ सकते हैं, जब आप पहले अपना सब कुछ बिगाड़ने को तैयार हो जाएँ! और ऐसा खतरा लेने का शौक तो मेरे खयाल से प्रधानमंत्री और मंत्री स्तर के लोगों तक को नहीं होता तो बेचारे ये छोटे-मोटे अफसर क्या करें! बड़ी मछलियों की पहुँच भी बड़ी होती है। हर तालाब, हर नदी, हर समुद्र उनका अपना होता है। वे जहाँ चाहें, तैरें। जितना चाहें, तैरें। जिस तरह चाहें, वैसे तैरें। जाल-वाल से डरना वे बिलकुल नहीं जानतीं। मान लो कल कई बड़ी मछलियाँ प्रधानमंत्री के ही पास पहुँच जाएँ और कहें कि बताइए, हमारे साथ यह क्या अन्याय हो रहा है तो क्या प्रधानमंत्री जी यह कह पाएँगे कि नहीं, जी ये अन्याय नहीं, दरअसल आपके साथ 'न्याय' हो रहा है! यही होना चाहिए था आपके साथ, जो आज तक नहीं हुआ वरना आप कब के सुधर जाते! आप यह नहीं कह पाएँगे! इसलिए प्रधानमंत्रीजी यथास्थिति ही ठीक है। इसमें सब सुरक्षित हैं। वैसे भी अपना लोकतंत्र थोड़ा नया है। खतरा उठाने लायक अभी यह हुआ नहीं है। बड़ी मछलियों को पकड़ने लायक यह नहीं है। इसलिए प्रधानमंत्रीजी अफसरों को फालतू में भड़काओ मत। कोई भड़क गया तो बेचारा बेमौत मारा जाएगा। किसी का आप भला नहीं कर सकते, तो कम-से-कम बुरा तो मत करो! क्यों सा'ब मैं कुछ गलत तो नहीं कह रहा हूँ! कह रहा हूँ तो मेरे कान पकड़कर मुझे जो चाहे सज़ा दे देना!

(29 अगस्त, 2009)

जाओ, नहीं होते रिटायर

लोग कुछ भी कहें, कुछ भी करें लेकिन आडवाणीजी रिटायर तो बिलकुल नहीं होंगे। जिसमें जितना दम हो, लगा के देख ले। जिसकी कलम में जितना जोर हो, लगा ले। जिसमें जितनी समझाइश देने की कुव्वत हो, उन्हें समझा के देख ले। जिसे जितने कार्टून बनाना हो, व्यंग्य बाण चलाना हो, चला ले। लेकिन आडवाणीजी रिटायर कतई नहीं होंगे। किसी न किसी तरह अटके रहेंगे, हिलगे रहेंगे। वैसे भी 'टायर' (थकने) का 'रिटायर' होने से आखिर क्या सम्बन्ध है? और अगर है भी तो वे उसे खत्म करके रहेंगे। आडवाणीजी रिटायर नहीं होंगे।

वैसे भी इस महान देश में रिटायर होने की परम्परा कभी रही नहीं। राजा अगर मार नहीं दिए गए, तो जीवनपर्यन्त गद्दी पर बैठे रहे। राजा का अनुगमन उनके बाकी कर्मचारियों ने भी किया। कोई ऋषि, कोई मुनि, कोई देवता यहाँ कभी रिटायर नहीं हुआ। यह तो अंग्रेजों ने षड्यंत्र किया, इस देश की परम्परा को दूषित किया और एक उम्र के बाद लोगों को रिटायर करना शुरू किया। पेंशन, प्रोविडेंट फंड आदि का लालच दे दिया तो बेचारे भोले-भाले भारतीयों ने भी मजबूरी में रिटायर होना सीख लिया। लेकिन अंग्रेज चले गए तो क्यों जरूरी है कि नेता उनकी थोपी हुई परम्परा का निर्वाह करें? इस देश के बेईमानों, चारों, भ्रष्टों ने कभी इस देश की इस महान परम्परा को नहीं छोड़ा, वे रिटायर नहीं हुए, तो नेता ही क्यों हो? वे भी आखिर इसी धरती के पुत्र हैं, परम्परा के वाहक हैं।

इस देश में अफसर को भले ही 60 की उम्र में सरकार रिटायर कर दे लेकिन वह रिटायर होकर भी रिटायर नहीं होता। रिटायरमेंट की उम्र को करीब आते देख वह अपनी भावी एम्प्लायर, किसी पूँजीपति, किसी उद्योगपति की 'सेवा' करने में लगा देता है। इधर रिटायर होता है, उधर एप्वाईन्टमेंट लेटर लेकर उसकी नौकरी पर लग जाता है, फिर जीवन-पर्यन्त वहीं चिपका रहता है। उसका बस चले तो वह मरकर भी रिटायर न हो। लांग लीव पर चला जाए।

जिन्होंने नौकरी के दौरान कभी नौकरी नहीं की, जमकर हरामखोरी की, वे भी रिटायर होकर भी रिटायर नहीं होते। वे तब तक हरामखोरी करने की कला को इतने उच्च शिखर पर पहुँचा चुके होते हैं कि उनके उस कौशल से प्रभावित होकर कोई-न-कोई उन्हें भली-सी नौकरी दे ही देता है और वहाँ भी वे इतने ही 'सक्सेसफुल' रहते हैं। अब ये जरूर है कि कुछ लोग कभी रिटायर ही नहीं होना चाहते और कुछ रिटायर होना चाहकर भी रिटायर नहीं हो पाते। घर के मर्द तो रिटायर हो जाते हैं मगर घर की औरतें रिटायर नहीं हो पातीं। दिहाड़ी मजदूर, रिक्शेवाले, बर्तन माँजनेवाली, झाड़ू लगानेवाली, इस्त्री करनेवाले, ठेला चलानेवाले,

हम्माली करनेवाले, छोटे दुकानदार, पटरीवाले, कोढ़ी, विकलांग, विधवाएँ, बेसहारा ये कभी रिटायर नहीं हो पाते। उनके हालात इन्हें रिटायर नहीं होने देते। किसी के बच्चे अपने माँ–बाप को भूल चुके हैं, तो वे भी कभी रिटायर नहीं हो पाते। उन्हें तो जब तक जीना है, सीना है।

फिर कुछ पेशे ऐसे होते हैं जिनमें रिटायरमेंट का प्रश्न नहीं। आपने अपना कोई 'मठ' बना लिया है, आप उसके 'मठी' हैं तो क्यों मठाधीशी छोड़ेंगे? आप साधु, सन्त हैं तो जलेबी और खीर का भोग करना क्यों छोड़ेंगे? ईश्वर को ही जब रिटायर करना होगा, कर देगा, बिना पूछे, बिना पेंशन दिए। तब की तब देखी जाएगी लेकिन उससे पहले रिटायर क्यों हों? जिन्हें राजनीति में आकर अपना समस्त जीवन षड्यंत्रों, प्रपंचों, घटिया कर्मों, घटिया बातों को पूर्णतः समर्पित कर दिया है, जीवन दान दे दिया है, वे रिटायर क्यों हों? रिटायर होकर जाएँ तो जाएँ कहाँ? रिटायर होकर करें क्या? जो करते आए हैं, उसका उपयोग घर में भी करें क्या? नहीं–नहीं, इतने संस्कारी तो वे होते हैं कि बनते कोशिश ऐसा कर नहीं सकते। इसलिए नेताओं ने अपने रिटायरमेंट की कोई उम्र तय नहीं की है।

तो आडवाणीजी आप भी डटे रहो। इस देश की जनता, इस देश की महान परम्परा आपके साथ है। और वैसे भी जब करुणानिधि और प्रकाश सिंह बादल वगैरह अपने बेटों को सत्ता सौंपकर भी रिटायर नहीं हो रहे तो आप ही क्यों ऐसा आदर्श उपस्थित करें? आपकी तो वह स्टेज अभी आई नहीं है। आपको प्रधानमंत्री के रूप में यह देश बर्दाश्त कर सकता था, तो विपक्ष के नेता के रूप में क्यों न करे? इसलिए आप तो मुन्ना भाई की तरह लगे रहो। ये आँधी है, गुजर जाएगी। ये तूफान है, चला जाएगा। आप तो बँगले में रहते हो, तम्बू में हो नहीं, तो आपका कुछ नहीं बिगड़ेगा। हाँ आपके इस्तीफा न देने से भाजपा का बिगड़ेगा, तो बिगड़े! आपने कोई उसका जीवन भर का ठेका लिया हुआ है!

(5 सितम्बर, 2009)

खुशकिस्मत कौन?

मैं एक दिन बैठा-बैठा सोच रहा था कि इस दुनिया में कौन-कौन लोग खुशकिस्मत हैं तो एक छोटी-सी सूची बनी, जो इस प्रकार है : एक तो वे खुशकिस्मत हैं जो किसी भूतपूर्व राजा-महाराजा, बादशाह-नवाब के खानदान में पैदा नहीं हुए क्योंकि इससे फालतू की एक अकड़ पैदा हो जाती है। कमर वहाँ भी झुक नहीं पाती, जहाँ उसे झुकना चाहिए। सिर लगातार छत से टकराकर फूटता रहता है। चोट के निशान हर समय सिर पर दिखते हैं लेकिन इससे सबक लेकर कमर झुकाने की तमीज फिर भी नहीं आती। पीढ़ियाँ इसका खामियाजा भुगतती रहती हैं।

वे भी खुशकिस्मत हैं जो स्वतंत्रता सेनानी कभी नहीं रहे। दिल में फालतू का दर्द उठता रहता हैं कि हमें कोई पूछता नहीं। हमने तो देश के लिए अपनी जवानी कुर्बान कर दी और हमें ये सिला मिला। कभी-कभी गणतंत्र दिवस की जैसे झाँकी निकलती है, वैसे भूतपूर्व स्वतंत्रता सेनानियों की भी झाँकी निकल जाती है। कभी कोई मंत्री अपनी शोभा बढ़ाने के लिए इन्हें साथ बैठा लेता है और गेंदे के फूल का पाँच रुपए का एक हार पहना देता है। कई बार तो समारोह के बाद कोई चाय पीने के लिए भी नहीं पूछता। वापस जाने के लिए कोई सहारा नहीं देता। कार तो क्या, थ्री व्हीलर पर घर वापस जाने के पैसे भी नहीं देता। तब दर्द और बढ़ जाता है कि हाय, क्या हम ऐसा ही देश बनाने के लिए लड़े थे? फिर फर्जी स्वतंत्रता सेनानियों के साथ कई बार सम्मानित होना पड़ता है। फिर मरने के बाद औलादें और औलादों की औलादें भी चीखती-चिल्लती रहती हैं कि हाय हमारे बाप-दादा ने देश के लिए इतनी कुर्बानी दी मगर हमें क्या मिला! जैसे शेयर बाजार में इन्वेस्ट किया था और लुट गए।

वे भी किस्मतवाले हैं जो इतने प्रसिद्ध नहीं हुए कि उनकी प्रतिमाएँ बनें, उनके नाम पर सड़कें बनें, उनके नाम पर कॉलेज खुलें। इन प्रतिमाओं की हालत देख-देखकर ही मैंने तय किया कि मैं कभी इतना बड़ा नहीं बनूँगा कि कौए मेरे सिर पर बीट किया करें, कुत्ते मेरे चरणों में पेशाब करने का कष्ट करें और कूड़े-कचरे से मेरे आसपास की जगह बजबजाती रहे। सड़क बने तो उसका नाम वी.एन. रोड हो जाए। कॉलेज बने तो उसका नाम भी वी.एन. कॉलेज हो जाए। प्रतिमा देखकर बच्चे पूछें कि माँ ये कौन थे तो माँ कहे, 'हरि अप बेटा, तुम्हारे स्कूल की बस छूट रही है। आजकल तुम फालतू के सवाल बहुत करते हो, इसीलिए तुम्हारे मार्क्स अच्छे नहीं आते?'

वे भी खुशकिस्मत होते हैं जो राजनीति में नहीं आते। उनका स्विस बैंक में पैसा जरूर होता है मगर प्रतिष्ठा धेले भर की भी नहीं होती। प्रतिष्ठा होती नहीं और जब देखो, तब

प्रतिष्ठा दाँव पर लगी रहती है। ऐसी 'प्रतिष्ठा' को बचाने की जिम्मेदारी बहुत भारी पड़ जाती है। और वे भी खुशकिस्मत हैं जो किसी दौड़ में नहीं होते। दौड़ में होंगे तो तय है कि पहले एक, फिर दो, फिर तीन, फिर पचास, फिर दो सौ, फिर हजार, फिर लाख उनसे आगे निकल जाएँगे और वे कुछ नहीं कर पाएँगे। दौड़ भी नहीं पाएँगे, चल भी नहीं पाएँगे। इससे बेहतर है चलो और चलते रहो। जहाँ मर्जी हो, वहाँ मुड़ जाओ। जिसके घर जाने की इच्छा हो, चले जाओ। जहाँ चाहो, बैठ जाओ, खड़े हो जाओ। जहाँ कुछ अच्छा देखने लायक लगे, वहाँ रुक जाओ।

मैं अपने को इन्हीं खुशकिस्मतों में मानता हूँ। कहीं आप भी तो मेरी तरह खुशकिस्मत नहीं! हैं तो फिर चिन्ता किस बात की?

(12 सितम्बर, 2009)

लोगों के स्थायी भाव

हरिशंकर परसाई ने ऐसे लोगों के बारे में लिखा है जो स्थायी रूप से दुखी रहने की कला में सिद्ध होते हैं। लड्डू मिले तो दुखी कि हाय कितना ज्यादा मीठा है और न मिले तो शिकायत कि सबको मिला, हमें ही क्यों नहीं मिला ? प्रमोशन हो जाए तो दुखी कि इसके साथ ट्रांसफर क्यों हो गया और ट्रांसफर न हो और प्रमोशन हो जाए तो भी दुखी कि ट्रांसफर भी हो जाता तो ज्यादा अच्छा था। इसी प्रकार कई लोग होते हैं जो स्थायी रूप से विद्रोही होते हैं। अगर वे किसी के चरण चाटते हैं तो उसे भी विद्रोही कार्रवाई सिद्ध कर देते हैं। उनके लिए सूट-टाई पहनना, विदेश जाना, प्रधानमंत्री की इफ्तार पार्टी में जाना भी एक विद्रोही कार्रवाई है। ऐसे ही कुछ लोग स्थायी रूप से गरीब होते हैं। 100 करोड़ भी होगा पास में तो कहेंगे कि हमारे पास क्या है, मुकेश अंबानी अनिल अंबानी की तरफ देखिए। हमारे पास कुल मिलाकर है ही क्या ! साउथ बॉम्बे में चार कमरे का एक फलैट है, चार गाड़ियाँ हैं जिनमें एक मर्सीडीज है, विदेश चले जाते हैं छुट्टियाँ मनाने, तीन-चार कुत्ते पाल रखे हैं, लंच-डिनर जब चाहें तब फाइव स्टार में कर लेते हैं। अब इतने से आप मानते हैं कि कोई अमीर हो जाता है तो हम अमीर हैं वरना सच मानिए कि हम हर लिहाज से गरीब हैं और बेहद गरीब ! हमसे तो पटरी पर सोनेवाले ज्यादा अमीर और सुखी हैं। ऐसे ही कुछ लोग ऐसे होते हैं जो पचास बरस से दिल्ली में हैं मगर कहेंगे कि मेरा मन यहाँ नहीं लगता, मैं गाँव लौट जाना चाहता हूँ। आप कहो कि फिर लौटते क्यों नहीं। तो कहेंगे बस पोते की शादी हो जाए। उनके पास अनन्त कारण होते हैं गाँव न लौटने के। वे सपने तक में कभी गाँव नहीं लौटते। यहीं मर जाते हैं लेकिन गाँव लौटने की धुन स्थायी रूप से गाते-बजाते रहते हैं। कुछ लोग स्थायी रूप से हें-हें, हें-हें करते हैं। उन्हें कोई दो झापड़ भी रसीद कर दे तो हें-हें, हें-हें, हें-हें, हें-हें करते हुए पाए जाते हैं। उन्हें हर हालत में हें-हें करने में इतना फायदा नजर आता है कि वे रोते हुए भी हें-हें करते हुए लगते हैं। उनका गाना तो कभी सुनना ही नहीं चाहिए। मोहम्मद रफी या किशोर कुमार का गाना भी वे हें-हें शैली में इस प्रकार गाते हैं कि आप यह सोचने को मजबूर हो जाते हैं कि क्या रफी साहब या किशोर दा स्वयं भी हें-हें शैली में ही गाने के उस्ताद थे ? और यह खयाल आपके दिमाग से जाने में काफी वक्त लग जाता है। कुछ लोगों का स्थायी भाव विनम्र होता है। वे विनम्रता और चाटुकारिता के अन्तर को इस प्रकार मेट देते हैं कि हर विनम्र आदमी या तो फिर चाटुकार लगने लगता है या हर चाटुकार आदमी विनम्र लगने लगता है। इन तमाम लोगों का स्थायी भाव इतना अधिक स्थायी हो जाता है और उसमें इतनी ज्यादा सड़न पैदा हो जाती है कि इनसे मिलते हुए या तो नाक बन्द करनी होती है या दुर्गन्ध को भी सुगन्ध की तरह एंज्वाय करने की कला का विकास करना पड़ता है।

(19 सितम्बर, 2009)

बेहद नाजुक है स्त्री का चरित्र

स्त्री का चरित्र बेहद-बेहद नाजुक चीज है। शीशे से भी नाजुक। मूँग की दाल के पापड़ से भी नाजुक। मस्का-चस्का बिस्कुट से भी नाजुक। रेशम के धागे से भी नाजुक। मकड़ी के जाले से भी नाजुक। इतनी उपमाएँ देने के बाद भी मैं ठीक-ठीक बता नहीं पा रहा हूँ कि वह कितना ज्यादा नाजुक है। भाई की नजर में बहन का, पति की नजर में पत्नी का, पिता की नजर में बेटी का, बेटे की नजर में माँ के चरित्र का पतन कब-कैसे-कहाँ-किस कारण से हो जाए, कहा नहीं जा सकता। स्त्री चरित्र का सन्दिग्ध होना उतना ही 'स्वाभाविक' है, जितना कि गरमी और उमस में चलते हुए पसीना आ जाना! सिर से घूँघट हट जाए तो बहू का चरित्र सन्दिग्ध! बहन खिड़की से सड़क का नजारा देख ले तो बहन का चरित्र सन्दिग्ध! अगर बारह-तेरह साल के लड़के से हँस-बोल ले तो पत्नी का चरित्र सन्दिग्ध। पत्नी या बहन ऑफिस से आधे घंटे देर से आए तो उसका चरित्र सन्दिग्ध!

पुरुष का चरित्र कैसा भी हो, उससे किसी को कोई फर्क नहीं पड़ता लेकिन स्त्री का चरित्र अत्यन्त निर्मल होना चाहिए। गंगा के पानी जैसा तो नहीं कहूँगा क्योंकि प्रदूषण की वजह से वह निर्मल नहीं रहा मगर झरने के पानी जैसा निर्मल जरूर होना चाहिए। और जी, इससे भी बात बनती नहीं लग रही हो तो कहूँगा बिलकुल सती सावित्री जैसा पवित्र चरित्र होना चाहिए बल्कि उससे भी अच्छा हो तो कोई मुजायका नहीं! गलती से भी कोई अपवित्र खयाल उसके सपने तक में नहीं आना चाहिए वरना इस भारतभूमि पर स्त्री के जन्म लेने का फायदा क्या! और सती सावित्री होने के बावजूद वक्त आए तो उसे अग्नि-परीक्षा भी देने को तैयार रहना चाहिए। इसके बावजूद, धोबी के कहने पर उसे घर से बाहर जाने के लिए भी तैयार रहना चाहिए! वन तो खैर अब रहे नहीं, जहाँ घर से बाहर निकाले जाने पर स्त्री जाए मगर शहरों-कस्बों में भी शेर-भालू-रीछ-बन्दर-भैंसे बहुत हैं, उनसे अपनी जीवन रक्षा तथा चरित्र-रक्षा दोनों करते हुए वह अपने लव-कुशों को साहसी, वीर और फिर चरित्रवान बनाए और एक दिन धरती में समा जाए, मिट्टी में मिल जाए।

इस सबके बावजूद पत्नी को यह नहीं समझना चाहिए कि उसका पति खराब है। उसको इस रूप में लेना चाहिए कि बेचारा पुरुष देश की प्राचीन परम्पराओं का पालन मात्र ही तो कर रहा है। वह हृदय से बुरा नहीं है, दिमाग भी उसका ठीक-ठिकाने है, वह तो इस प्रकार जीवन को सार्थक करने के लिए, अपने पूर्वजों का अनुकरण करते हुए एक

आदर्श-मर्यादित पुरुष का जीवन व्यतीत करना चाहता है। इसमें उसका क्या दोष? और भई, यह कहा ही गया है कि पुरुष का भाग्य तथा स्त्री का चरित्र बदलते हुए देर नहीं लगती। तो अगर पुरुष इस कारण से स्त्री के चरित्र पर भरोसा नहीं कर पाया तो वह बिलकुल भी गलत नहीं है। क्योंजी, बहनजी, बात सही है न! गलत कह रहा हूँ तो बेशक आप मेरे कान पकड़ लेना!

(26 सितम्बर, 2009)

लोकार्पण कराते जाओ, कराते जाओ

हिन्दी में लगभग रोज ही सौ–पचास किताबें देश भर में 'लोकार्पित' होती रहती हैं। शुक्रवार–शनिवार को तो 'लोकार्पणों' से माँ भारती का भंडार इतना लबालब भर जाता है कि अगर वे मनुष्य होतीं तो किताबों की संख्या देखकर पागल हो जातीं, बाल नोचने लगतीं, कपड़े फाड़ने लगतीं, चीखने लगतीं।

इन 'लोकार्पणों' के लिए लोक की, जन की कतई जरूरत नहीं पड़ती। 'लोक' इस अर्पण के आसपास तो क्या, दूर–दूर तक भी नहीं फटकते। अच्छा 'लोकार्पण' वही समझा जाता है जिसमें 'लोक' तो न हो लेकिन उसमें अर्पण जरूर हो। मंत्री हों, अफसर हों, नामवर सिंह हों, अशोक वाजपेयी हों, राजेन्द्र यादव हों या इन जैसे हों, 50–75 परिचित हों, ताजा–ताजा किताब हो, उस पर सुन्दर रैपिंग पेपर हो, जिस पर सुन्दर फीता बँधा हो, सुन्दर भाषण हो तो हो गया 'लोक' को 'अर्पण'। अर्पण के बाद दारू–शारू हो, सॉरी रस–रंजन हो तो उत्तम हालाँकि मिठाई–शिठाई से भी हिन्दी के लोग काम चला किया करते हैं। अगले दिन 'लोकार्पण' का फोटो कहीं छप जाए तो क्या कहने, वैसे सिंगल कॉलम में खबर भी छप जाए तो भी लेखक सन्तोष कर लेता है। और कुछ न भी छपे तो भी लेखक को उस शाम को अपनी तारीफ में दिए गए उबाऊ भाषणों का स्मरण करके खुद को दिलासा देनी होती है।

इस धरा पर जनता और ईश्वर दो ही ऐसी बड़ी हस्तियाँ हैं जिन्हें कभी भी, कुछ भी 'अर्पित' कर दो, ये कभी एतराज नहीं करतीं। मांस–दारू अर्पित कर दो या चने–चिरौंजी, ईश्वर को कोई आपत्ति नहीं। इसी तरह जनता है। उसे सड़ी से सड़ी किताबें अर्पित कर दो, वह खुशी–खुशी स्वीकार कर लेगी। जनता इनकार करना तो जानती ही नहीं। तो भैया लोकार्पण कराते जाओ, कराते जाओ, जनता का पेट किताबों से भरते जाओ, भरते जाओ। लोकार्पण कराते जाओ, कराते जाओ, लेखक के साथ प्रकाशक के गुण गाते जाओ, गाते जाओ। हिन्दी का मान बढ़ाते जाओ। जनता को मूर्ख बनाते जाओ। किसी को मीरा, किसी को कबीर, किसी को निराला, किसी को प्रेमचन्द बनाते जाओ, बनाते जाओ। शाम को रंगीन बनाते जाओ, बनाते जाओ। नामवर सिंह जैसे कुछ विद्वान तो 'लोकार्पण' करते–करते स्वयं इतने 'लोकार्पित' हो चुके हैं कि लोक के सामने ही 'लोकार्पित' पुस्तक मंच पर बैठे–बैठे यहाँ–वहाँ से पढ़ डालते हैं और तुरन्त 'दान महाकल्याण' की शैली में वहीं के वहीं प्रशंसा करके इस गुरुतर दायित्व से निवृत्त हो जाते हैं। काय को फालतू का झंझट पालना! काय को घर से पढ़कर आना! काय को फालतू में अपना टैम खराब करना,

जबकि जनता अपना टाइम खराब करने के लिए आसानी से उपलब्ध है! जब करीब-करीब सारा हिन्दी संसार ही आपसे पुस्तक 'लोकार्पित' कराने पर तुला हो तो फिर और उपाय भी क्या है! 'तेरा तुझको अर्पण, क्या लागे मेरा!' शैली ही तब सबसे सार्थक और मूल्यवान होती है।

मैं तो इसी बात से खुश हूँ कि लोक का पेट रोटी से भले न भर रहा हो, किताबों से तो भर ही रहा है! लेकिन मुझे डर ये लग रहा है कि जिस तरह खाने-पीने की चीजें महँगी होती जाती हैं, कहीं एक दिन ऐसा न आ जाए कि जनता अपने को 'अर्पित' किताबें ही खाने लगे। इधर किताब 'लोकार्पित' हुई, उधर 'लोक' ने उसे खाना शुरू कर दिया! जनता भी क्या करे, वही तो खाएगी न, जो आसानी से मिलेगा!

(3 अक्टूबर, 2009)

हमें 'सादर आमंत्रित' मत कीजिए

हम व्यंग्य लिखनेवालों की खोपड़ी थोड़ी क्या, कुछ ज्यादा ही उलटी होती है। आप ही बताइए कि किसी ने हमें कहीं 'सादर आमंत्रित' किया है तो हमें उनका आमंत्रण 'सादर' स्वीकार भी कर लेना चाहिए या फिर कह देना चाहिए कि बन्धु या बहनजी, मेरी कोई मजबूरी है, अतः क्षमा करें, मैं नहीं आ सकूँगा। आज के जमाने में आपके प्रति यानी मेरे प्रति कोई 'आदर' दिखाए, यह दुर्लभ है और आमंत्रण दे, यह तो और भी दुर्लभ है इसलिए मेरी सज्जनता तो इसी में है कि मैं हजार काम छोड़कर ऐसे आमंत्रणों को सहजता से स्वीकार कर लूँ, भाड़ में जाए तमाम मजबूरियाँ! लेकिन हम हैं कि निमंत्रण पत्र में बैठे-बैठे मीन-मेख निकाल रहे हैं, यह सोच रहे हैं कि भैया तुमने हमें 'सादर' क्यों आमंत्रित किया है, क्या तुम किसी को कभी 'निरादरपूर्वक' भी आमंत्रित करते हो? 'सादर' लिखने की आखिर तुक क्या है शब्दों की यह फिजूलखर्ची क्यों? हमें तो तुम सिर्फ 'आमंत्रित' करते तो भी हमें आना होता तो जरूर आ जाते। अब 'सादर आमंत्रित' करने पर भी हम नहीं आएँगे तो कहोगे: 'देखा सा'ब बहुत अकड़ते हैं ये। उन्हें 'सादर' बुलाया तो भी नहीं आए। हमने तो पहले ही कहा था ये आदर के काबिल बिलकुल नहीं हैं। वह तो आप नहीं माने तो हमें उन्हें 'सादर आमंत्रित' करना पड़ा। अब देख लिया न इनको। आपने इन्हें 'सादर आमंत्रित' करवा के 'बेफालतू' में इनकी इज्जत और बढ़ा दी। अब ये सबसे कहते फिरेंगे। कई बार उन्होंने हमें 'सादर आमंत्रित' किया है मगर हम ही नहीं गए। हर ऐरे-गैरे का 'आदर' हम स्वीकार नहीं करते, जबकि आपको अच्छी तरह पता है कि हम उनका 'आदर' धेले भर भी नहीं करते, मन तो हो रहा है कि अभी जाकर कुछ नहीं तो उनकी खोपड़ी में एक जड़ दें और कहें कि अबे उल्लू के पट्ठे, मालूम हो गया न तुझे कि हम तेरा कितना 'आदर' करते हैं!

तो ऐसी विचित्र स्थिति से बचने के लिए ही हम कई बार 'सादर आमंत्रित' को स्वीकार कर लेते हैं लेकिन वहाँ जाकर देखते हैं तो पता चलता है कि किसी ने हमारे आने-जाने का नोटिस तक नहीं लिया है। बाद में हमें 'सादर आमंत्रण' करनेवाले कहीं मिलते हैं तो कहते हैं कि अरे, आप तो उस दिन आए नहीं! इसलिए मैंने कई लोगों से कह रखा है कि मुझे वाकई बुलाना है तो सिर्फ इतना लिख दो, आप आमंत्रित हैं बल्कि 'आप आइए' भी लिख दोगे तो हमें आना होगा तो हम आ जाएँगे। आपके सीधे-सादे निमंत्रण के बाद हम आएँ और आपने हमारा नोटिस न लिया तो भी हमें बिलकुल बुरा नहीं लगेगा। उधर आपको भी लगेगा कि इन्हें हमने 'सादर आमंत्रित' तो किया नहीं था, ये नहीं आए तो भी कोई बात नहीं

और आए तो भी कोई मुजायका नहीं! ये आएँ तो अपनी बला से, न आएँ तो अपनी बला से! ऐसी स्थिति हमें 'सुखद' लगती है। हम 'आदरणीय' होने के बोझ से बच जाते हैं और सामनेवाले को भी नहीं लगता कि बताओ क्या जमाना आ चुका है कि इन जैसे लोगों को भी अब 'आदरणीय' बनाना पड़ रहा है। लेकिन मैं आज आपसे स्पष्ट कहता हूँ कि अगर आपके 'सादर आमंत्रित' करने पर भी मैं आ जाऊँ तो आप यह कतई मत समझना कि मैं 'आदरणीय' कहे जाने के झाँसे में आ गया हूँ। जाने 'आदरणीय-फादरणीय' के चक्कर में न कभी था, न आज हूँ। हाँ, आप आमंत्रण जरूर भेजते रहना और भेजकर भूल जाना। वैसे हमारी या हमसे ज्यादा या कम उम्र के कई हैं जो 'आदरणीय' का अर्थ सचमुच 'आदरणीय' समझते हैं क्योंकि आदमी की जितनी उम्र बढ़ती जाती है, उतनी ही अपने बारे में उसकी गलतफहमी भी बढ़ती जाती है।

(10 अक्टूबर, 2009)

एस.एम.एस. करा लो, एस.एम.एस.

हम तीस मार खाँ तो क्या, बीस मार खाँ भी नहीं हैं बल्कि लिखते-लिखते खयाल आया कि हम तो दस मार खाँ और पाँच मार खाँ तक नहीं हैं लेकिन दीपावली पर आए एस.एम.एसों. ने हमारी जान ले ली। तीन-चार दिन तक शुभकामनाएँ इतनी ठसाठस मिलीं कि गले-गले तक हमारा पेट भर गया। लगा कि इतनी सारी शुभकामनाएँ हमें ही क्यों, बहुतों को इनकी बहुत जरूरत है, उन्हें क्यों नहीं मिलतीं ? और ऐसा भी नहीं कि इनमें से सभी मोबाइल-विहीन हैं तो उन्हें मिलें कैसे ? बहुतों के पास अब मोबाइल भी हैं। फिर भी उनके हिस्से की शुभकामनाएँ भी हमारे हिस्से आ गईं। आप सोचिए, जब हम जैसे प्राणी का एस.एम.एस. से इतना बुरा हाल था तो जो वाकई दस, बीस या तीस मार खाँ हैं, उनका क्या हाल हुआ होगा!

जब से मोबाइल आया है और लोगों को एस.एम.एस. के सदुपयोग या दुरुपयोग की पर्याप्त जानकारी हुई है, तब से शुभकामनाओं के आदान-प्रदान का धन्धा खूब फल-फूल रहा है। आपकी शुभकामनाएँ मुझे और मेरी शुभकामनाएँ आपके काम आएँ या न आएँ, हमारी संयुक्त शुभकामनाएँ मोबाइल कम्पनियों के बहुत काम आ रही हैं। ये मालामाल हो रही हैं। मेरे पास जिस मोबाइल कम्पनी का कनेक्शन है, उसने दीपावली से दो दिन पहले मुझे चेतावनी दे दी थी कि भैया अभी जितने एस.एम.एस. करना हो, कर लो, दीपावली के दिन या उसके अगले दिन करोगे तो तुम्हें 'कनसेशनल' रेट पर एस.एम.एस. करने की सुविधा दी जा रही है, वह छिन जाएगी। इसी से पहली बार पता चला कि बेचारे मोबाइल कम्पनी वाले मुझ पर और मेरे जैसे लाखों कस्टमरों पर अभी तक दया करते आ रहे थे और हम समझ रहे थे कि हम उपभोक्ता के अधिकारों का उपभोग अधिकारपूर्वक कर रहे थे। हमारे पास दनादन एस.एम.एस. आ रहे थे और हम भी दनादन उनका जवाब दे रहे थे और वे दनादन नोट गिनते जा रहे थे। तीन दिन तक हमने दीपावली का काफी समय एस.एम.एस. कर-करके गुजारा वरना हम भी आदमी हैं काम के। कुछ नहीं तो दीपावली की तैयारियों में पत्नी की मदद कर सकते थे मगर उनके भाग्य में यह कहाँ!

आपको अभी तक पढ़कर शायद ऐसा भ्रम हुआ हो कि हम सिर्फ एस.एम.एसों. का जवाब ही दे रहे थे। स्वयं एस.एम.एस. करके दूसरों को बधाइयाँ नहीं दे रहे थे तो यह सत्य नहीं है। हमने भी पचासेक एस.एम.एस. खुद कर मारे थे, जिनके जवाब तत्काल से लेकर अगले तीन-चार दिनों तक आते रहे। हमारे एक मित्र जो जनसम्पर्क में अन्यथा अकुशल हैं, उन्होंने भी सौ से ज्यादा एस.एम.एस. इधर-उधर करवाए। खुद वे एस.एम.एस. प्रवीण नहीं

हैं तो उन्होंने अपनी सन्तान को यह काम सौंपा और उनकी सन्तान भी इतनी आज्ञाकारी कि उसने यह दायित्व बखूबी सँभाला।

अभी तो दीपावली ही गई है। 60–70 दिन बाद नववर्ष आ जाएगा। फिर यही कथा दोहराई जाएगी। ले बेट्टा और ले एस.एम.एस.। दन, दनादन, दन। पढ़कर आँखें भी फोड़ और जवाब देकर अपनी उँगलियाँ भी तोड़। वैसे हममें जो ज्यादा समझदार हैं, वे ऐसे शुभ अवसरों पर मोबाइल बन्द रखते हैं। इसी तरह एक–दो सज्जन हमारे पल्ले भी पड़े, जिन्हें हम एस.एम.एस. से और मोबाइल से भी शुभकामनाएँ देना चाहते थे लेकिन वे लेकर राजी नहीं थे और देकर भी राजी नहीं थे। ऐसों का आप क्या कर सकते हैं, सिवाय इसके कि उन्हें अखबार के जरिए शुभकामनाएँ दें, अगर वे यह अखबार पढ़ते हों तो और उसमें हमारा लिखा पढ़ते हों तो!

(21 अक्टूबर, 2009)

माँ काली का 'प्रसाद'

ठीक महीने भर पहले की बात है। पटियाला के स्टेट बैंक ऑफ इंडिया में डकैती पड़ी। छह डकैत 35 लाख रुपए लूट ले गए। खैर, ये तो प्रतिदिन की बात है। ऐसा होता ही रहता है। पटियाला में क्या, हमारी दिल्ली तक में ऐसा होता है।

डकैत होने का मतलब ये तो नहीं है कि आदमी नास्तिक हो। वह आस्तिक भी तो हो सकता है बल्कि यह दूसरी सम्भावना अधिक है। तो उन छह में से एक डकैत विक्की उर्फ हितेश शर्मा ने तय किया कि लूट के माल में से 10 परसेंट वह माँ काली के चरणों में समर्पित करेगा। वह बढ़िया टीका-वीका लगाकर, सफेद झक्क कुर्ता-पाजामा पहनकर काली मन्दिर पहुँचा और श्रद्धापूर्वक नोट मन्दिर की दान पेटी में डालने लगा। इसमें उसे 45 मिनट लग गए। इससे पंडितों का भाव विभोर हो जाना तो स्वाभाविक ही है। जीवन में माँ ऐसी कृपा कब-कब करती हैं। तो वे अवसर को पवित्र बनाने के लिए मंत्र पाठ करने लगे। भक्तगण भी ऐसा अपूर्व दृश्य देखकर भाव विह्वल हुए बिना नहीं रह सके। वे 'जय माता दी', 'जय माता दी' का उद्घोष करने लगे। विक्की साहब इस विधि-विधान के बाद चले गए। पुलिस की तो विशेषता ही यह होती है कि उसे कोई बात समय पर पता नहीं चलती। बाद में उसे पता चला। संयोग से मन्दिर में सी.सी.टी.वी. कैमरा लगा हुआ था। उसने अत्यन्त निरपेक्ष भाव से भावविभोर करनेवाले इस दृश्य को रिकॉर्ड कर लिया था। विक्की पकड़ा गया। उसने बाकी को भी पकड़वा दिया।

माँ काली के उस अनन्य भक्त ने कभी सपने में भी सोचा नहीं होगा कि उनके चरणों में ईमानदारीपूर्वक दस परसेंट समर्पित करने का ऐसा त्रासद अन्त होगा। न 'ईमानदारी' उसके काम आई, न भक्ति। ईमानदारी की दुर्गति को तो फिर भी समझा जा सकता है मगर भक्ति की यह दुर्गति समझ से परे है! अव्याख्येय है! ऐसे भक्त के प्रति ऐसा सलूक माँ का, मैं तो कल्पना नहीं कर पा रहा हूँ। माँ ठीक है कि आप लालची नहीं हैं क्योंकि आप मनुष्य नहीं हैं लेकिन थोड़ा अपने भक्त का तो खयाल आपको रखना था! अब बताइए इसके बाद कौन सा डाकू-चाहे वह सफेदपोश ही क्यों न हो-ईमानदारीपूर्वक ईश्वर को उनका हिस्सा देगा! विक्की का तो बेचारे का दिल ही टूट गया होगा! कहीं उसको दिल का दौरा न पड़ जाए। बचाना माँ उसे, बचाना। जमानत न दिला सको तो उस गरीब पर इतनी तो दया अवश्य ही करना।

और हाँ, अब मन्दिर वाले कह रहे हैं कि डकैती का यह पैसा हमसे वापस ले लो लेकिन पुलिस काली माँ को समर्पित इस धन को वापस लेने से डर रही है। क्या पता उनका श्राप उन्हें लग जाए!

जय माँ भवानी, जय माँ काली, तेरी लीला अपरम्पार है, मनुष्य के वश में नहीं है उसे समझना। क्षमा करना, क्षमा करना माँ, अगर मुझसे भी कोई गलती हो गई हो तो!

(24 अक्टूबर 2009)

ये हैं हमारे फैशन डिजाइनर

नेहा धूपिया कभी एक मॉडल थी, अब एक फिल्मी हिरोइन है। जब वह मॉडलिंग करती थी तो वह भी रैंप पर ठूँठ की तरह आती थी और चली जाती थी। रोबोट की तरह आती थी और चली जाती थी। चाबीवाली गुड़ियों की तरह आती थी और उन्हीं की तरह विदा हो जाती थी। सवाल तब भी उसके मन में उठते थे मगर क्या करे, ठूँठ बनी रहती थी। रोजी-रोटी की मजबूरी थी! प्रसिद्धि भी तब इसी से उसे मिलती थी। अब वह फिल्मों में आ गई है। अब भी वह कभी-कभी मॉडलिंग करती है लेकिन अब उसमें थोड़ी हिम्मत आ गई है। अभी वह रैंप पर चलते हुए मुस्कुराई और उसने सवाल उठाया कि मुझे आज भी समझ में नहीं आता कि रैंप पर मॉडलें मुस्कुराती क्यों नहीं? उसने सवाल पूछा तो जवाब भी आया। फैशन डिजाइनरों ने कहा कि अगर मॉडल रैंप पर आकर मुस्कुराएगी तो लोग उसकी मुस्कुराहट देखेंगे, हमारे डिजाइनदार कपड़े क्यों देखेंगे? हम उन्हें रैंप पर अपने कपड़े दिखाने लाते हैं, उन्हें और उनकी मुस्कुराहट दिखाने नहीं! जिसे शौक है हँसने-मुस्कुराने का, वह खुशी से फिल्मों में जाए, किसने रोका है?

क्या 'बहादुराना' जवाब था न उनका नेहा धूपिया को!

मैं कहता हूँ, लानत है इन फैशन डिजाइनरों पर जो यूँ तो बड़े हीरो-हिरोइन बनकर नक्शे दिखाते रहते हैं, भड़कीले-चमकीले और यहाँ तक भद्दे कपड़े पहनकर अपना शौर्य प्रदर्शन करते हैं मगर इनकी डिजाइनों में इतना दम भी नहीं है कि लड़की की मुस्कुराहट के आगे वे फीकी न पड़ें! जो डिजाइनदार कपड़े लड़की की मुस्कुराहट की रोशनी से रोशन तक नहीं हो सकते, वे काहे के डिजाइनर कपड़े हैं? तुम तो खुद मंजूर कर रहे हो डिजाइनरों कि तुम्हारी डिजाइनों-विजाइनों में कुछ धरा नहीं है। वे ऐंवे ही हैं। वे बेदम हैं, बेलज्जत हैं। बस इधर-उधर तीन-तिकड़म करके तुम्हारी दुकान चल पड़ी है तो फालतू में इतराते घूम रहे हो कि क्या है जी ये, अजी ये देश के बहुत बड़े फैशन डिजाइनर हैं। बहुत बड़े आदमी हैं। पाँच-सितारा पार्टियों के सितारे हैं ये। जहाँ जाते हैं, वहाँ लोग कहते हैं कि अजी फलाँ भी आ गए, क्या बात है!

ये छवि ऐसी बनाते हैं जैसे इनसे ज्यादा कल्पनाशील हमारी भारतभूमि पर कोई आज है नहीं। इक्कीसवीं सदी में सबसे कल्पनाशील लोग अगर कहीं पैदा हुए हैं तो फैशन डिजाइनिंग के क्षेत्र में ही पैदा हुए हैं। इनके आगे कोई कवि, कोई कलाकार, कोई संगीतकार, कोई डांसर कहीं टिकता नहीं। लेकिन ये बस खुद इतने ही टिकाऊ हैं कि लड़की रैंप पर मुस्कुराई नहीं और ये फुस्स हुए नहीं! इनकी लाइट तत्काल गुल हो जाती है!

अरे, लकीर के फकीरो, फैशन डिजाइन के किसी पितामह ने किसी शुभ मुहूर्त में कभी यह तय कर दिया होगा कि रैंप पर हर लड़की ठूँठ बनकर जाएगी तो तुम भी उसी लकीर पर फकीरी करते चले जा रहे हो और दावा तुम्हारा यह है कि तुम कल्पना करने में कवि कालिदास के भी बाप–दादे हो। अरे, जो सच्चा कल्पनाशील होता है, वह मनुष्य को ठूँठ नहीं बनाता, रोबोट नहीं बनाता बल्कि उसके अन्दर कोई मुर्दनगी हो, मशीनीपन हो, ठंडापन हो तो उसे भी झाड़–पोंछ देता है और उसमें इनसानियत की गरमी लाता है और तुम हो कि दुनिया की कुछ खूबसूरत लड़कियों को ठूँठ बनाकर खुश हो और सोचते हो कि हम बड़ा महान काम कर रहे हैं।

(31 अक्टूबर, 2009)

चाय-नाश्ते का बजट

जिस देश में कोई मुख्यमंत्री बिना डकार लिये 4000 करोड़ रुपए जीम सकता है, जहाँ 1100 करोड़ रुपए के टर्नओवर वाला उद्योगपति बीस हजार रुपए का ब्लैकबेरी मोबाइल हवाई अड्डे पर से चुरा सकता है, वहीं देश के एक छोटे राज्य पांडिचेरी के छह मंत्री मिलकर आठ महीने की अवधि में चाय-नाश्ते पर 36 लाख क्यों नहीं उड़ा सकते? बल्कि जनता को इस बात का उन्हें धन्यवाद देना चाहिए—जैसा कि मुख्यमंत्री स्वयं चाहते भी हैं—कि उन्होंने इतना कम खर्च किया। पिछली सरकार के मंत्रियों ने तो साल भर में एक करोड़ दस लाख रुपए इस मद में खर्च कर दिए थे। इन बेचारे मंत्रियों ने उससे आधा ही खर्च करने का लक्ष्य इस बार रखा है। और क्या करें? क्या मरें? आपकी सेवा बिना चाय और नाश्ते के करें या घर से चाय-नाश्ता करके आएँ? फिर तो आप यह भी कहेंगे कि मंत्री-मुख्यमंत्री सरकारी मकान में भी न रहें, सरकारी गाड़ी का इस्तेमाल भी न करें। कल से तो आप कहने लगेंगे कि मंत्रीगण भ्रष्टाचार भी न करें। आप तो उन्हें कोई काम ही करने देना नहीं चाहते और चाहते हैं कि देश प्रगति पर प्रगति करता जाए तो क्या यह सम्भव है!

लोगों की इसी प्रवृत्ति की वजह से तो देश आज उतना आगे नहीं बढ़ सका है, जितना कि उसे बढ़ना चाहिए था। यह देश चीन आखिर क्यों नहीं बन सका सिर्फ इसी कारण से। क्योंकि यहाँ के लोग इसी पर आँख लगाए रहते हैं कि मंत्रियों ने कितने का चाय-नाश्ता किया? ये कोई बातें हैं एतराज करने की, सवाल उठाने की, सूचना के अधिकार के तहत पूछने की? मंत्री बेचारे अपने पैसे से फाइव स्टार होटल में महीनों रहें, खाएँ-पीएँ-पिलाएँ तो भी एतराज और जनता के पैसे से चाय-नाश्ता करें तो भी आपत्ति। हद होती है किसी भी बात की! चाय-पी, कोकाकोला पीया, इडली-डोसा-हलवा-आमलेट इत्यादि खाया तो वह पेट में ही गया न, हवाला के जरिए विदेशों में तो नहीं गया। पेट में गया तो कुछ ताकत ही आई होगी मंत्रियों को और ताकत आई होगी तो उसका कुछ उपयोग ही किया होगा उन्होंने। अपने लिए किया होगा तो वह भी ठीक क्योंकि सभी अपने लिए करते हैं और जनता के लिए किया होगा तो अति उत्तम क्योंकि चाय-नाश्ते का पैसा भी आखिर जनता का था। और जी, राजनीति में 36 लाख होते क्या हैं? अच्छे-अच्छे मंत्री तो इतनी राशि पर थूकना भी पसन्द नहीं करते। करोड़ से कम की बात तो वे सुनना भी पसन्द नहीं करते। आपके-हमारे जैसे भुक्खड़ों को जरूर 36 लाख रुपए की राशि बहुत बड़ी है, मंत्रियों के लिए ये क्या है—मात्र हाथ का मैल। ये कहीं छिनक दें तो वहाँ 36 लाख पैदा हो जाएँ। जनता को सोचना तो चाहिए कि वह किससे मुखातिब है!

वह तो इन मंत्रियों की शालीनता है कि चाय–नाश्ते का पैसा ये सरकारी खजाने से ले लेते हैं वरना ये इशारा करें तो पूँजीपति इनके आगे लाइन लगाकर खड़े हो जाएँ और कहें कि सर, 36 लाख के लिए इस सड़ी जनता का क्या अहसान लेना, हम हैं न, हमसे कहिए, हम किस दिन आपके काम आएँगे। ये छोटे–मोटे खर्च तो हमसे यूँ ही करवा लिया कीजिए सर! हम चोरी जरूर कर सकते हैं, मजदूर की मजदूरी भी जरूर मार सकते हैं पर छह मंत्रियों के लिए 36 लाख तो ऐसे खर्च कर सकते हैं, जैसे कि हमने एक रुपया खर्च किया हो!

मेरा खयाल है कि लोकतंत्र जैसे–जैसे परिपक्व होगा, लोग वैसे–वैसे अपने आप ऐसे फालतू के सवाल उठाना बन्द कर देंगे। और भी ज्यादा परिपक्वता आएगी तो चार हजार करोड़ की राशि खाने का भी बखेड़ा नहीं खड़ा करेंगे। अभी तो क्या है कि 60–62 ही वर्ष हुए हैं न देश को आजाद हुए, अभी गांधीजी का थोड़ा 'हैंग ओवर' बचा है। जिस दिन यह खत्म हुआ, उस दिन से आप देखना, अपने इस देश को स्वयं पहचान नहीं पाओगे।

(7 नम्वबर, 2009)

भाड़ में जाए ऐसा जनादेश

सभी पार्टियों के सारे नेता निरपवाद रूप से चुनाव हार जाने पर हृदय की समस्त उदारता प्रदर्शित करते हुए टिप्पणी करते हैं कि हम जनादेश को विनम्रतापूर्वक स्वीकार करते हैं। पश्चिम बंगाल की सभी विधानसभा सीटों पर उपचुनाव हार जाने के बाद राज्य की माकपा के सचिव विमान बोस ने भी ठीक यही फरमाया है। जैसे उन्होंने भी जनादेश को स्वीकार करके और वह भी विशेष रूप से विनम्रतापूर्वक, हम जनता पर बड़ी भारी कृपा की है जिसके लिए हमें उनका चिर ऋणी होना चाहिए। इसे कहते हैं, सोने पर सुहागा! वरना वे हार स्वीकार भले ही कर लेते मगर विनम्रता नहीं दिखाते तो भी जनता इनका क्या कर लेती? और जी विनम्रता-फिनम्रता तो छोड़िए, ये स्वीकार ही नहीं करते जनादेश, तो भी जनता इनका क्या कर लेती? ठेंगा?

ये कह देते कि जाओ यार, तुमसे कह दिया न, हम स्वीकार नहीं करते जनादेश। बहुत देखे हैं ऐसे जनादेश हमने 1952 से अब तक और हर बार जनादेश को स्वीकार किया है लेकिन हर चीज की कोई हद भी तो होती है! जनता के पास और काम ही क्या है सिवाय हमें आदेश देने के! हमको फालतू पब्लिक ने अपना घरेलू नौकर समझ रखा है कि इनके हर आदेश को हम मानेंगे! जाओ, जाओ, कह दो, जनता से कि हम डरते नहीं उससे, हम भी मरद के बच्चे हैं। जिसकी माँ ने दूध पिलाया है, वह सामने आकर हमसे जनादेश मनवाकर देख ले, फिर हम भी देखते हैं उसे! तब न जन रहेगा, न आदेश! भाड़ में जाए ऐसा जनादेश! जो रे पट्ठे, जा, तू विधानसभा के अन्दर जाकर बैठ जा तो! स्पीकर से कहना कि मुझे शपथ दिला। मैं चुनाव हारा नहीं हूँ बल्कि जनता द्वारा हराया गया हूँ। मैं ऐसी हार को स्वीकार नहीं करता और अगर वह शपथ नहीं दिलाता है तो आ के हमसे शिकायत करना। हम ईंट से ईंट बजा देंगे। जनादेश-जमादेश, न जाने कब से चला रखा है इन्होंने जनादेश। देख ली न देश की हालत, इस जनादेश के कारण क्या हो चुकी है। फिर भी जनता कहती है जनादेश मानो!

भलमनसाहत का तो भैया अब जमाना ही नहीं रहा। अब तक हम जनादेश मानते आ रहे थे तो जनता समझ रही थी कि अब भी हम इसे आसानी से बिना चूँ-चपड़ किए मान लेंगे और आगे भी मानते रहेंगे! बेवकूफ हैं क्या हम! हमारी कोई इज्जत नहीं है क्या? जनता उसमें बट्टा लगाती रहेगी और हम सहते चले जाएँगे! जनता हमें हराती जाएगी और हम फिर भी जनादेश को मानते चले जाएँगे। भगवान ने हमें अकल नहीं दी है क्या? क्या हमें नहीं मालूम कि जनता को हमारे विरुद्ध भड़काकर उससे यह आदेश हमारे विरोधियों ने

जबर्दस्ती लिया है? हम भी इतने साल से राजनीति में हैं, कोई भाड़ नहीं झोंक रहे! हम भले हैं तो इसका मतलब क्या ये है कि हमें बदमाशी करनी नहीं आती या दूसरों की बदमाशी समझ में नहीं आती? हम हर स्तर पर इस जनादेश का विरोध करेंगे। हम इस अन्यायपूर्ण जनादेश को नहीं मानेंगे। हम लोकतंत्र की इस तरह हत्या नहीं होने देंगे। हम जनता की सच्ची आवाज का जनादेश के नाम पर गला नहीं घोंटने देंगे। वह हमें गद्दी पर बैठा देखना चाहती है। यह जनादेश फर्जी है। यह जन-आदेश नहीं है बल्कि ई.वी.एम. मशीन का आदेश है। हम ऐसे आदेशों की तब तक परवाह नहीं करेंगे, जब तक वह आदेश हमारे पक्ष में नहीं आ जाता। सुन लिया न!

तो भैया आपने जनादेश मान लिया, इसके लिए आपका बहुत धन्यवाद। जरा आपके चरण आगे करिए तो उनका स्पर्श कर लूँ!

(16 नवम्बर, 2009)

मैं तो नरक जाऊँगा भई

वैसे दुर्भाग्यवश या सौभाग्यवश मेरा विश्वास स्वर्ग-नरक में नहीं है। अब नहीं है तो नहीं है, मैं करूँभी क्या! यह विश्वास बाजार से खरीदकर तो लाया नहीं जा सकता वरना आजकल तो हर माल 'सेल' में मिलता है, भगवान कसम, मैं खरीद भी लाता।

फिर भी गलती से मान लो स्वर्ग और नरक होते हों और यमराजजी अन्तिम समय में मेरे पास आकर कहें, 'क्यों बे, अकलदार की पूँछ! कहता था कि स्वर्ग-नरक नहीं हैं। मेरे आने से तो मुझे विश्वास हो गया न कि स्वर्ग-नरक हैं या अब भी नहीं है? तो अब बता बेट्या, तेरा क्या किया जाए? मार दिया जाए या छोड़ दिया जाए? मेरा मतलब है कि तुझे स्वर्ग भेजें या नरक? दिल की बात सच्च-सच्च बताना। झूठ बोला तो साले, बिना कहीं रुके डायरेक्ट नरक जाएगा। एक प्रतिशत तेरे स्वर्ग जाने की सम्भावना बची भी होगी तो खत्म हो जाएगी। याद रखना मेरी इस बात को!'

आप विश्वास तो नहीं करोगे मगर मैं फिर भी यमराजजी से यही कहूँगा, 'भैया तुम मुझे नरक ही ले चलो, वहाँ ही हम आराम से रह पाएँगे।' वे अट्टहास करेंगे और कहेंगे, 'तू तो गधे का गधा ही रहा। तेरी कोई प्रगति नहीं हुई। अब जिन्हें पक्का भरोसा होता है कि वे नरक के अलावा कहीं नहीं जाएँगे, वे भी स्वर्ग जाने की इच्छा रखते हैं और ईश्वर से प्रार्थना करते हैं और तू इतना समझाने के बावजूद कह रहा है कि मैं तो नरक ही जाऊँगा? बता स्वर्ग तुझे इतना बुरा क्यों लगता है कि तू नरक जाने की ही बात करता है? तेरी दिमागी हालत तो ठीक है न? मरने से पहले नशा-पत्ता तो तूने नहीं किया था?'

तो मैं कहूँगा, 'ऐसा है यमराजजी, स्वर्ग में मक्खी-मच्छर, कीड़े-मकोड़े, साँप-नेवले, छिपकली-कॉक्रोच, शेर-भालू वगैरह जरूर होते होंगे। ऐसा हो नहीं सकता कि वे न होते हों। वे और जाएँगे भी कहाँ? जैसे पुण्यात्मा स्वर्ग के अलावा कहीं नहीं जा सकता, वैसे ही ये भी स्वर्ग के अलावा कहीं और नहीं जा सकते। आप ही बताइए मक्खी ने आखिर कौन सा पाप किया होता है? यह गन्दगी पर जरूर बैठती है मगर वहाँ न बैठे तो फिर जिन्दा कैसे रहे? और रोगों को मनुष्यों में फैलाना उसका उद्देश्य नहीं होता। यह काम तो उसके अज्ञान की वजह से होता है हालाँकि उसे अज्ञान भी नहीं कह सकते क्योंकि उसे ज्ञान-अज्ञान का कुछ पता नहीं होता। यही बात मच्छरों पर भी लागू होती है। यही बात शेर-भालुओं पर भी लागू होती है। वे शिकार न करें तो जिन्दा कैसे रहें? और जिन्दगी उन्हें इसीलिए तो मिली है कि वे जिन्दा रहें। मरने के लिए तो जिन्दगी नहीं मिलती? तो ये सब पाप-पुण्य की भावना से रहित होकर मात्र उतना करते हैं जिससे कि इनका पेट भरे। आदमी की तरह बुद्धिमान होते

हुए भी ये सब हड़प लेना नहीं चाहते इसलिए ये सब तो निश्चय ही स्वर्ग जाते होंगे, इसी वजह से मैं नरक में ही अच्छा, वहाँ जो होंगे, आदमी ही होंगे। और आदमियों से निपटने का मुझे बहुत अभ्यास है। आप तो कृपा करो और मुझे नरक ही ले चलो।'

इसके बाद यमराजजी क्या कहेंगे? चल भई चल! तू सोचना ही नहीं चाहता तो वहीं चल। मेरे बाप का या पापा का या यहाँ तक कि ताऊ का भी क्या जाता है? और सच मानिए अगर मैं नरक गया तो पृथ्वी से ज्यादा सुखी रहूँगा। आपमें से जो भी मेरे मरने के बाद वहाँ आओगे, मेरी बात को सत्य पाओगे।

(21 नवम्बर, 2009)

विचार कर लो भई!

मैंने पढ़ा कि दिल्ली की शीला दीक्षित सरकार जमीन–मकान की जाली रजिस्ट्री रोकने तथा प्रॉपर्टी पर अवैध कब्जे को रोकने के लिए एक कानून बनाने जा रही है जिसके मसौदे पर विधिवेत्ता, वास्तुशिल्पी, प्रोफेशनल लोग, रेजिडेंट्स वेलफेयर एसोसिएशन के पदाधिकारी तथा और भी मार तमाम लोग दो दिन तक लगातार गहन विचार–विमर्श करनेवाले हैं। प्रस्ताव है कि हर प्रॉपर्टी को एक नम्बर मिलेगा और ये होगा और वो होगा। और वो भी जरूर होगा। और वो तो होगा ही, ये तो मानकर ही चलना चाहिए। आप जानते हो कि कोई भी सरकार जब ख्वाब दिखाना शुरू करती है तो तन–मन और धन सब जनता को अर्पण कर देती है। किसी किस्म की कोई कंजूसी नहीं करती। यहाँ तक कि मुसीबत के मारे सोचने लग जाते हैं कि अब तक तो नहीं आया था राम–राज लेकिन इस बार तो राम कसम जरूर आ के रहेगा! अब बदमाश बचकर नहीं जा सकेंगे। तमाम फर्जीवाड़ा रुक जाएगा। रिश्वत का लेना–देना बन्द हो जाएगा। फटाफट काम हो जाएगा। कम्प्यूटर पर क्लिक किया और सारा काम दन्न से हो जाएगा। राजीव गांधी की इक्कीसवीं सदी—जो आनेवाली थी—मान जो अभी तक नहीं आई है तो अब आकर ही रहेगी।

आप तो मुझसे ज्यादा समझदार हो बल्कि आपकी समझदारी का मामूली सा अंश मुझमें भी आ गया है इसलिए आप भी जानते हो और मैं भी जानता हूँ कि असल में होगा क्या! हाँ, कानून बन जाएगा, बड़ा भारी ऑफिस भी बन जाएगा, कम्प्यूटर भी लग जाएँगे, हर प्रॉपर्टी का एक नम्बर भी मिल जाएगा। ये सब काम आज नहीं तो कल और कल नहीं तो परसों और परसों भी नहीं हुए तो अगले पाँच साल में तो हो ही जाएँगे। वैसे नहीं भी हों तो मुझे दोष मत देना कि भाई साहब आप तो कहते थे कि यह सब पाँच साल में तो जरूर हो ही जाएगा मगर हुआ तो नहीं!

लेकिन चलिए, इतना निराशावादी होना भी ठीक नहीं है। कभी–न–कभी कानून तो बन ही जाएगा और बन गया तो लागू भी हो जाएगा। इसलिए मैं स्वयं भी इस पक्ष में हूँ कि ऐसा कानून बनाने के लिए खूब विचार–विमर्श होना चाहिए। दो दिन तक क्या, दस दिन तक भी हो तो मुजायका नहीं। अरे, इस देश में कुछ तो हो! कुछ तो होना चाहिए, विचार ही सही! विचार करने से मनुष्य का कुछ फायदा तो जरूर होता है। अब जैसे मधु कोड़ा जी ने 4000 करोड़ रुपये बना लिए। हम जैसे लोग तो इस पर विचार करने योग्य ही छोड़े गए हैं तो हम आजकल विचार कर रहे हैं इस पर। इससे हमारी विचार–शक्ति में अभिवृद्धि तो निश्चित रूप से हो रही है! न कोड़ा जी इतना बड़ा घपला करते, न हमें भ्रष्टाचार पर विचार

करने का इतना अमूल्य और सुनहरा अवसर मिलता, न हमारी विचार-शक्ति में इतना इजाफा होता! जबकि अन्त में होना तो वही है जो राम रचि राखा। इसी तरह दिल्ली में विचार-विमर्श होने से इतना फर्क जरूर पड़ेगा कि एक अदद कानून बन जाएगा, शायद एक नया दफ्तर भी बन जाएगा। 100-200-400 लोगों को शायद नौकरियाँ भी मिल जाएँगी मगर ये जो फर्जीवाड़ा करनेवाले मार तमाम 'कलाकार' हैं, प्रॉपर्टी डीलर इत्यादि हैं, आप क्या सोचते हो कि ये तब साधु पुरुष बन जाएँगे ? जो आई.पी.एस. पुलिस अधिकारी किसी अमीर निस्सन्तान बूढ़ी महिला के 'दत्तक पुत्र' बनने की योग्यता रखते हैं, क्या वे अचानक मैदान छोड़कर भाग जाएँगे और प्रॉपर्टी पर कब्जा करना छोड़ देंगे ? ये पुलिस बदल जाएगी ? ये दिल्ली विकास प्राधिकरण बदल जाएगा ? ये नगर निगम बदल जाएगा ? यानी क्या ये दिल्ली, दिल्ली नहीं रहेगी ? रहेगी। रहनी भी चाहिए। इस शहर का अपना एक इतिहास है, खास शख्सियत है। वह शख्सियत कड़ी मेहनत से बनाई गई है और वह बनी रहनी चाहिए। और आखिर दिल्ली भी तो इस देश में ही है। देश की राजधानी है। मान लो वही बदल गई तो फिर बचेगा क्या ? अंडा ?

(20 नवम्बर, 2009)

मैनेजमेंट गुरु राम

इसे निश्चित रूप से आडवाणीजी की 'महानता' मानना चाहिए कि रामजी ने भले ही उन्हें छोड़ दिया हो मगर उन्होंने रामजी को अब भी पकड़ रखा है वरना तो आजकल के जमाने में काम निकलते ही आदमी तो आदमी, लोग भगवान को भी दूध में मक्खी की तरह निकाल बाहर फेंकते हैं। रिजल्ट आते ही छात्र और चुनाव होते ही नेता सबसे पहले अगर किसी को भूलते हैं तो उसका नाम भगवान है लेकिन आडवाणीजी ऐसे नहीं हैं। उन्होंने इसी हप-हफ्ते खुलकर कहा है कि 'रामजी का मेरे जीवन में विशेष स्थान है।' अगर न होता तो बताइए कोई लेखक भगवान राम को 'मैनेजमेंट गुरु' बताने की हिमाकत करता और आडवाणीजी उसकी पुस्तक का विमोचन करने झटपट पहुँच जाते। कभी नहीं। लेकिन जब किसी का आपके जीवन में 'विशेष स्थान' हो तो फिर आप नहीं देखते कि उसे क्या बताया जा रहा है। आप तो बस नाम सुनते हैं और पहुँच जाते हैं। इसी बहाने राम नाम का स्मरण हो जाता है। किया होगा कभी इसी राम का मन्दिर 'वहीं' बनाने का उन्होंने प्रण, निकाली होगी कभी खूनी-रथयात्रा मगर आज रामजी को 'मैनेजमेंट गुरु' बताओगे तो भी आडवाणीजी को चलेगा बल्कि दौड़ेगा।

इस जमाने में कोई 'महान' मिला नहीं कि हमारे लोगों ने उसे पकड़कर झट से मैनेजमेंट गुरु बनाया नहीं। जैसे दीमक लकड़ी हो या कागज, चट करने के लिए ढूँढ़ती रहती है उसी तरह आजकल प्रोफेशनल लेखकों को जो भी बड़ा नाम पहले मिले, उसे केसरिया बाना पहनकर 'मैनेजमेंट गुरु ' बनाने निकल पड़ते हैं। एक-दो बरस पहले महात्मा गांधी का 'आविष्कार' 'मैनेजमेंट गुरु' के रूप में किया गया था, अब रामजी भी उसी रूप में 'आविष्कृत' कर लिये गए हैं।

गांधीजी जहाँ भी होंगे, अपनी इस ताजा अवस्था पर आँसू बहा रहे होंगे, अब रामजी भी वही काम किया करेंगे। वाल्मीकि और तुलसीदास भी शायद अपने आराध्य की इस हालत पर रो रहे होंगे। ऐसी हालत में कौन किसको समझता होगा! यह चिन्ता मुझे सता रही है।

आजकल गांधीजी तक और गांधीजी से लेकर रामजी तक सभी 'मैनेजमेंट गुरु ' हो चुके हैं बल्कि हैं। प्राचीनकाल में ही क्या अर्वाचीन काल में भी 'मैनेजमेंट गुरुओं' की भीड़ लगी है। जालसाजी भी एक प्रकार का मैनेजमेंट ही है और चोरी भी व घोटाला भी! पकड़े गए तो भी क्या! बदनाम होंगे तो क्या नाम न होगा! और बदनाम तो आजकल बलात्कारी भी नहीं होते! हाँ, जिस लड़की या जिस औरत का बलात्कार होता है, वह

जरूर हो जाती है मगर इसी एक वजह से तो भारतीय संस्कृति की आज तक रक्षा होती आई है।

वैसे लेखक महोदय आपको क्या ऐसा नहीं लगता कि आपने रामजी को 'मैनेजमेंट गुरु' बनाने में तनिक देरी कर दी है। आजकल गली–गली और मोहल्ले–मोहल्ले में तो एम.बी.ए. पैदा हो रहे हैं और जो हो चुके हैं, वे दस–दस हजार की नौकरी के लिए इन दिनों मारे–मारे फिर रहे हैं। ऐसी स्थिति में स्वयं रामजी भी 'मैनेजमेंट गुरु' बनकर क्या करेंगे! कहीं ऐसा न हो कि 'न खुदा ही मिला, न विसाले सनम' वाली स्थिति स्वयं रामजी की हो जाए! ईश्वर से प्रार्थना करनी चाहिए कि ऐसा उनके साथ न हो। रामजी भगवान तो कम–से–कम बने ही रहें!

(5 दिसम्बर, 2009)

लुटेरे सभ्य हो चले हैं

हमारे एक अभिन्न हैं। साठ से ऊपर के हैं। उनका दावा है कि उन्होंने आज तक किसी अस्पताल का मुँह नहीं देखा है। मैंने कहा कि आपने अच्छा किया मगर मेरी जिज्ञासा यह है कि क्या कभी आपकी आत्मा आपको नहीं कचोटती कि आपने इस तरह प्राइवेट डॉक्टरों का कितना नुकसान किया है! बड़ी-बड़ी दवाई कम्पनियों का मुनाफा कितना कम किया है? और जो बेचारे आपकी प्रतीक्षा में देश के हर बड़े शहर में पाँच-सितारा अस्पताल खोलकर बैठे हैं, उनका तो एक तरह से आपने भट्ठा ही बैठा दिया है।

मैंने तो सोचा था कि वे मेरी बात सुनकर मुस्कुराएँगे लेकिन लगता है, उन्हें उस समय गम्भीरता का दौरा पड़ा था। उन्होंने गुस्से में कहा, 'तुम इन घटिया लोगों की, इन कफनखोरों की वकालत कर रहे हो, जो मरे हुए आदमी का भी ऑपरेशन करने के नाम पर लोगों को लूट लेते हैं, जो इलाज के बिल से अच्छे-भले आदमी का भी हार्टफेल करा देते हैं, उनकी तरफदारी कर रहे हो? मैं तो आज तक तुम्हें गरीबों का हमदर्द समझता था। आज तुम्हारा असली चेहरा मेरे सामने आया है। हट जाओ, मेरे सामने से वरना मैं तुम्हारा मर्डर कर दूँगा।'

लेकिन मैं हटा नहीं, अड़ा रहा तो उन्होंने मेरा मर्डर नहीं किया, उलटे वे ठंडे पड़ गए। मैंने कहा, 'महाराज, इतना गुस्सा करके भी आप स्वस्थ कैसे रह लेते हैं?' 'करता हूँ, इसीलिए स्वस्थ भी रहता हूँ। तुम्हारी तरह नहीं कि गुस्सा दबाकर पी लूँ। समझे?' मैंने कहा, 'आप मेरी बात का अर्थ नहीं समझे और उनके खिलाफ न जाने क्या-क्या बक दिया! वे सुन लेते तो आपका गला घोंट देते। आप सोचिए न, आजकल तो सारे देश में ही चारों तरफ लूटने की बहार आई हुई है। कभी लोग रामनाम लूटा करते होंगे, लेकिन आजकल वे आदमियों को लूटने लगे हैं। कुछ लुटेरे तो चवन्नी छाप होते हैं। वे अँधेरा होने का इन्तजार करते हैं, तब किसी औरत के गले की चेन छीन लेते हैं। कभी किसी को चाकू दिखाकर उसका पर्स छीन लेते हैं लेकिन सभ्य किस्म के लुटेरे बढ़िया कपड़े पहनते हैं। तुम-हमसे दिखने में ज्यादा सभ्य और अधिक विनयशील प्रतीत होते हैं। मोहक ढंग से मुस्कुराते हैं। वे एकदम मानवता की प्रतिमूर्ति नजर आते हैं, जब तक कि आप उनसे लुट-पिट नहीं जाते। तो ये बेचारे पाँच-सितारा अस्पताल वाले, इनके डॉक्टर, दवा कम्पनियों वाले भी इसी कल्चर का अभिन्न अंग हैं। इनसे कैसी नाराजगी?'

'तो क्या तुम चाहते हो इनकी खातिर मैं बीमार हो जाऊँ?' इस बार वे मुस्करा रहे थे तो मेरी हिम्मत बढ़ी, 'उचित तो यही है, वरना सभी आप जैसे बन गए, तो इन बेचारों के

पास सिवाय हाथ पर हाथ धरने के और चारा क्या रहेगा? आप ये तो सोचिए, ये बेचारे आपके सीने पर चाकू या पिस्तौल तानकर तो आपको नहीं लूटते? लूट के काम में सभ्यता का यह जो शानदार प्रवेश करवा रहे हैं, उसमें हमें–आपको भी अपना विनम्र योगदान देना चाहिए वरना हमारा देश चवन्नी छाप लुटेरों से कभी मुक्त नहीं हो पाएगा।'

उन्होंने कहा, 'वाकई तुम्हारी बात विचारणीय है। मुझे अब बीमार होने के बारे में गम्भीरतापूर्वक सोचना पड़ेगा,' यह कहते हुए भी वे मुस्करा रहे थे। इसका साफ मतलब है कि वे गम्भीर नहीं हैं लेकिन मैं इससे ज्यादा कर भी क्या सकता था!

(12 दिसम्बर, 2009)

मूँछों वाला पति

बहुत से बुजुर्गों का फिल्मी हीरो-हिरोइनों के बारे में ज्ञान अपने पोते-पोतियों से भी ज्यादा होता है। वैसे यह अलग बात है कि वे अपने इस ज्ञान का प्रदर्शन करते हुए अकसर शरमा जाते हैं और अज्ञानी बने रहने का अभिनय करते हैं ताकि उनके 'चरित्र' के बारे में किसी को सन्देह न हो। फिर भी आम बुजुर्गों का ज्ञान इस क्षेत्र में कम है, ऐसा भ्रमवश मानते हुए, मैं बता देना चाहता हूँ कि सोनम कपूर एक नई हिरोइन हैं जिनके पिता मशहूर फिल्म अभिनेता अनिल कपूर हैं। तो सोनम कपूरजी ने कहा बताते हैं कि उन्हें ऐसा पति चाहिए जिसकी मूँछें उनके पापा जैसी हों। न केवल मूँछें हों बल्कि उनका पति पिता जैसा स्मार्ट, इंटेलीजेंट, केयरिंग भी हो। संक्षेप में पति के रूप में भी उन्हें पिता जैसा ही कोई चाहिए।

बताते हैं कि उन्होंने इस बीच तीन फिल्मी हीरो से प्रेम किया है और तीनों ही दाढ़ी-मूँछ वाले हैं। फिर भी तीन में से दो को वे छोड़ चुकी हैं और तीसरे की बारी भी कब आ जाए, कुछ पता नहीं!

मुझे लगता है कि बेबी सोनम कपूर पापा जैसा पति चाहकर अपना रास्ता बहुत कठिन बना रही हैं। वैसे बेटियों की अकसर यह समस्या होती है कि उन्हें अपना पिता दुनिया का सबसे आदर्श पुरुष नजर आता है हालाँकि इस भ्रम से उबरने के बाद ही उनकी शादी हो पाती है। लेकिन सोनम मैडम ने अगर यह तय कर लिया है कि उन्हें तो पति अनिल कपूर टाइप ही चाहिए तो वह इस दुनिया में तो कभी मिलेगा नहीं। एक तो आजकल के 50 प्रतिशत लड़के भी मूँछें नहीं रखते और जो रखते भी हैं उनमें से ज्यादातर के आदर्श पुरुष अनिल कपूर नहीं हैं। वैसे भी कोई भला आदमी मूँछें इसलिए नहीं रखता कि वह फलाँ जैसा दिखे बल्कि वह तो अपनी तरह का दिखने के लिए मूँछें रखता है। तो एक जटिल समस्या तो यह है मैडम सोनम के सामने कि अनिल कपूर जैसी मूँछोंवाला पति उन्हें मुश्किल से मिलेगा। और मान लो मिल गया तो कोई जरूरी है कि वह मैडम को पसन्द आ जाए। हो सकता है, वह अनिल कपूर जितना गोरा न हो। हो सकता है कि वह गरीब हो या उतना अमीर न हो कि अनिल कपूर का दामाद बनने यानी एक फिल्मी हिरोइन के नाज-नखरे सहने की कुव्वत रखता हो। और अमीर हो तो भी जरूरी नहीं कि वह फिल्मी हीरो हो और मुम्बई में रहता हो! और मान लो कद-काठी, रूप-रंग, पद-पैसे सबमें अनिल कपूर जैसा हो तो भी जरूरी नहीं कि वह मैडम को उतना ही 'स्मार्ट' लगे, जितने कि स्वयं उनके पिता हैं। और मान लो वह 'स्मार्ट' हो मगर जरूरी नहीं कि उतना 'इंटेलीजेंट' भी हो। और

मान लो मूँछें भी हों, स्मार्टनेस भी हो तथा इंटेलीजेंस भी हो तो भी सम्भव है कि वह 'केयरिंग' न हो! वैसे भी कोई पुरुष वास्तव में कितना 'केयरिंग' है इसका सही अंदाजा तो पत्नियों को ज्यादा होता है, बेटियों को नहीं।

इसलिए अगर सोनम कपूर मुझसे पूछें (और मैं हूँ क्या जो वे मुझसे पूछेंगी?) तो मैं कहूँगा कि पति के रूप में भी पिता की खोज वे कृपया बन्द कर दें वरना आप जीवन में कष्ट ही कष्ट पाएँगी क्योंकि उनके 'पापा' जैसा तो इस पृथ्वी पर कोई उन्हें मिलेगा नहीं, हाँ अन्तरिक्ष में कहीं हो तो कह नहीं सकते! इस धरती पर तो अनिल कपूर से लाख दर्जा अच्छा भी कोई लड़का होता तो वह भी कभी उन्हें अपने 'पापा' जैसा नहीं लगेगा। तो मैडम पति को आप पति ही रहने दो और पिता को पिता। दोनों में घपला न करो।

(19 दिसम्बर, 2009)

वाह गडकरी साहब, वाह!

मैं तो जी नितिन गडकरी साहब का एकदम से मुरीद हो गया। (सोचा था कि जीवन में कभी किसी भाजपाई का मुरीद तो नहीं बनूँगा मगर बन गया। भई, क्या बात कही है आपने, क्या कहने! इसके बाद कोई आपका मुरीद न बने तो समझो वह मनुष्य नहीं, कीड़ा है! आपने तो भाजपा अध्यक्ष बनते ही चाटुकारों की वाट लगा दी। साफ-साफ कह दिया कि भाजपा में चाटुकारों को नहीं मिलेगा महत्त्व। यह सुनकर चाटुकरों की क्या हालत हुई होगी, मैं तो सिर्फ इसका अनुमान लगा सकता हूँ। बरसों से जिस पार्टी की तन-मन से 'सेवा' करके ये चाटुकार धन प्राप्त कर रहे हैं, उसका ही अध्यक्ष यह साफ-साफ कह दे कि चाटुकारों की आज से एंट्री बन्द तो आप सोच लीजिए कि उन गरीबों की दशा क्या हुई होगी! एक बार तो उन सबने सोचा होगा कि यार, इससे तो बेहतर है कि आत्महत्या कर लें। अब आखिरी वक्त में क्या मुसलमाँ होंगे यानी अब किसी और पार्टी में जाकर क्या चाटुकारिता करेंगे! फिर ठंडे दिमाग से सोचा होगा कि यार आत्महत्या करने की क्या जरूरत, अपन क्या विदर्भ के किसान हैं? अब ठीक है कि राजनाथ सिंह आजकल शंटिंग में हैं मगर हैं तो? क्या पता किस दिन फिर से वे पटरी पर आ जाएँ और छुक-छुक, छुक-छुक करने लगें। थोड़े दिन और उनकी चमचागिरी करके देखते हैं। प्रयोग है, सफल हो गया तो वल्ले-वल्ले वरना थल्ले-थल्ले। फिर किसी और को पकड़ेंगे। और भाजपा में क्या एक अकेला अरे वो क्या नाम है उसका—नितिन गडकरी ही है? बाकी मर गए हैं क्या? आडवाणीजी तो अभी हैं ही और पहले से बेहतर हालत में नहीं हैं तो बदतर हालत में भी नहीं हैं। फिर उनके अपने अरुण जेटली और सुषमा स्वराज भी तो हैं। कुछ पुराने भाजपाई भी फिर से पार्टी में लौट रहे हैं, ऐसी खबर है। तो किसी तरह, कहीं-न-कहीं गुजारा चल ही जाएगा! और भई सच तो ये है कि आज तक किस नेता का काम बिना चमचों के चला है जो गडकरी साहब का चल जाएगा? बिना चमचा हुए और बिना चमचा बनाए कोई नीची से इतनी ऊँची पोस्ट पर आज तक पहुँचा है कभी? गडकरी साहब को दरअसल अपने पुराने चमचे चाहिए होंगे यहाँ भी, पर गडकरी साहब ये दिल्ली है, यहाँ विदर्भ और मुम्बई के चमचे ज्यादा जमेंगे नहीं। अखिल भारतीय पार्टी के आप अध्यक्ष हो तो आपको चमचे भी अखिल भारतीय किस्म के चाहिए होंगे। यहाँ क्षेत्रीयतावाद काम नहीं आएगा और हम जब पहले से अखिल भारतीय चमचा सेवा आयोग द्वारा चयनित लोग यहाँ मौजूद हैं, जिन्हें अपनी जिम्मेदारियों का पूरा अहसास है तो फिर हमारी जगह दूसरों का क्यों देंगे? ठीक है, कुछ अपने चमचे भी आप ले आना। उनको भी हम 'एडजस्ट' कर लेंगे मगर ये नहीं चलेगा

कि सारा माल नागपुर या मुम्बई से यहाँ 'सप्लाई' होगा। ऐसा हुआ तो हम विद्रोह कर देंगे और आपको पता भी नहीं चलेगा कि सब कुछ जल गया मगर विद्रोह की चिनगारी आखिर भड़की कहाँ से थी?

तो ये तो गडकरी साहब, मैंने चमचों की 'थिंकिंग' बताई। मेरी अपनी 'थिंकिंग' ये है कि भैया, ये तो थानेदार वाली बात हो गई कि थाना सँभाला नहीं और घोषणा कर दी कि चोरों–लुटेरों को बख्शा नहीं जाएगा। अब आप ही बताओ नया थानेदार पुराने चोरों–लुटेरों को बख्शेगा नहीं तो थाने खरीदने में उसने जो जबर्दस्त 'निवेश' किया है, पाँच सौ प्रतिशत ब्याज के साथ वह वसूल कैसे करेगा? आप समझे मेरी बात? समझे तो होंगे ही। ऐसे ही थोड़े आर.एस.एस. ने आपको भाजपा अध्यक्ष बनवा दिया।

(26 दिसम्बर, 2009)

2010 को आना है, आए

देखिए, बात साफ है। 31 दिसम्बर की रात 12 बजे 2009 को विदा होना है और 2010 को आना है। 2009 चाहे लाख रुकना चाहे पर उसको तो जाना ही पड़ेगा। उसको विदा करो तो वह जाएगा और विदा न करो तो भी वह जाएगा। और आप जानते हो, इस दुनिया में आनेवाले का स्वागत तो होता है मगर जानेवाले की विदाई नहीं होती। कभी आपने सुना कि लोगों ने जाते हुए वर्ष को विदाई दी, जबकि जब वह आया था तो उसका स्वागत जमकर सबने किया था। फिर भी उसे तो जाना ही है और वह जाएगा ही। यही स्थिति 2010 की है। उसकी स्वागत करो तो भी वह आएगा और स्वागत नहीं करो तो भी वह आएगा। यहाँ तक कि निरादर करो तो भी वह आएगा। आना बेचारे की मजबूरी है। तो जब वह आने को मजबूर ही है तो काम उसके स्वागत में दारू पी के नशा करने का, नाचने का, गाने का, पटाखे फोड़ने का ? तो अपन कुछ नहीं करेंगे। जैसे रोज सोते हैं, वैसे ही सोएँगे। जैसे रोज खर्राटे भरते हैं, वैसे ही भरेंगे। इसके सिवाय अपन कुछ नहीं करेंगे। टी.वी. तक नहीं खोलेंगे। जिसको नाचना-गाना हो, नाचे-गाए। किसी ने पटाखे फोड़े तो भी अपन नहीं जागेंगे।

जो नए साल का स्वागत करेंगे, उनको अपन बेवकूफ नहीं कहते क्योंकि इस बात का पूरा खतरा है कि वे भी अपन को बेवकूफ बता दें, जो मैं वैसे हूँ तो, मगर चाहता नहीं किकोई मेरे मुँह पर मुझे कहे। पर है तो ये बेवकूफी वाली बात कि फालतू में ही जश्न मना रहे हैं। अरे, तुमने जिन्दगी में कभी किसी मजबूर आदमी का स्वागत किया ? नहीं किया। कर ही नहीं सकते। तुम्हारे संस्कार में ही नहीं है। इसकी तरह मेरे संस्कार में भी नहीं है। तो मैं क्यों स्वागत करूँ 2010 का ? नहीं करूँगा तो क्या मेरा कुछ बिगड़ जाएगा और करूँगा तो क्या सुधर जाएगा ? नहीं न, तो काय को खाली-पीली उसका स्वागत करने का और अगले दिन देर में उठने का ? फिर दो चार दिन बाम मारने का कि हमने खूब दारू पीया। फोकट का तो नहीं था, मेहनत के पैसे का था पर 2010 आया था तो अपन ने खूब पीया। पी-पी के अक्खी बोतल अकेले ने खाली कर दी। इतना नाचा, इतना नाचा कि कमर का कचूमर निकल गया और ऊपर से वजन तीन किलो कम हो गया। इतना गाया, इतना गाया और वह भी मोहम्मद रफी की आवाज में कि बेचारे मोहम्मद रफी को भी जन्नत में अपने आप पर शक होने लगा होगा कि क्या मैं धरती पर इतना बुरा गाके यहाँ चला आया था ? फिर खुदा ने इसके लिए मुझे माफ कैसे कर दिया ? तो लुब्बेलुबाब ये है कि अपन कुछ नहीं करेंगे। 2010 को आना है तो आए वरना उधर ही बैठा रहे मजे

से। अपन ने ठेका नहीं लिया है उसे लाने का। वैसे भी ठेकेदारी अपने को फलती नहीं। जब भी ठेकेदारी की, घाटा उठाया। अपन तो 2009 में भी रह लेंगे। 2009 में अब तक रह ही रहे हैं तो और रह लेंगे। 2010 में ही अपने को कौन से लड्डू मिल जानेवाले हैं और मिल गए तो क्या, खा लेंगे। अपना कौन सा पेट खराब है या अपन को कौन सी डायबिटीज है ? हाँ, ये जरूर है कि अपन भले ही 31 दिसम्बर की रात कुछ नहीं करेंगे पर ऐसा भी नहीं है कि कोई कुछ करेगा तो उसका विरोध करेंगे और कोई नहीं करेगा तो उससे जाके कहेंगे कि भैया-बहना, आप तो 2010 के स्वागत में कुछ करो। तो अपन ने तो अपनी बात साफ बता दी। जिसे सुनना हो सुने और नहीं सुनना हो तो नहीं सुने और अपन ने आज तक किसी को भाड़ में जाने से नहीं रोका है तो अब क्यों रोकेंगे ? जाओ भाई, प्रेम से जाओ। पर अपन से आकर कहना मत कि भाई साहब, आपने हमें भाड़ में जाने से भी नहीं रोका, कैसे हो आप हमारे भाई !

(31 दिसम्बर, 2009)

बॉस की पूजा

एक सज्जन सड़क पर मुझसे टकरा गए। टकराते ही उन्होंने मुझसे पूछा, 'क्यों भाई साहब, आप सच-सच बतलाना, क्या मैं उल्लू लगता हूँ?' मैंने नीचे से ऊपर तक और ऊपर से नीचे तक उनका निरीक्षण-परीक्षण किया, फिर कहा, 'कम-से-कम उल्लू तो आप नहीं लगते। आप हैं या नहीं, यह मुझे नहीं मालूम।' उन्होंने मेरी बात का उत्तरार्द्ध जैसे सुना नहीं। 'तो क्या मैं गधा लगता हूँ?' इस बार उनका निरीक्षण-परीक्षण किए बगैर मैंने आत्मविश्वासपूर्वक झूठ कहा, 'नहीं, आप गधे भी नहीं लगते।' 'तो क्या मैं सूअर लगता हूँ?' जिसे उल्लू और गधा मानने से मैंने साफ इनकार किया हो उसे मैं सूअर कैसे मान सकता था? तो मैंने कहा, 'नहीं, आप सूअर भी हंड्रेड परसेंट नहीं लगते।' 'तो मैं क्या लगता हूँ?' मान लीजिए उनका नाम चुन्नी लाल है तो मैंने उनसे कहा, 'आप सिर्फ चुन्नी लाल लगते हैं। इसके बाद भी उन्हें खुद पर विश्वास नहीं हुआ। तो पूछने लगे, 'तो क्या चुन्नी लाल उल्लू, गधा, सूअर नहीं हो सकता?' मैंने जवाब दिया, 'होने को तो आदमी कुछ भी हो सकता है। आदमी अत्यन्त सम्भावनाशील प्राणी है लेकिन जहाँ तक आपका सवाल है इनमें से एक भी होने की सम्भावना, क्षमा करें, मुझे तो फिलहाल आपमें दीख नहीं रही।' 'अच्छा!' यह कहते हुए वे बहुत हताश नजर आए। इतने हताश वे लगे कि मुझे लगा कि कहीं मैंने इन्हें गलत जवाब तो नहीं दे दिया? क्या इन्हें मुझे उल्लू, गधा या सूअर में से कुछ बता देना चाहिए था? फिर भी मैंने बात को पलटते हुए कहा, 'क्या आपसे किसी ने कहा कि आप उल्लू, गधे या सूअर हैं?'

तो उन्होंने कहा कि 'नहीं कहा।' लेकिन मैंने फिर भी जोर दिया कि अगर किसी ने कहा हो तो मुझे साफ-साफ बता दीजिए। कहनेवाला अगर कमजोर हुआ तो उसे दो-चार झापड़ रसीद कर दूँगा। अगर वह ताकतवर हुआ तो उसे निवेदन करूँगा कि भाई साहब आइन्दा आप ऐसी भाषा का इस्तेमाल न करें। इससे लोगों की भावनाएँ आहत होती हैं। वह मान लेगा तो उसे धन्यवाद दे दूँगा और नहीं मानेगा और कहेगा कि जा मैं तो यही कहूँगा, तुझसे जो बन पड़े कर ले, तो फिर मैं चुपचाप वापस चला आऊँगा।

पहले तो उन्होंने जोर देकर कहा कि वाकई किसी ने ऐसा नहीं कहा। खुद ही उनके भीतर ऐसे प्रश्न ने जन्म लिया लेकिन जब मैंने कहा कि ऐसे प्रश्न स्वतः आदमी के अन्दर जन्म नहीं लिया करते तो उन्होंने स्वीकार किया कि दरअसल ऐसा उनके बॉस ने

उनसे कहा। तो मैंने राहत की साँस लेते हुए कहा, 'फिर तो कोई बात ही नहीं। यह उसका जन्मसिद्ध अधिकार है। आप जरा सोचिए कि उसने आपको नौकरी से निकालने के बजाय सिर्फ इतना कहकर ही अपना क्रोध शांत कर लिया। ऐसे बॉस की तो आपको वाकई पूजा करनी चाहिए।' वह सहमत हुए। वह पास की दुकान पर बॉस की पूजा हेतु सामग्री खरीदने चले गए।

(10 अप्रैल, 2010)

नक्सलवाद के शमन के लिए यज्ञ

मुझे नहीं लगता कि आतंकवाद और नक्सलवाद की समस्या का हल होने में अब ज्यादा वक्त लगेगा। आप और हम आनेवाले कुछ दिनों में चकित होकर देखेंगे कि एक सुहानी सुबह ये दोनों समस्याएँ यकायक हल हो गई हैं। देश खुशी से झूम उठा है।

आप पूछेंगे कि अबे व्यंग्यकार के बच्चे, तू बताएगा कि नहीं कि आखिर ऐसा होगा कैसे? तो बताता हूँ मेहरबान, कदरदान। हुआ यह है कि हरिद्वार के कुंभ में नक्सलवाद और आतंकवाद के शमन के लिए एक यज्ञ किया गया, जिसमें अत्यन्त श्रद्धाभाव से गोवा के मुख्यमंत्री दिगम्बर कामत सपटनीक शामिल हुए। यज्ञ से वर्षा हो जाती है, विश्वशान्ति हो जाती है, दुश्मनों का नाश हो जाता है, मुख्यमंत्री और प्रधानमंत्री पद बैठे-बिठाए मिल जाते हैं तो आप ही बताइए यज्ञ से नक्सलवाद और आतंकवाद का एक साथ शमन क्यों नहीं हो सकता? होगा और जरूर होगा। अभी-अभी यज्ञ हुआ है। इसका असर होते-होते एक-दो हफ्ते तो लगेंगे ही। महीना भर भी लग सकता है लेकिन इससे ज्यादा नहीं लगेगा। और मैं जितना तस्वीर देखकर जान सका हूँ माननीय मुख्यमंत्री जी ने यह काम भी बेहद श्रद्धाभाव से किया है। उनके चेहरे को देखकर नहीं लगा कि कोई औपचारिकता वह निभा रहे हैं। ऐसा नहीं लगा कि मुख्यमंत्री जी मन-ही-मन हँस रहे हैं कि अरे, यज्ञ-वज्ञ से क्या होना-हवाना है! अगर ऐसा हो जाता तो हमें मुख्यमंत्री कौन बनाता, फिर तो पुरोहितों-पंडितों को बनाता! वे यही कराते रहते, समस्याएँ हल होती रहतीं।

तो इतने श्रद्धाभाव से कामत जी ने यज्ञ किया है तो ईश्वर जरूर उनकी सुनेगा और तुरन्त इन दोनों समस्याओं का समाधान कर देगा। यह अलग बात है कि कामतजी गोवा की समस्याओं का समाधान नहीं कर पा रहे हैं, पर्यटक महिलाओं के साथ बलात्कारों के कारण उनकी राज्य ही नहीं बल्कि पूरे विश्व में बदनामी हो रही है, फिर भी अगर राष्ट्र के समक्ष प्रस्तुत इतनी गम्भीर दो समस्याओं का समाधान वे यज्ञ के जरिए पेश कर देते हैं तो लोग भूल जाएँगे गोवा में उनकी नाकामयाबियाँ। सारा देश उनके गीत गाने लगेगा। ये चिदम्बरम, ये मनमोहन सिंह, ये सोनिया गांधी सबका कद उनके सामने बौना हो जाएगा। उधर आतंकवादी तथा नक्सलवादी भी समझ नहीं पाएँगे कि अचानक उनका हृदय-परिवर्तन कैसे हो गया? बिना सेना, बिना अर्द्धसैनिक बलों के प्रयोग के, बिना बातचीत के, बिना किसी दबाव के अचानक वे अहिंसावादी कैसे हो गए! क्या किसी ने काला जादू कर दिया उन पर? उनकी समझ में बड़ी मुश्किल से आएगा कि यह हरिद्वार

में हुए यज्ञ का कमाल है क्योंकि उनमें इतनी ही अकल होती कि यज्ञ से बड़ी-बड़ी समस्याओं का समाधान चुटकियों में हो जाता है तो वे काहे इतना बखेड़ा करते! और इतनी ही अकल हमारे देश के तमाम नेताओं में शुरू से होती तो क्यों महात्मा गांधी, इन्दिरा गांधी और राजीव गांधी जैसे नेताओं को इस देश के लिए जान देनी पड़ती? खैर देर आयद, दुरुस्त आयद। बस सुनहरे दिन का इन्तजार कीजिए। वैसे इन्तजार में जो मजा है, कहते हैं, वह पाने में नहीं, इसलिए बेहतर है कि आप-हम सिर्फ और सिर्फ इन्तजार करें!

(17 अप्रैल, 2010)

हँसो, नेता हँसो

भोपाल में अभी 'जन आक्रोश किसान रैली' हुई। हम कमअक्ल शुरू से रहे हैं इसलिए हमें समझ में नहीं आया कि यह आखिर है क्या ? यह जन आक्रोश रैली है या यह किसान रैली है या यह जनता और किसान के आक्रोश की मिलीजुली रैली है या कुछ और है! बहरहाल, इतना तय है कि ये रैली थी। हमारे बड़े-बूढ़ों ने बचपन में ही हमें सिखा दिया था कि बेटा, जो बात समझ में न आए उसमें फालतू में दिमाग मत खपाना। जितना समझ में आए, उतना समझ लेना और आगे बढ़ जाना वरना जहाँ के तहाँ पड़े रहोगे और दुनिया तुमसे बहुत आगे बढ़ जाएगी। तो हमने उनकी दी इसी सीख को तभी से गाँठ बाँध लिया है। लेकिन अक्ल कम हो तो कई समस्याएँ सामने आती हैं। हुआ क्या कि हमने इस रैली की एक तस्वीर भी एक अखबार में देख ली। उसमें देखा कि ज्योतिरादित्य सिन्धिया समेत तमाम नेता आक्रोश रैली के मंच पर खूब हँसी-ठट्ठा कर रहे हैं। पहले तो हमने सोचा कि क्यों फालतू में सोचना-विचारना, अरे नेता हैं तो क्या हँसी-ठट्ठा नहीं करेंगे, तुम करोगे ? जनता करेगी ? नेताओं को तो हर हाल में हँसना चाहिए, मुस्कुराना चाहिए, हा-हा, ही-ही, हू-हू, हे-हे करना चाहिए क्योंकि उनके पास खोने के लिए कुछ नहीं है और पाने के लिए सब कुछ है। फिर हमने सोचा-क्या करें क्योंकि आदत से लाचार हैं--कि नेताओं को क्या इतना समझ में नहीं आता कि मंच के नीचे, पीछे जो भी वे करें मगर मंच पर खुलेआम आक्रोश रैली में हँसी-ठट्ठा न करें! आक्रोश रैली में आए हैं तो कम-से-कम ऐसा तो लगे कि ये मजे करने नहीं बल्कि जनता की तकलीफ में शामिल होने आए हैं वरना जनता समझेगी कि इन्हें क्या लेना--देना हमसे, हमारी तकलीफों से, हमारे आक्रोश से, ये तो फालतू का नाटक करने आए हैं, हालाँकि यह बात भी सही है कि जनता अब काफी समझदार हो चुकी है और ये नेता चेहरा कैसा भी बनाएँ, इनके दिलों के असली भावों को वो अच्छी तरह समझती है।

हमने 'आक्रोश रैली' में हँसते हुए नेताओं का यह फोटो देखा था तो हमने समझा था कि बड़ा तीर मार लिया है, एक बड़ी विसंगति पर हमने उँगली रख दी है, हालाँकि हमने क्या रखी थी, रखी तो उस फोटोग्राफर ने थी, जो पट्ठा इन्तजार कर रहा होगा इनके हँसी-ठट्ठा करने का यानी इनकी पोल खोलने का। फिर हमें लगा कि भैये विष्णु नागर, तुम भी तो यार कुछ ज्यादा ही कर रहे हो! अरे, दो-तीन घंटे गरमी में नेता मंच पर बैठे हैं तो क्या चेहरा ऐसा बनाएँगे कि लगे कि इनसे ज्यादा गमजदा इस देश में, प्रदेश में कोई नहीं है ? वे शोकसभा में आए हैं क्या, जो जबर्दस्ती मुँह लटकाए रहेंगे। हाँ, उन्होंने जब

भाषण दिया होगा तो उसमें आँकड़ों की नमक-मिर्च लगाकर खूब आग उगली होगी वरना असल में नेताओं को क्या पता कि जन आक्रोश क्या होता है, महँगाई क्या होती है, गरीबी क्या होती है, बेरोजगारी क्या होती है! उन्हें तो इनके सिर्फ आँकड़े पता होते हैं जो अखबारों में छपे होते हैं। उन्हें कभी इनका पता भी रहा होता है तो वे भूल चुके होते हैं। वैसे भी अच्छा नेता वही होता है, जो ऐसे दिखाता है कि वह जन्म से ही करोड़ों-अरबों में खेलता रहा है। तो नेताओ, आप कांग्रेस के हो या बी.जे.पी. के या किसी और पार्टी के, आप हँसो, खूब हँसो और हँसते चले जाओ। हँसो क्योंकि जनता तुम्हारे नाम को रोती रहती है। हँसो, मगर इतनी सावधानी बरतना कि कहीं हँसते-हँसते, आईपीएल जैसे गड्ढे में फँस न जाओ!

(24 अप्रैल, 2010)

पिछड़ा क्षेत्र और मर्सीडीस कार

अपने राष्ट्र में आप जानते हैं कि एक महाराष्ट्र भी होता है। और महाराष्ट्र में एक इलाका होता है जिसे मराठवाड़ा कहते हैं और यह मराठवाड़ा अपनी गरीबी, पानी की बेहद कमी तथा औद्योगिक पिछड़ेपन के लिए 'मशहूर' है। इसी 'सुविख्यात' क्षेत्र में एक जिला होता है जिसे कहते हैं—औरंगाबाद, जहाँ के उद्योगपति, निर्यातक, मीडिया-पुरुष, डॉक्टर, वकील, प्रॉपर्टी डीलर आदि सब करोड़पति-अरबपति हैं और इसमें आश्चर्य भी क्या! देश का, राज्य का, क्षेत्र का विकास न होना अलग चीज है और व्यक्ति की दौलत का 'विकास' होना बिलकुल ही अलग चीज है। अब देखिए, देश हमारा भले ही गरीब है मगर दुनिया के सबसे बड़े कुछ अमीर हमारे देश में ही हैं न! यहाँ तक कि औरंगाबाद की पत्र-पत्रिकाओं-टी.वी. में काम करनेवाले पत्रकार तक बहुत पैसे वाले हो चुके हैं। इतने ज्यादा पैसे वाले लोग हैं औरंगाबाद में कि 115 लोगों ने एक साथ वहाँ कार बुक कराई है। सस्ती सी नहीं बल्कि मर्सीडीज बैंज। इसकी सबसे 'सस्ती' कार 25 लाख की होती है और सबसे महँगी 99 लाख की। तो इस पिछड़े क्षेत्र के इन अग्रणी लोगों ने 'औरंगाबाद क्लब' बनाया और फिर उस क्लब के लोगों ने मर्सीडीज के एक साथ ऑर्डर दिए। कहते हैं कि देश में शायद ही ऐसा कोई शहर होगा, जहाँ कभी 115 मर्सीडीज एक साथ बुक करवाई गई हों। इसका श्रेय सिर्फ औरंगाबाद को जाता है। अब आप कैसे कहोगे कि मराठवाड़ा पिछड़ा है, वहाँ गरीबी है, पीने का पानी नहीं है, औद्योगिक विकास वहाँ नहीं हुआ है। कहोगे तो आप पागल या बेवकूफ ही माने जाओगे, प्रगति-विरोधी, उदारीकरण-विरोधी ही माने जाओगे और नक्सल भी मान लिये जाओ तो कोई आश्चर्य नहीं!

मर्सीडीज कम्पनी वाले तक चकित हैं कि यहाँ से उन्हें इतना बड़ा ऑर्डर कैसे मिल गया है। उनका तो समझो कल्याण हो गया है, भूतो न भविष्यति टाइप मामला हो गया है। भारत में ऐसी अमीरी होगी, इसका अन्दाजा दुनिया की इस जानी-मानी कम्पनी के लोगों को सपने में भी नहीं रहा होगा। हालत यह है कि मर्सीडीज वालों ने इतनी सारी कारें एक साथ बुक तो कर ली हैं मगर कम्पनी तुरन्त इन्हें सप्लाई करने की स्थिति में नहीं है। बताया जा रहा है कि कम्पनी दशहरे के शुभ अवसर तक ये कारें एक साथ इस शहर के अमीरों को उपलब्ध करा पाएगी। इस प्रकार रावण का असली वध अगर देश में अगली विजयादशमी पर कहीं होगा तो वह इसी शहर में होगा। मैं 'नई दुनिया' के प्रधान सम्पादकजी से कहनेवाला हूँ कि बन्धु, मुझे दशहरे पर औरंगाबाद जरूर भिजवा देना। कम-से-कम इतनी सारी नई मर्सीडीज कारें एक साथ देखने का 'सौभाग्य' तो मुझे मिल पाएगा! आप लोग भी

अगर चलना चाहो तो चलना मगर मेरे भरोसे मत रहना। ट्रेन, बस, हवाई जहाज, होटल आदि की बुकिंग अभी से करा लेना ताकि आप भी इस आनन्द का लाभ भरपूर प्राप्त कर सको। वहाँ से प्रेरणा लेकर आना और अपने शहर को औरंगाबाद से आगे, बहुत आगे ले जाने के सपने देखना। आपका क्षेत्र जितना पिछड़ा होगा, वहाँ मर्सीडीज खरीदने की संभावना भी उतनी ही प्रबल होगी। अरे, दिल्ली-मुम्बई-कोलकाता के अमीर क्या खाकर आपकी बराबरी करेंगे!

(1 मई, 2010)

ब्लैकमेल

—हलो, भैया, नमस्ते।

—नमस्ते। कौन बोल रहे हैं आप?

—नहीं पहचाने? अरे भैया, हम हैं कन्हैया।

—कन्हैया? कौन कन्हैया? कृष्ण–कन्हैया।

—अरे नहीं, आपको तो मजाक सूझ रहा है भैया, हम कन्हैया, लेखक, कवि, पत्रकार, कहानीकार, व्यंग्यकार...

—चलिए, काम की बात बताइए।

—काम की बात तो हम सभी से करते हैं, भला आपसे भी हम काम की बात करने के लिए फोन करेंगे का? हम तो आपकी परसंसा करने के लिए फोन किए हैं, वह भी एस.टी.डी.। का सानदार लिखते हैं भैया आप? कलम तोड़ देते हैं।

—अरे, ऐसा क्या लिख दिया हमने!

—लिख दिया? अरे आपने तो हमारे कलेजे को चीर के रख दिया। प्रेमचन्द भी, सच कहूँ तो आपके सामने धूल हैं।

—देखिए, आप अब हद कर रहे हैं। काम की बात पर आइए।

—क्या भैया, आपको तो सिरफ काम की बातें ही सूझती हैं! इतने बड़े लेखक होकर आप ऐसी बात करते हैं? सच कहता हूँ भैया, प्रेमचन्द से आगे हैं आप, ये दिल की बात है।

—अच्छा। दिल की छोड़कर दिमाग की बात कीजिए और इस प्रसंग को अभी यहीं खत्म कीजिए। वरना मैं फोन रख दूँगा।

—अरे, हम तो सिरफ दिल की ही बात करना जानते हैं भैया, तो दिमाग की बात कैसे करें! आपकी कलम में वो जादू है कि हमारे पास तो उसकी परसंसा के लिए शब्द भी नहीं हैं।

—अच्छा। अगर नहीं हैं तो उसकी चिन्ता मत कीजिए।

—अनुराधा, मेरी पत्नी, तो आपकी कलम की ऐसी दीवानी हैं, ऐसी दीवानी हैं कि क्या कहें! वो तो खुद आपसे बात करना चाहती थीं पर अभी पूजा करने चली गई हैं!

—अच्छा, हम फोन रख रहे हैं। हमारी तारीफ करने के अलावा कोई और विषय आपके पास लगता है, है नहीं!

—विषय तो वाकई नहीं है भैया, पर आपकी बात से ये याद आ गया कि हमारी एक रचना आपके दरबार में पड़ी है। तनिक उसे कंसीडर कर लिया जाए। बहुत बढ़िया लिखे हैं हम।

–अच्छा, देखते हैं।

–अरे देखते क्या हैं भैया, कहिए कि छापते हैं। हमारा दिल टूट जाएगा, अगर नहीं छापेंगे तो भैया। हम सचमुच आपकी बहुत तारीफ करते हैं। अरे अनुराधा, बताना तो भैया को। लगता है भैया, पूजा उसकी खत्म हुई नहीं।

–ठीक है, नमस्ते। तो रचना को देखते हैं।

–देखी-दिखाई है भैया। कहा न, आपके लेखन को आदर्श मानकर लिखी है। आप तो हमारे बड़े भैया हैं।

–नहीं छापूँगा तो क्या बड़े भैया नहीं मानेंगे ?

–फिर तो वाकई सोचना पड़ जाएगा, बड़े भैया। इतनी बार बड़े भैया, बड़े भैया कहा, प्रेमचन्द से भी आपको बड़ा बताया, तो भी नहीं छापेंगे तो सोचना तो पड़ेगा न भैया! वैसे छाप ही दीजिएगा। आपको अपना इतना बड़ा प्रशंसक नहीं मिलेगा–भै-या।

(8 मई, 2010)

अक्षय तृतीया है, सोना खरीद लो न!

हाँ, तो भाई साहब, कल अक्षय तृतीया है, आखा तीज है, सोने के गहने खरीदे हैं न आपने बहनजी के लिए! कल पहननेवाली हैं न बहनजी उन्हें! सजेंगी न सोने से लद-फँदकर! और जिन भाई साहबों ने, जिन बहनजियों को अभी तक सोने के गहने न दिलवाने की गलती की है, वे जरा इसे समय से सुधार लें। आज का पूरा दिन है आपके पास। और आज फुर्सत न हो तो कोई बात नहीं, कल चले जाइएगा बाजार। अरे, हाथ की चूड़ियाँ न दिलवा सकें तो गले की चेन दिलवा दीजिएगा, वह भी नहीं दिलवा सकें तो हलकी-फुलकी ही सही अँगूठी दिलवा दीजिएगा। बाजार बेचारा कब से चीख-चीख के, चिल्ला-चिल्ला के, गला फाड़-फाड़ के कह रहा है कि अक्षय तृतीया आ रही है, आ रही है, सोना खरीद लो। बहुत महत्त्व है इस अवसर पर सोना खरीदने का। तो सुनिए न उस बाजार की बात, जरूर सुनिए! और किसी की सुनिए, मत सुनिए मगर बाजार की बात जरूर सुनिए। वह माईबाप है हमारा।

बाजार के लिए अक्षय तृतीया का बस एक ही मतलब है कि स्त्रियाँ गहने खरीदें। उसे सिर्फ इसी एक बात से मतलब है। अक्षय तृतीया का मतलब है सोने के गहने। दीपावली का मतलब है सोना। राखी का मतलब भी है उपहार। त्योहार का सिर्फ एक ही मतलब है, एक ही मीनिंग है खरीदो, खाओ, पीओ, मौज करो। पास में पैसा है तो ठीक है, न हो तो भी खरीदो। उधार लेकर खरीदो या चाहे चोरी करके खरीदो। बाजार को इससे क्या फर्क पड़ता है?

तो बहनजी, भाई साहब, बाकी सब भूल जाना कल मगर सोने के गहने जरूर खरीदना। घर में गहने आ गए यानी मन गया त्योहार। बहनजी सज गईं तो हो गया बाजार का पूरा काम। इसके बाद आपको जो करना है, करो, न करना है तो मत करो। भाड़ में जाना है तो जाओ, न जाना है तो अपने घर बैठो। मरना है तो मरो, हाँ, फाँसी लगाकर मरना या सीने में पिस्तौल उतार लेना, ये आपकी अपनी च्वाइस है। बाजार का इस बारे में कोई दखल नहीं है, कोई सुझाव नहीं है। तो बहनजी, आपको अब एक ही शुभ काम करना है सोना खरीदने का। किसी के जन्मदिन पर खरीदो, किसी की शादी की वर्षगाँठ पर खरीदो। किसी त्योहार पर खरीदो और त्योहार न हो तो भी खरीदो। गहने बनवाने के लिए तथाकथित 20 प्रतिशत डिस्काउंट भी मिल रहा है, इसलिए खरीदो। एक के साथ एक मुफ्त मिल रहा है, इसलिए खरीदो। नया मॉडल बाजार में आया है, इसलिए खरीदो। नया फैशन चल पड़ा है इसलिए खरीदो। पार्टी में जाना है इसलिए भी खरीदो, शादी में शामिल होना है इसलिए खरीदो।

फलाँ चीज चार बार पहनकर 'बोर' हो चुके हैं, इसलिए खरीदो। करीना कपूर इसे बेच रही है इसलिए खरीदो। विज्ञापन आजकल इसका ज्यादा आ रहा है इसलिए खरीदो। हमसे ज्यादा पैसे वाले हमारे पड़ोसी की पत्नी ये पहनती है, इसलिए खरीदो। फलाँ चीज से बड़ी सुविधा रहेगी, इसलिए खरीदो।

खरीदने के हजार बहाने हैं। खरीदने के अलावा दुनिया में वैसे और काम भी क्या है! दुनिया में आए हैं तो जीना ही पड़ेगा, जीवन है अगर सोना तो खरीदना ही पड़ेगा! तो आइए, आइए, इस अवसर पर आप अपने लूटनेवालों को एक और सुनहरा अवसर अवश्य प्रदान कीजिए।

(15 मई, 2010)

पैसा सिर्फ पैसा होता है

पैसा तो सिर्फ पैसा होता है। न वह काला होता है, न सफेद। न पीला होता है, न हरा। हाँ, पैसा कम जरूर होता है लेकिन ज्यादा कभी नहीं होता है। पैसा डॉलर होता है या रुपया होता है। पैसा मेहनत-मजदूरी से कमाया गया होता है या हराम का होता है लेकिन जैसे भी हो, पैसा सिर्फ पैसा होता है और अपनी जेब में हो तो ज्यादा अच्छा लगता है। जब पैसा नजरों के सामने होता है तो वह सिर्फ पैसा लगता है और बड़ा सुन्दर लगता है और काला तो कहीं से भी नहीं लगता है। उसका रंग-ढंग, चाल-चलन सब अच्छा लगता है। वैसे पैसा कहीं से भी आए, कैसे भी आए, पैसा हो तो उससे आप कुछ भी खरीद सकते हैं, हाँ कुछ भी। कितना और क्या खरीद पाएँगे, यह इस पर निर्भर करता है कि पैसा है कितना। वह इतना है कि उससे रोटी खरीद सकते हैं या वह इतना है कि उससे किसी पाँच-सितारा होटल में मौज कर सकते हैं। वह एक दिन की दिहाड़ी जितना है या टाटा-बिड़ला की कमाई जितना है।

पैसा जितना है, उतना ही वह कमाल भी दिखाता है। ज्यादा है तो ज्यादा करतब दिखाता है, इतने ज्यादा तमाशे दिखाता है कि हो सकता है, आप देखते-देखते बोर हो जाएँ। कम है तो फिर इतना ज्यादा भी कम हो सकता है कि आप उससे एक कप चाय ही पी सकें और उसके साथ दो बिस्किट खाना चाहें तो वे भी न खा सकें। दो रोटी तो उससे ले सकें मगर साथ में दाल न ले सकें। मन हो मिठाई खाने का लेकिन सिर्फ चने खरीद सकें और उसके साथ गुड़ भी है, इसकी सिर्फ कल्पना कर सकें।

लेकिन पैसा, हर हालत में, पैसा होता है। उसका एक ही काम होता है कि वह जिसके भी पास होता है, उसके ही काम भी आता है। वह चोर के पास होता है तो उसके काम आता है और संयोग से ईमानदार के पास हो तो उसके काम आता है। वह कभी किसी से बेवफाई नहीं करता। दो रुपए जेब में हैं तो वे किसी के भी पास हों, वे दो रुपए जितना ही काम करते हैं और दस करोड़ हों तो फिर चाहे हिन्दू की जेब में हों या मुसलमान के खीसे में हों, ईसाई की पॉकिट में हों या यहूदी के पर्स में हों, दस करोड़ जितना ही काम करते हैं। पैसा हमारी आपकी तरह किसी का रंग नहीं देखता, किसी की जाति नहीं देखता, किसी का धर्म नहीं देखता, किसी का स्टेटस नहीं देखता, वह औरत या मर्द या बच्चा नहीं देखता। वह देखता है तो सिर्फ अपना वजन देखता है।

वैसे कभी-कभी ऐसा भी वक्त आता है कि हजारों रुपयों में सिर्फ दस रुपए जितनी चीज आती है लेकिन इसमें रुपए का कोई दोष नहीं। वह तो उतना ही खरा होता है जितना

कि पहले था। परिस्थितियाँ खरी नहीं रहतीं तो वह बेचारा क्या करे? लेकिन हाँ, पैसा फिर से कहूँ कि पैसा ही रहता है।

किसी ने कहा कि अरे उसके पास तो बहुत काला पैसा है लेकिन देखा तो वह बिलकुल भी काला नहीं था और बिलकुल सफेद भी नहीं था। पैसा जैसा होता है, वैसा ही था। किसी ने कहा कि उस बेचारे की समस्या यह है कि उसके पास जितना पैसा है, सिर्फ सफेद पैसा है लेकिन उसके पैसे का रंग देखा तो वह भी ठीक वैसा था, जैसा कि उसके पैसे का था जिसका कि पैसा काला बताया जा रहा था। इसलिए समझदार लोग काले-सफेद में विश्वास नहीं करते, बस पैसे में विश्वास करते हैं क्योंकि अन्ततः उसी की पूछ होती है।

पैसा बहुत सेकुलर, बहुत बड़ा समाजवादी होता है। वह किसी भी हालत में अपना धर्म नहीं छोड़ता, अपना कर्म नहीं छोड़ता। जैसे यहाँ काम करता है, वैसे ही वहाँ भी काम करता है। हाँ, कहीं वह यूरो के रूप में होता है तो कहीं डॉलर के रूप में, कहीं टँका के रूप में तो कहीं रुपए के रूप में। वह रूप बदलता है, मगर रंग नहीं बदलता। इसीलिए लोग उसकी पूजा सबसे ज्यादा श्रद्धापूर्वक करते हैं।

कुछ उसकी पूजा लक्ष्मी के रूप में करते हैं और कुछ सरस्वती के रूप में लेकिन करते सब उसी एक की पूजा हैं, नियमित रूप से, बिना नागा, बिना किसी बहाने, बिना किसी से मुँह चुराए, बिना थके, बिना शनिवार-रविवार की परवाह किए। उसके जैसे परम भक्त होते हैं, वैसे भक्त तो ईश्वर के भी नहीं होते। ऐसे प्रभु को मैं दूर से भी और पास से भी, पूरब से भी और पश्चिम से भी, दंडवत् करता हूँ, प्रणाम करता हूँ, नमन करता हूँ और कामना करता हूँ कि सदैव उनकी भक्ति में मैं अपनी लौ लगाए रहूँ।

(22 मई, 2010)

बन्द करो ये जाँच-वाँच का धन्धा

खबर है कि योजना आयोग ने आयकर विभाग से कहा है कि वह पिछले साल लोकसभा चुनाव लड़नेवाले उम्मीदवारों तथा निर्वाचित सांसदों द्वारा चुनाव आयोग को दिए गए ब्योरों का मिलान उनके द्वारा दायर आयकर रिटर्न से करे। मुझे यह समझ में नहीं आया कि भई ये काम योजना आयोग का कब से हो गया कि वह हमारे सम्माननीय मंत्रियों, सांसदों, उम्मीदवारों की सम्पत्ति की जाँच का आदेश दे! आयोग का काम योजना बनाना और मस्त रहना है। वित्त मंत्रालय के काम में आयोग फालतू में अड़ंगे क्यों लगाता है!

बल्कि मेरा तो विनम्र सुझाव यह है कि हमारे विधायकों, सांसदों, मंत्रियों, बड़े अफसरों आदि को हर तरह की जाँच से परे रखा जाना चाहिए। क्योंकि जाँच करके भी आप उनका क्या कर लोगे? दो-चार-छह का कुछ हुआ हो तो हुआ हो लेकिन बाकी का क्या हुआ? आपने कुछ को जेल भेज दिया होगा तो वहाँ भी तो वे ऐश ही कर रहे होंगे। वहाँ वे टी.वी. देख रहे होंगे, ए.सी. या कूलर का लुत्फ उठा रहे होंगे, मोबाइल के जरिए सारा करोबार पूर्ववत् चला रहे होंगे, उम्दा खाना खा रहे होंगे, चार-छह सेवक निरन्तर उनकी सेवा करते होंगे। बाकी जो बाहर हैं, उनके मामलों में जाँच चल रही है तो चलती ही जा रही है। मुकदमा चल रहा है तो खिंचता ही चला जा रहा है। उनके जीते-जी तो उनका कुछ नहीं बिगड़ेगा। चारा घोटाले का मामला कभी खत्म नहीं होगा ताकि लालूजी संकट के समय सरकार का साथ देने को विवश हों। आय से अधिक सम्पत्ति के जितने भी मामले हैं, वे भी इसी कारण कभी भी खत्म नहीं होंगे। और जो मामले तुरत-फुरत खत्म करने होते हैं, वे खत्म भी कर दिए जाते हैं। जैसे हवाला घोटाले के समय लगा था कि अब तो ये बड़े-बड़े नेता नप ही जाएँगे! आज सबके सब पाक हैं और साफ हैं। उनकी कमीज हमारी कमीज से ज्यादा सफेद है।

तो ऐसी स्थिति में जनता का फालतू में पैसा क्यों खर्च करते हो जाँच में! एक तो जाँच कभी पूरी होगी नहीं और होगी तो चार्जशीट इतनी ढीली-ढाली होगी कि अदालत भी अपना सिर पकड़ लेगी। फिर ताकतवर लोगों के पास सैकड़ों गुर होते हैं मुकदमे को खिंचवाते जाने के तो ऐसी स्थिति में जाँच एजेंसियों और अदालतों का काम क्यों बढ़ाना, क्या सिर्फ इसलिए कि अविश्वास प्रस्ताव के मौके पर ये नेता काम आएँगे? अरे इनके कान, हाथ, टाँग खींचने के और भी कई तरीके आपके पास होंगे, उनका इस्तेमाल करो न! लेकिन जनता को तो बख्शो जो न आपके लेने में है, न देने में है। वह जैसे-तैसे दो

जून की रोटी कमाने की फिक्र में लगी हुई है। किसी से शिकायत नहीं कर रही है। रो भी रही है तो अकेले में। आँसू भी पी रही है तो अपने खुद के। दहाड़ मारकर रो भी रही है तो भी आपसे इतनी ज्यादा दूर है कि आपको उसकी आवाज तक नहीं सुनाई देती। तो ऐसी सीधी-सादी, भोली-भाली जनता को क्यों तंग कर रहे हो ? क्यों अपनी जेब भरने के लिए उसकी जेब में छेद कर रहे हो ? लेकिन मेरा यह सुझाव चूँकि विनम्र है, इसलिए इसे कोई मानेगा नहीं।

(5 जून, 2010)

दिल में कब बैठाएगा ?

1963 में एक फिल्म आई थी–'मोहब्बत इसको कहते हैं'। उसका एक गाना मोहम्मद रफी की आवाज में है– 'ठहरिए होश में आ लूँ, तो चले जाइएगा। आपको दिल में बिठा लूँ तो चले जाइएगा।' स्थिति यह है कि प्रेमिका बेचारी घर जाने के लिए उतावली है। माँ–बाप का उसे डर है क्योंकि अगर देर हो गई तो माँ पूछेगी, 'कहाँ थी अब तक ?' बाप कहेगा, 'पिछले कई दिनों से देख रहा हूँ, पंख निकल आए हैं तेरे।' भाई की निगाहें बिना खाए ही उसे खा जाएँगी। तो ऐसी मुश्किल में फँसी प्रेमिका आग्रह कर रही है कि प्रेमीजी, शाम अब रात में बदलनेवाली है। ज्यादा देर की तो माँ–बाप के आगे बहानेबाजी किसी काम नहीं आएगी। इसलिए प्लीज, अब जाने दो। तुम्हारा क्या है, बदनाम तो मैं होऊँगी न! पर प्रेमी महोदय कहते हैं, 'होश में आ लूँ और दिल में बिठा लूँ तो चले जाएगा।' पता नहीं प्रेमी जी होश में कब आएँ और दिल में कब बैठाएँ! दिल चूँकि प्रेमी का है तो फैसला भी वही करेगा। जब भी प्रेमिका जाना चाहेगी, प्रेमी कहेगा–अभी तुम दिल में बैठी कहाँ हो, बैठ जाओगी, तब चले जाना। जब तक वह प्रेमिका को अपनी पत्नी नहीं बना लेगा और यहाँ तक कि उसे अपने बच्चों की अम्मा नहीं बना लेगा, तब तक तो एक बार भी उसके मुँह से नहीं निकलेगा कि हाँ, चली जाओ, तुम अब दिल में बैठ चुकी हो। हाँ, तो इसका मतलब यह हुआ कि प्रेमी तब भी बहुत चालू किस्म के होते थे। यह अलग बात है कि उस जमाने के प्रेमी आज दादा या नाना बन चुके हैं और प्रेमिकाएँ दादियाँ–नानियाँ। उन्हें देखकर आज की पीढ़ी को लगेगा कि ये बेचारे कितने सीधे–सादे हैं।

वैसे यही गाना सुमन कल्याणपुर ने भी अपनी आवाज में गाया है। उसमें भी होश में आने और दिल में बिठाने की बात कही गई है। लेकिन मेरे खयाल से प्रेमिका ने यह बात उस दिन कही होगी जिस दिन उसके माँ–बाप कहीं शादी में या किसी के यहाँ गमी में गए होंगे और घर देर से आनेवाले होंगे। भाई भी कहीं आवारागर्दी करने गया होगा। प्रेमी साहब को उस दिन जरूर नौकरी का इंटरव्यू देने जाना होगा। तो प्रेमिका ने चिढ़ाते हुए कहा होगा– हम तो आज आपको दिल में बैठाने के बाद ही कहीं जाने देंगे। प्रेमी को इस तरह प्रेमिका ने खूब चिढ़ाया–खिझाया होगा और तब उसे जाने दिया होगा ताकि अगली बार वह दिल में बैठाए बगैर, होश में आए बगैर समय पर उसे उसके घर जाने दे और माँ, बाप, भाई की नजरों में उसकी सती सावित्री की छवि को ध्वस्त न होने दे।

(12 जून, 2010)

इज्जत का सवाल है

आजकल पढ़ने–देखने में आता है कि लोगों को अपनी 'इज्जत' जरूरत से ज्यादा ही प्यारी हो चली है। लोग सब कुछ सह सकते हैं मगर अपनी 'इज्जत' पर हमला नहीं। इतनी ज्यादा प्यारी है लोगों को अपनी 'इज्जत' कि उसके लिए वे अपनी बेटी पर कुल्हाड़ा भी चला सकते हैं, अपनी बहन को गोली भी मार सकते हैं, अपने दामाद की हत्या भी कर सकते हैं। फिर पुलिस से बचने के लिए यहाँ–वहाँ भागते फिरते हैं। पकड़े जाते हैं तो जेल में जाकर बरसों चक्की पीसते हैं। अपना बना–बनाया, बसा–बसाया घर उजाड़ देते हैं और इस तरह अपनी 'इज्जत' की रक्षा करते हैं! और इनकी 'इज्जत' जाती किस बात से है? 'इज्जत' सिर्फ इस बात से चली जाती है कि लड़के या लड़की ने 'नीची जाति' में शादी कर ली है या अपने ही गोत्र में शादी कर ली है। बाकी जगह–जगह, कदम–कदम पर उनकी इज्जत का रोज कचरा होता रहता है, रोज उन्हें उनकी 'हैसियत' बताई जाती है, बेइज्जती की जाती है, उसकी उन्हें परवाह नहीं लेकिन 'नीच जाति' के साथ रिश्ता जोड़े तो इज्जत एकदम से चली जाती है। देश के प्रथम प्रधानमंत्री जवाहरलाल नेहरू खालिस कश्मीरी पंडित थे। उनकी बेटी इन्दिरा ने एक पारसी युवक से शादी कर ली थी। लेकिन उन नेहरूजी की इज्जत इससे बिलकुल नहीं गई, जिनके कपड़े कहते हैं कि कभी पेरिस से धुलकर आते थे और जिनके पिता अपने जमाने के इलाहाबाद के बहुत बड़े वकील थे। खैर, नेहरूजी की 'इज्जत' तो गई ही नहीं, उनकी बेटी इन्दिरा की 'इज्जत' भी नहीं गई, जब उनके बैटे राजीव ने इटली की एक ईसाई लड़की से शादी कर ली। प्रधानमंत्री थीं तब इन्दिरा जी, लेकिन उनकी 'इज्जत' को इससे खरोंच तक नहीं लगी। उनका सिर इससे नीचा नहीं हुआ। और राहुल भी कल शादी जरूर करेंगे। वह लड़की किसी भी देश, किसी भी धर्म, किसी भी जाति की हो सकती है मगर उनकी माँ सोनियाजी की 'इज्जत' इससे नहीं जाएगी। लेकिन दिल्ली की 19 साल की आशा ने, जो एक गरीब परिवार की थी, 21 साल के योगेश से प्रेम कर लिया, जो कि गरीबी से उबरने की कोशिश कर रहा था, तो खानदान की फट से नाक कटकर जमीन पर गिर गई क्योंकि योगेश 'नीच जाति' का था। इस तरह न जाने कितनी आशाओं और कितने योगेशों की जान जात–बिरादरी–धर्म के चक्कर में जा चुकी है। पंजाब में तो हर महीने इसी तरह कम–से–कम एक जान जरूर जाती है। हरियाणा में भी, राजस्थान में भी, दिल्ली में भी यह सिलसिला लगातार जारी है।

चलो, आशा के बाप–चाचा वगैरह ने दोनों को मार दिया तो क्या उनकी इज्जत बच गई! बहुत बड़े इज्जतदार हो गए वे! लोग इनके घर के आगे से गुजरते होंगे तो कहते होंगे

कि सा'ब इस घर के लोग बड़े ही 'इज्जतदार' हैं। इन्होंने अपनी 'इज्जत' बचाने के लिए अपनी बेटी तक को मार डाला। इतना 'आदर्श परिवार' है इनका। कल शायद आशा की जाति के लोग इस घर में अपनी लड़की देने या इस घर के किसी लड़के से अपनी लड़की की शादी करने के लिए लाइन लगाकर खड़े होंगे। कहेंगे कि बस, अब तो हमें कहीं अगर रिश्ता करना है तो सिर्फ इसी घर में। और शायरद जात-बिरादरी के लोग आशा के बाप और चाचा को सोने के सिंहासन पर भी बिठा देंगे। इस घर के लोगों का पेट खाली होगा तो शायद भर देंगे।

अरे, इस दिल्ली में कौन-किसको पूछता है कि मरे हो या जिन्दा हो! यहाँ तो सड़क पर पड़ी लाश तक के ऊपर से सभी लोग आराम से गाड़ी चलाते हुए गुजर जाते हैं और इसी शहर में लोग जात-बिरादरी में अपनी नाक ऊँची रखने के चक्कर में कुर्बान भी हो रहे हैं। खबर है कि योगेश बहुत मेहनती था। ठोकरें खाने के बाद जीना सीख गया था। उसने इधर एक मारुति वैन खरीद ली थी। मान लो उसके साथ आशा की शादी हो जाती और आशा सुखी रहती, समृद्धि में डोलती तो क्या आशा के माँ-बाप की इससे इज्जत चली जाती! और अगर चली ही जाती तो जाने देते, बेटी तो सुख से रहती और घर के बाकी लोग तो चैन से रहते! लेकिन नहीं सा'ब, इज्जत का सवाल था। उसे कैसे शादी करने देते, उसे प्रेम कैसे करने देते अपनी मर्जी से। हत्यारे होना मंजूर है मगर जाति में अपनी नाक कटवाना स्वीकार नहीं। इनकी इज्जत नेहरूजी और इन्दिराजी से ज्यादा है! अब जब तुम खुद जेल में चक्की पीसोगे, तुम्हारे घर की औरतें-बच्चे परेशान होंगे, खाने के लाले पड़ेंगे तो तुम्हारा सीना क्या गर्व से फूल जाएगा कि वाह, जीवन में क्या कमाल किया हमने कि अपनी बेटी तक को मार डाला! जेल में रहोगे तो तुम्हारी इज्जत बहुत बढ़ जाएगी। चलो, इज्जत ही बढ़ाओ अपनी और तो बढ़ाने के लिए था नहीं कुछ तुम्हारे पास। तो अब इज्जत ही खाओ, इज्जत ही पीओ और इज्जत का ही बिछौना बिछाकर उस पर मीठी-मीठी नींद सोओ। कहो तो मैं किसी को लोरी गाने भेज दूँ। बड़े प्यारे-प्यारे, सोणे-सोणे सपने आएँगे तुम्हें अब। ऐसा होगा न, क्यों इज्जतदार लोगो!

(19 जून, 2010)

देखते ही डर जाता हूँ

जब से हमारे शहर और देश की राजधानी दिल्ली से भी एक के बाद एक इज्जत के नाम पर हत्या की खबरें आने लगी हैं, तब से किसी युवा और खुश जोड़े को देखते ही मन काँप-काँप जाता है। क्या पता इनमें से किसके माँ-बाप-भाई को इनके प्यार करने से अपनी इज्जत खतरे में दिखाई दे रही हो और कल इनका वे क्या हाल कर डालें! हालाँकि 99.99 प्रतिशत मामलों में ऐसा कुछ भी नहीं होता मगर 0.01 प्रतिशत मामलों में से भी इनमें से कौन-सा जोड़ा कल इसका शिकार बन सकता है, क्या मालूम! इसी तरह दिल्ली की इन हत्यारी सड़कों पर किसी को पैदल जाते हुए या साइकिल पर सवार होकर या दुपहिया दौड़ाते हुए देखता हूँ तो भी डर जाता हूँ कि क्या पता यह आदमी अपने काम की जगह सही-सलामत पहुँचेगा या नहीं और पहुँच गया तो फिर घर लौट भी पाएगा या नहीं! किसी लड़की को दिन के उजाले में भी देखता हूँ कहीं अकेले जाते हुए इस आधुनिक शहर में, तो भी डर जाता हूँ कि पता नहीं कहाँ से कौन से गुंडे अचानक प्रकट हो जाएँ, कार में उस लड़की को जबर्दस्ती खींचकर ले जाएँ, उसके मुँह में कपड़ा ठूँस दें और फिर पता नहीं उसके साथ क्या-क्या करें और सब कुछ देखकर भी लोग कुछ न करें, कुछ न बोलें। किसी छोटे-से बच्चे को देखता हूँ तो भी डर जाता हूँ क्योंकि दिल की बीमारियों के लिए भी छोटे-छोटे बच्चों को अपने माँ-बाप के साथ डॉक्टरों के पास आते देखा है। लगता है पता नहीं किस हँसते-मुस्कुराते बच्चे के साथ क्या समस्या हो! पता नहीं कब उसकी यह मुस्कान छिन जाए!

कभी किसी बुजुर्ग जोड़े को देखता हूँ बाजार आते-जाते तो भी डर जाता हूँ कि क्या पता इनके बेटे-बेटी कहाँ हों! दिल्ली में हों या न हों, देश में हों या न हों। ये सिर्फ दोनों साथ रहते हों और न जाने कौन किस वेश में आए और इनके साथ क्या कर जाए! किसे पैसा इतना प्यारा लगने लगे कि वह एकान्त में चैन से जीवन जीते इन बुजुर्गों को कल का सूरज भी न देखने दे!

जहीन से, खूबसूरत से, टाई-सूटधारी किसी युवा को उसकी भोली मुस्कान के साथ देखता हूँ तो भी पता नहीं क्यों आश्वस्त नहीं हो पाता। आजकल वे दिन नहीं रहे, जब शैतान की बड़ी-बड़ी, फैली-फैली, लाल-लाल आँखें और बड़े-बड़े नाखून होते थे, उसका चेहरा विकृत होता था, दाँत बाहर की ओर निकले हुए होते थे। अब तो शैतान भी इतना भद्र, इतना सुशील, इतना पढ़ा-लिखा, इतना ज्यादा विनम्र दिखता है कि सहसा विश्वास नहीं होता कि यह विशुद्ध शैतान है। इसलिए जहीन से, खूबसूरत से, सूटेड-बूटेड आदमी को भी मैं हमेशा शक की निगाह से देखता हूँ।

निष्कर्ष यह कि मैं हमेशा आतंकित–आशंकित रहता हूँ। जिस जवान जोड़े को देखकर मन खुश होना चाहिए, उन्हें देखकर भी मैं उदास हो जाता हूँ। किसी को पैदल या साइकिल पर जाते हुए देखकर आदमी की मजबूरी, उसकी हिम्मत, उसके परिश्रम पर ध्यान नहीं जाता बल्कि इस पर जाता है कि वह कहीं किसी बस की, किसी कार की चपेट में न आ जाए! कोई लड़की अकेली कहीं जाती दिखे तो गर्व होना चाहिए कि देखो वक्त के साथ चीजें कितनी ज्यादा बदल रही हैं। नहीं, उसे अकेला देखकर भी मैं डर जाता हूँ। बच्चों को देखकर तो पत्थर का दिल भी मोम की तरह पिघलना चाहिए लेकिन मेरा दिल डर जाता है। मैं कितनी ही बार सोचता हूँ कि मेरा यह सोचना, यह देखना कितना गलत है लेकिन फिर लौटकर वहीं लौट आता हूँ। बताइए, मैं क्या करूँ ? हालात को दोष दूँ या अपने को या दोनों को ?

(26 जून, 2010)

कुछ सुझाव प्रधानमंत्री के लिए

मजाक करना और व्यंग्य करना भी कभी-कभी बहुत महँगा पड़ जाता है। मुझे याद आता है कि 15-20 वर्ष पहले कभी मार्क्सवादी कम्युनिस्ट पार्टी के तब के युवा सांसद सैफुद्दीन चौधरी को कुछ गुस्से में और कुछ व्यंग्य में और कुछ मजाक में कहा था कि प्रधानमंत्रीजी दिल्ली की जनता को क्यों बार-बार परेशान करते रहते हैं यहाँ-वहाँ जाकर। अपने लिए वे सुरंग खुदवा लें और आराम से उसी से आया-जाया करें। खैर, तब तो बात आई-गई हो गई। लेकिन लगता है भारत की अमर नौकरशाही ने सांसद महोदय की उस बात को तभी गम्भीरता से ले लिया होगा और फाइल तभी से चला दी होगी। इसी का नतीजा है कि आज दो दशक बाद वही व्यंग्य, वही हास्य, वही गुस्सा हकीकत बनकर सामने आ रहा है। 7, रेसकोर्स रोड से सफदरजंग हवाई अड्डे तक तीन किलोमीटर लम्बी एक सुरंग खुदने जा रही है, ताकि प्रधानमंत्रीजी हवाई अड्डे तक आराम से आ-जा सकें और बेचारी जनता हैरान-परेशान न हो। वैसे तो प्रधानमंत्री ने इस तरह दिल्ली की आम जनता पर 'कृपा' ही की है और इसके लिए उसे चाहिए कि वह प्रधानमंत्री का शुक्रिया अदा करे क्योंकि करोड़ों-अरबों रुपयों का क्या है, वे सरकार की जेब में हैं तो इसी तरह अक्सर खर्च ही होते हैं तो क्यों न सुरंग बनाने पर ही खर्च हों। तो रुपयों की कोई चिन्ता नहीं। सरकार तो वैसे भी रुपयों को हाथ का मैल समझती है। इसीलिए मेरा तो यह सुझाव है कि प्रधानमंत्रीजी को घर से चलकर तीन किलोमीटर तक आने की जरूरत भी क्या है! प्रधानमंत्री निवास में ही वे हवाई अड्डा क्यों न बनवा लेते! फिर चाहें देश में कहीं जाएँ या विदेश जाएँ, किसी किस्म का कोई भी झंझट नहीं। जितने बजट में तीन किलोमीटर की सुरंग बनेगी, उससे 200-400 करोड़ और ज्यादा लगेंगे और शानदार हवाई अड्डा बन जाएगा।

असल में तो मैं विनम्र सुझाव यह देना चाहता हूँ कि दिल्ली और देश की जनता के हित में प्रधानमंत्री को अब अमेरिका में ही रहना चाहिए, ताकि भारत की समस्त जनता को किसी भी तरह की कोई भी तकलीफ न हो। आजकल तो संचार के साधन इतने ज्यादा विकसित हैं कि 7, रेसकोर्स रोड में रहो या वाशिंगटन-न्यूयॉर्क में, कोई खास फर्क नहीं पड़ता। सारी फाइलें वगैरह वहाँ से भी क्लीयर की जा सकती हैं। वहाँ से बैठकर भी मंत्रिमंडल की बैठक की जा सकती है, प्रतिनिधि-मंडलों वगैरह से भी वर्चुअल मुलाकात की जा सकती है। अमेरिका में रहने के और फायदे भी हैं। अमेरिकी राष्ट्रपति को भारत की जनता के प्रति अपना सद्भाव प्रकट करने के लिए दिल्ली आने का कष्ट नहीं करना पड़ेगा। वहीं पर उनकी हमारे प्रधानमंत्री से मुलाकात हो जाया करेगी। इससे भारत सरकार का भी खर्च

बचेगा और अमेरिकी सरकार का भी। स्वयं प्रधानमंत्री को एक साल में कम-से-कम दो बार अमेरिका जाना पड़ जाता है, भारत की जनता का वह खर्च भी बचेगा। वहाँ से यूरोप आदि की यात्रा पर जाना भी प्रधानमंत्री के लिए ज्यादा आसान रहेगा। फिर अमेरिका में व्हाइट हाउस, कैपिटल हिल, संयुक्त राष्ट्र मुख्यालय, विश्वबैंक, अन्तर्राष्ट्रीय मुद्रा कोष आदि सभी कुछ तो है। ये ही हमारी सरकार के असली मन्दिर हैं, गुरुद्वारे हैं।

फिर अमेरिका में आला दर्जे की चिकित्सा भी उपलब्ध है। हेडली और एंडरसन भी वहीं हैं। ये सारे जटिल मामले वहीं निबट जाएँगे। फिर तमाम देशों के राष्ट्रपति-प्रधानमंत्री आए दिन अमेरिका आते ही रहते हैं। वे अमेरिका के दौरे पर आयेंगे और भारत का दौरा भी उनका अपने आप हो जाएगा। वे भी कष्ट से बचेंगे। बस 15 अगस्त, 26 जनवरी को चाहें तो प्रधानमंत्री भारत भी आ जाएँ और न आना हो तो न आएँ। इस देश में किसी के आने-न आने से, जाने-न जाने से विशेष फर्क नहीं पड़ता। वैसे भी यहाँ आकर अपनी जान को बेवजह खतरे में डालने से क्या फायदा! और मेरी इन बातों को आप मजाक न मानें। ये गम्भीर बातें हैं। ये व्यावहारिक सुझाव हैं जिन्हें बिना किसी बड़ी बाधा के शीघ्र ही लागू किया जा सकता है। 10-20 साल लगाने की जरूरत ही नहीं।

(3 जुलाई, 2010)

सारे जहाँ से अच्छा, एन.जी.ओ. हमारा

लो भई कल्लो, तुम क्या कल्लोगे हमारे देश इस भारत का! गरीबी, भुखमरी, कुपोषण, बेरोजगारी, बीमारियाँ आदि सब यहाँ इतनी ज्यादा हैं कि अफ्रीका के गरीब से गरीब देश भी हमसे शरमा जाएँ, फिर भी हमारे यहाँ न जाने क्यों स्वयंसेवी संगठन—जिन्हें प्यार से सब एन.जी.ओ. कहते हैं—इतने ज्यादा हैं कि दुनिया में कहीं इतने नहीं हैं। पता नहीं क्यों हैं, क्या करते हैं, पर हैं जरूर। एक साल पहले तक हमारे प्यारे देश में 33 लाख एन.जी.ओ. थे और जिस गति से ये बढ़ते जा रहे हैं, मानना चाहिए कि इनकी तादाद अब तक 34–35 लाख जरूर हो गई होगी। यानी 400 से भी कम लोगों पर एक एन.जी.ओ. जरूर हो गया होगा। वास्तव में तो हो सकता है कि हर दो सौ या सौ भारतीय पर एक एन.जी.ओ. हो क्योंकि ये एन.जी.ओ. कितने हैं, यह न सरकार को पता है, न भगवान को पता होगा क्योंकि भगवान ने कोई ऐसा दफ्तर तो शायद ही खोल रखा होगा जिसमें भारत में कितने एन.जी.ओ. हैं, इसका हिसाब–किताब रखा जाता होगा! और खुदा–न–खास्ता होगा भी तो हमारे हिन्दुस्तानी भाई इतने तेज हैं कि भगवान को भी गच्चा दे देते होंगे। बताते हैं कि सिर्फ दो कानूनों के अन्तर्गत 33 लाख एन.जी.ओ. हैं और ऐसे करीब एक दर्जन कानून हमारे देश में हैं तो इनकी संख्या कितनी होगी, इसका अनुमान लगाने लायक योग्यता आपमें हो तो लगा लीजिए। भगवान ने चाहा तो अगले 8–10 सालों में हर एक हिन्दुस्तानी के पीछे एक एन.जी.ओ. भी जरूर होगा। और भगवान क्यों नहीं चाहेगा। उनके पिताजी का आखिर क्या आता और क्या जाता है! बनें उसकी बला से! जब वह चीजों को बिगड़ने से नहीं रोक रहा तो बनने से क्यों रोके? आखिर समदर्शी है न वह!

हाँ, तो भारत में जम के एन.जी.ओ. गीरी हो रही है, भले ही उसका नतीजा शून्य हो या शून्य से भी कम–100 हो। लेकिन लगे हुए हैं लोग। आजकल देश में बेरोजगारी इतनी ज्यादा है कि लोग दुकान खोल–खोल कर भी हैरान हो चुके हैं और कितनी खोलें? और दुकान खोलने से ज्यादा फायदेमन्द है एन.जी.ओ. खोलना। न रंग लगे, न फिटकरी और रंग ऐसा चोखा आए कि क्या कहने! दुकान खोलने के लिए तो फिर भी किराए की जगह लेनी पड़ती है, फर्नीचर खरीदना पड़ता है, चमक–दमक पर पैसा खर्चना पड़ता है और ऊपर से मुए ग्राहक का इन्तजार भी करना पड़ता है और कभी–कभी तो इतना ज्यादा इन्तजार करना पड़ता है कि इतनी तपस्या करके तो आदमी चाहे तो भगवान—भले ही वह हो न हो—मगर उसे पा सकता है। लेकिन इधर एन.जी.ओ. कहीं भी खुल सकता है। दस–बीस रुपए का एक रजिस्टर हो, एक मोहर हो, एक पेन हो, बस काफी है। मेज–कुर्सी तो घर में होती ही

हैं। लो जी खुल गया एन.जी.ओ.। अब जहाँ लग जाए तुक-तान, वहाँ से पैसा खींचो। साक्षरता के नाम पर खींचो, शिक्षा के नाम पर खींचो, स्वास्थ्य के नाम पर खींचो, भुखमरी के नाम पर खींचो। एड्स के नाम पर खींचो, धर्म के नाम पर खींचो, धर्मनिरपेक्षता के नाम पर खींचो। हिन्दुत्व के नाम पर खींचो, मतलब खींचना आना चाहिए तो जिस नाम से, जिस काम से, जिस संगठन से, जिस देश से चाहे, जितना चाहे और जब चाहे, तब खींचो। लोगों ने जगह-जगह एन.जी.ओ. रूपी हैंडपम्प और ट्यूबवेल लगा रखे हैं और खींचे चले जा रहे हैं पूरा माल। एक-एक घर में छह-छह बोरिंग हैं, मोटरें लगा रखी हैं, लेकिन धनरूपी जल के स्तर में कोई कमी नहीं आ रही है। पैसा देने में हमारी सरकार भी बड़ी उदार है। उसमें ऐसे-ऐसे ईमानदार लोग बैठे हैं कि फिप्टी परसेंट आप उनको दे दो तो बाकी फिप्टी परसेंट वे आपको खाने को खुले हाथों एन.जी.ओ. के नाम पर दे देते हैं। फिर विदेशी धन है, प्राइवेट धन है। बस एक बढ़िया सा प्रोजेक्ट बनाओ और खुद बनाने की भी जरूरत नहीं है, मार्केट में बैठे हैं प्रोजेक्ट बनानेवाले, कहो भैया दस हजार देंगे, एक बढ़िया सा प्रोजेक्ट बना दो तो दस हजार में जितना अच्छा उससे बन सकता होगा, बना के दे देंगे और पकड़ा देंगे कि लो भैया प्रोजेक्ट, खाओ, कमाओ और दूधो नहाओ, पूतो फलो।

कसम से मेरा मन भी न जाने कब से मचल रहा है कि भैये, तूने बहुत कर ली नौकरी, तू अब अपना एन.जी.ओ. बना। पर क्या है कि नौकरी छूटती नहीं और एन.जी.ओ. बनता नहीं। पर मेरे जैसे उल्लू टाइप पढ़े-लिखे लोग हिन्दुस्तान में कम हैं और यही इस देश का परम सौभाग्य भी है। और किसी दिन देखना आप, इस देश में जितने आदमी हैं, उनसे ज्यादा एन.जी.ओ. बन जाएँगे। पूरे विश्व में जितने एन.जी.ओ. होंगे, उन सबको जोड़ लोगे तो भी भारत के एन.जी.ओ. की संख्या उनसे कम-से-कम दस लाख ज्यादा होगी। ऐसा नहीं है भैये, हम भारतीय कुछ कर नहीं सकते। कर सकते हैं। अगर फ्रॉड करना हो तो हम क्या, हमारे पुरखे भी ऊपर से आकर इसमें हमारी मदद कर सकते हैं। हम कोई कम हैं क्या!

(10 जुलाई, 2010)

चोर हम हो नहीं सकते

आप ही बताइए कि क्या आप और हम कभी भी चोर हो सकते हैं? बिलकुल नहीं हो सकते। आप मेरे बारे में ऐसा नहीं सोच सकते तो मैं आपके बारे में ऐसी गन्दी बात क्यों सोचूँगा? आप-हम तो बचपन से जानते-मानते आए हैं कि चोरी करना पाप है। हाँ, यह अलग बात है कि हम इनकम टैक्स की चोरी जरूर कर लेते हैं मगर आप ही ईमानदारी से बताइए कि ये चोरी आखिर कौन नहीं करता?

क्या खुद इनकम टैक्सवाले नहीं करते? और ये चोरी सब करते हैं, खुलेआम करते हैं, इसे सरकार भी जानती है। वह अच्छी तरह जानती है कि अच्छे चोर कागज का पेट भी बड़ी होशियारी से भरते हैं। एक-एक पैसे की आमदनी पर इन्हें अगर हम टैक्स दे दें तो बाजार में ससुरी हर हफ्ते जो मार तमाम नई चीजें आ जाती हैं और विज्ञापनदाता लगातार कहते हैं कि पुरानी फेंको, नई खरीदो तो फिर उन्हें कहाँ से खरीदें! और नहीं खरीदें तो क्या बाजार का भट्ठा बैठने दें? ऐसा करेंगे तो क्या हमारी सरकार हमसे नाराज नहीं हो जाएगी कि हम तो इनके घर-घर तक बाजार पहुंचा रहे हैं और ये साले हैं कि कुछ खरीदने को तैयार नहीं!

तो भाई साहब और बहनजी, दोनों काम तो एक साथ हो नहीं सकते हैं—हम टैक्स भी ईमानदारी से दें और बाजार की सेवा भी निशि-दिन करें! पहले सरकार यह तय कर ले कि वह हमसे चाहती क्या है! अपनी आमदनी बढ़ाकर वह बाजार का भट्ठा बैठाना चाहती है या बाजार को नुकसान पहुँचाए बिना, जो मिले उसे प्रभु का प्रसाद मानकर अपनी जेब में चुपचाप रखना चाहती है!

और मान लो हम ईमानदारी से फिर भी टैक्स दे भी दें तो टैक्स के इन पैसों का आखिर होगा क्या? इससे ये मंत्री, ये अफसर मौज ही तो मारेंगे? बड़ी-बड़ी कारें खरीदेंगे, लाखों रुपए खर्च करके अपने बँगले की मरम्मत कराएँगे, विदेश घूमेंगे, पाँच-सितारा में खाएँगे-पीएँगे, मौज मनाएँगे। तो हमीं क्यों न कर लें ये सारे काम, इन्हें अपने पैसे से मौज क्यों मारने दें! इसलिए इसे भले ही चोरी कह लो, पर ये चोरी है नहीं। यह तो देशहित में, बाजारहित में, अफसरों-मंत्रियों पर लगाम कसने के लिए और व्यक्ति-व्यक्ति के हित में उठाया गया एक ईमानदार कदम है। चोरी तो उसे कहते हैं जो ताला तोड़कर, घर में घुसकर की जाए, जेब से पर्स उड़ाकर की जाए। हम तो ऐसी नीच हरकत करने के बारे में सोच भी नहीं सकते। थोड़ा सा अपना ईमान जरूर बेचते हैं मगर आज तक सरकार ने ईमान बेचने पर सेल्स टैक्स-इनकम टैक्स लगाया नहीं है। लगाती तो क्या पता हम वह भी दे देते!

दरअसल इतनी सफाई देने की जरूरत इसलिए आन पड़ी कि कल शाम की बात है। एक जवान-सा आदमी, जो फ्रस्ट्रेटेड किस्म का था, हमारे फ्लैटों-बँगलों को देखकर कह रहा था कि ये साले सब के सब चोर हैं। जहाँ देखो, वहाँ चोरी करते हैं। जहाँ देखो, वहाँ पैसा मारते हैं। रिक्शेवाले और कामवाली बाई तक का पैसा ये जीम जाते हैं। जितने इनके दिल काले हैं, उतने ही ज्यादा इनके मकान भी सफेद हैं, दुनिया भर के बेईमान हैं ये और ये अपने अलावा सबको चोर समझते हैं।

होगा वह कोई गांधीवादी या क्या पता कोई नक्सलवादी हो! मन तो हुआ कि उसे पकड़ूँ और साले को दूँ दे दनादन, दे दनादन। पर उसका जवान शरीर और अपना बूढ़ा शरीर देखकर मेरे हृदय में उसके प्रति अचानक उदारता का भाव उमड़ आया और मैंने उसे वहीं माफ कर दिया।

मन ही मन कहा कि जा बच्चे, मौज कर, तू भी क्या याद करेगा कि तुझे मेरे जैसा उदार, सहनशील बन्दा मिला था, जिसने तेरी गालियाँ मजे से पेट में पचा लीं!

(17 जुलाई, 2010)

दीदी और दुर्घटनाएँ

दो महीने में फिर से पश्चिम बंगाल में एक रेल दुर्घटना और क्या हो गई, लोग बेचारी दीदी के पीछे ही पड़ गए हैं। बताइए, इतनी सी बात पर उनसे इस्तीफा माँग रहे हैं! कह रहे हैं कि दीदी को तो झटपट पश्चिम बंगाल का मुख्यमंत्री बनने की पड़ी है न, इसलिए वे बिलकुल अपने मंत्रालय पर ध्यान नहीं दे रही हैं। उनके पास जब समय नहीं है तो छोड़ें न रेल मंत्रालय और रहें कोलकाता में, कौन रोकता है उन्हें? तो आलोचना करनेवाले उनकी आलोचना तो कर रहे हैं मगर साल भर कोई दुर्घटना नहीं होगी तो फिर ये ही रोएँगे कि हाय कैसी हैं हमारी दीदी, हमें उनका इस्तीफा माँगने का मौका तक नहीं दे रहीं! किनती हृदयहीना हैं!

सबको मालूम है कि आजकल कोई प्रधानमंत्री किसी लालबहादुर शास्त्री को तो रेल मंत्री बनाता नहीं जो झट से इस्तीफा दे बैठे, इसलिए भाइयो–बहनो, इस देश में रेल भी चलेगी, दुर्घटनाएँ भी होंगी और तब तक तो जरूर होती रहेंगी, जब तक कि पश्चिम बंगाल की जनता दीदी को मुख्यमंत्री की गद्‌दी नहीं सौंप देती। और मान लो एक परसेंट वहाँ की जनता ने उन्हें मुख्यमंत्री नहीं बनाया तो वे ठाट से रेल मंत्री बनी रहेंगी, दुर्घटनाएँ भी होती रहेंगी और वे अपना सारा ध्यान पश्चिम बंगाल पर लगाए रहेंगी। क्योंकि दीदी का देश, उनका भारत तो सिर्फ पश्चिम बंगाल है। और फिर, जहाँ तक 67 लोगों के मरने का सवाल है तो मरना–जीना तो हर देश में लगा ही रहता है। और मरने के लिए सबसे उपयुक्त होते हैं बिना रिजर्वेशन के चलनेवाले, भेड़–बकरी की तरह डिब्बे में ठुस जाने को सदैव तत्पर साधारण–गरीब लोग। हर जगह सबसे पहले ये ही मरते हैं और ये ही आगे भी मरेंगे तो फिर तो रेल में भी क्यों नहीं मरें! ऐसे लोगों के लिए एक–दो दिन ऑफिशियली आँसू बहाना, शोक–सन्देश जारी करना आदि तो ठीक है, टी.वी. पर थोड़ी फुटेज दिखा देना और अखबार में 5–10 फोटो छाप देना भी ठीक है मगर शरमाशरमी ही सही प्रफुल्ल पटेल की तरह यहाँ तो इस्तीफे का नाटक करने की भी जरूरत नहीं और अपने मंत्रालय में बैठकर कुछ करने की भी जरूरत नहीं। और इसका नतीजा हद से हद क्या होगा—दुर्घनाएँ ही तो और होंगी न! तो दुर्घटनाओं का तो ये देश वैसे भी बहुत अभ्यस्त है। सब जानते और सब मानते हैं कि जिसकी मौत जब और जैसे आनेवाली होती है, वैसे ही आती है तो इनकी मौत ऐसे आनेवाली होगी तो ऐसे आ गई! गहरी नींद में आनेवाली होगी तो गहरी नींद में आ गई! और कई को तो पता भी नहीं चला होगा कि वे बस मरनेवाले हैं। एक क्षण जरूर लगा होगा कि कुछ हुआ है मगर जब तक कुछ समझ में आया होगा तब तक उनके प्राण–पखेरू उड़ चुके होंगे। बिना कोई कष्ट पाए, वे इस दुनिया से चले गए होंगे। सौभाग्यवान थे वे वरना तो लोग

बरसों कष्ट झेलते रहते हैं बिस्तर पर पड़े-पड़े और उन्हें मौत आकर नहीं देती। और जो बच्चे, जो औरतें, जो जवान व जो बूढ़े चले गए, वैसे भी तो उनका जीवन यहाँ नरक था! क्या पता इस बहाने वे सीधे स्वर्ग चले गए हों और वहाँ सुखोपभोग कर रहे हों! तो उनके लिए क्या रोना और क्या धोना! और उनके रिश्तेदारों को रोते-गाते एक न एक दिन तो लाखों का मुआवजा मिल ही जाएगा तो जीनेवाले यहाँ मौज करेंगे और मरनेवाले वहाँ!

ऐसा नहीं कह सकते कि दीदी को रेल यात्रियों की कोई परवाह नहीं है। दीदी बहुत दूर की सोचती हैं। उनकी मान्यता है कि जो चले जाएँ इस धरती से वे वहाँ खुश रहें और जो उनके रिश्तेदार यहाँ बचे हैं, वे मुआवजा लेकर यहाँ खुश रहें। सबकी खुशी में ही दरअसल उनकी खुशी है इसलिए दीदी को धन्यवाद दीजिए कि वे रेल मंत्रालय पर ध्यान नहीं देतीं। इसमें उन यात्रियों का भी फायदा है जो कि बच गए, वे जीवन भर याद करेंगे कि ममताजी की रेल में सफर किया था और लो, फिर भी बच गए!

(24 जुलाई, 2010)

होली एक परमानेंट त्योहार है

कुछ लोग होली खेलते हैं और कुछ लोग होली पर महज व्यंग्य लिखते हैं। हम जैसे लोग दूसरी श्रेणी में आते हैं। कुछ संगठन, कुछ लोग साल में कई-कई बार खून की होली खेलते हैं। हालाँकि खून की होली पिचकारी से तो खेली नहीं जाती, चाकू, छुरे, पिस्तौल, बन्दूक, बम से खेली जाती है लेकिन जब वे इस भावना से खून करते हैं कि यह तो महज होली है तो उन्हें फिर किसका डर और कैसा डर! डरानेवाले तो खुद इनसे डरते हैं। इनके चरण छूते हैं। इनसे बख्शिश माँगते हैं। और एक हम हैं, न हम इन्हें ये होली खेलते हुए देख सकते हैं, न खुद उस रास्ते के करीब से गुजरने की हिम्मत कर सकते हैं। इस होली के रसियाओं ने चूँकि हमें अभी तक बख्श रखा है तो हम इन पर बैठे-बैठे व्यंग्य कसते रहते हैं। व्यंग्य के रंगों की भरपूर बरसात करते हैं लेकिन बस इतनी कि ये बुरा न मान जाएँ! इन्हें जुकाम न हो जाए। वे भी कहते हैं, वाह, भैया, तुमने खूब पिचकारी चलाई इस बार तो! क्या कहने! इसीलिए तो भैया हम कहते हैं कि लोकतंत्र सर्वश्रेष्ठ प्रणाली है। इसमें हर तरह की होली खेलने की सबको छूट है। तुम इसी तरह हम पर व्यंग्य की पिचकारी चलाते रहो, हम दूसरों पर खून की पिचकारी चलाएँ। मामला एकदम बराबर। तुम हमें भिगोओ, हम उन्हें भिगोते हैं, जिनके साथ तुम खड़े हो। इस तरह चल रही है हम दोनों की जुगलजोड़ी!

कुछ हैं जो भ्रष्टाचार की होली खेलते हैं। वे ऐसे बेवकूफ नहीं कि धुलेंडी का इन्तजार करें। साल में एक खास दिन की प्रतीक्षा करें। उन्हें इन्तजार करने में मजा नहीं आता। वे मौसम नहीं देखते, वे दिन नहीं देखते, वे रात नहीं देखते। वे गरीब नहीं देखते, वे अमीर नहीं देखते। वे औरत नहीं देखते, वे आदमी नहीं देखते। समाजवाद का जमाना नहीं रहा मगर वे अत्यन्त समाजवादी भाव से होली खेलते हैं, जो कि दरअसल होली की मूल भावना है। होली खेलने की भावना उनमें इतनी कूट-कूटकर, पीट-पीटकर, ठूँस-ठूँसकर भरी होती है कि भ्रष्टाचार की होली तो वे ऐसे मजे से खेलते हैं कि जैसे इसकी प्रतिभा उनमें जन्मजात है। उन्हें दूसरे को जुकाम होने का डर नहीं, उसे ठंड लगने का भय नहीं होता बल्कि उसके कपड़े रँगे हुए हैं, फटे हुए हैं, उसका चेहरा पुता हुआ है, बस इसकी प्रसन्नता होती है। और हम, सूअर के इन बच्चों पर करारा नोट-सा व्यंग्य लिखते हैं। वे कहते हैं लिखो दाऊ, खूब लिखो। कलम-कागज हमने इसीलिए तो सस्ता कर रखा है कि तुम जैसे लोग खूब लिखो। तुम्हारा खुश रहना भी तो जरूरी है! तुम कलम घिस-घिसकर खुश रहो क्योंकि तुम इसी काबिल हो। तुम्हारी दरअसल इतनी ही औकात

है लेकिन इसे कभी भूलना मत। लक्ष्मण-रेखा कभी पार मत करना वरना मारे जाओगे। खेलो, तुम शब्दों की होली, खूब खेलो। इससे किसी का क्या बिगड़ता-बनता है! इसी तरह एक दिन तुम मर-मिट जाओगे। बर्बाद हो जाओगे, जबकि हमारी पुण्य स्मृति में जगह-जगह स्मारक बनेंगे, जिस पर तुम्हारी सन्तानें क्या पता हार-फूल चढ़ाने आ जाएँ। ही-ही-ही!

कई लोग शोषण की होली खेलते हैं। यह होली खेलना सबसे आसान है। सर्वसुलभ है। जिसके पास दो पैसे हों, वह इसे आनन्दपूर्वक खेल सकता है। ज्यादा पैसा हो तो ज्यादा देर तक और ज्यादा लोगों के साथ खेल सकता है। इसके रसिया गली-गली, मोहल्ले-मोहल्ले में मिलते हैं। भाषा, जाति, धर्म का कोई बंधन नहीं। जो जितना ज्यादा गरीब है, उसके साथ यह होली खेलना उतना ज्यादा आसान है। वह नहीं कह सकता, बाबूजी, बहनजी, बस करो और मत रंगो मुझे। मैं बीमार पड़ जाऊँगा सा'ब। मेरे पास और कपड़े नहीं हैं भैया, साहब, भाभीजी। अरे-अरे, मत फाड़ो मेरे कपड़े। मत फाड़ो मेरा पाजामा, मेरी धोती, मेरा ब्लाउज। मैं नंगी घूमूँगी तो क्या अच्छा लगेगा बाबूजी आपको? आप ही बताओ बहनजी, क्या आपको बुरा नहीं लगेगा! कहोगे नहीं कि ये साले भूखे-नंगे जाने कहाँ से इस हिन्दुस्तान में पैदा हो गए और आबादी बढ़ाते ही जा रहे हैं! इस देश को ये बर्बाद करके ही दम लेंगे लेकिन बाबूजी-बहनजी कहते हैं—अरे, तू पगली है क्या? पगला है क्या? हम तुझे होली खेलने का सौभागय प्रदान कर रहे हैं और तू ऐसा गया-बीता है कि होली तक नहीं खेलता! भारतीय परम्परा की तू तनिक भी परवाह नहीं करता? अरे पगले, होली में बड़े-छोटे का भेद नहीं किया जाता, तू खेल सकता है तो तू भी खेल हमारे साथ, खेल होली। कीचड़ से खेल सकता है तो कीचड़ से खेल। पर तेरे में हिम्मत ही नहीं है। तू कायर है, डरपोक है, फिर भी हम 'बहादुर' तेरे साथ होली खेल रहे हैं। रँगवाले अपने कपड़े, फड़वा ले इन्हें। फिर नंग-धड़ंग घूमना और क्या? तुझे देखकर हम अपनी कार के शीशे ऊपर चढ़ा लेंगे। किसी खूबसूरत औरत या मर्द पर तब निगाहें गड़ा लेंगे।

और एक हम हैं जो प्रेक्षक भाव से, कैमरामैन की दृष्टि से इस होली को बस देखते रहते हैं। कभी कैमरे को 'सेफ डिस्टेंस' पर रखकर खुद भी इस होली में शामिल हो जाते हैं। बुरा न मानो, होली है, चीखते-चिल्लाते हैं। शोषण का रंग-गुलाल खूब उड़ाते हैं। दूसरों के चेहरों पर रंग खूब मलते हैं। कपड़ा-फाड़, कीचड़-फेंक होली में हम भी शामिल हो जाते हैं। खुद ही अपने ऊपर रंग डाल लेते हैं ताकि कोई दूसरा न डाल सके। इससे लोगों को यकीन हो जाता है कि ये कितना बड़ा व्यंग्यकार है, देखो-देखो पट्ठा अपने पर भी व्यंग्य कर लेता है! धन्य है इसका जीवन! इसका नाम साहित्य के इतिहास में अवश्य लिखा जाएगा। लिखा नहीं जाएगा तो ये खुद अपना नाम उसमें घुसा देगा। कोई-न-कोई टिप्पस भीड़ा लेगा।

कहने को हम होली धुलेंडी पर खेलते हैं पर होली हमारा स्थायी त्योहार है। इसे हम पढ़े-लिखे, सभ्य, सुसंस्कृत, धनवान-बलवान लोग हमेशा खेलते हैं। कोई मौका नहीं चूकते। कभी यह कहते नहीं थकते कि बुरा न मानो होली है। आखिर यह हमारा

सांस्कृतिक पर्व है। होली हम नहीं खेलेंगे तो दुनिया हमसे यह नहीं कहेगी कि ये अपनी संस्कृति, अपनी सभ्यता भूलते जा रहे हैं। तब हम उन्हें क्या जवाब देंगे, बोलो! देने को तो दे लेंगे क्योंकि दिमाग हमारे पास भी है लेकिन क्या हमारा दिल मानेगा कि हमने सही जवाब दिया है? नहीं मानेगा न! तो फिर? तो आइए भाइयो, हम खेलें होली। आओ बहनो, आओ भाभियो, आओ उनके देवरो, आओ, खेलें होली। नहीं-नहीं, आप खेलो, हम अभी से अगली होली के लिए व्यंग्य लिखने में व्यस्त हैं।

(28 फरवरी, 2010)

ओबामा आया रे

ओबामा साहब आखिर भारत आ ही गए! अहोभाग्य है हमारा! पिछले पचास वर्षों में कुल छह अमेरिकी राष्ट्रपति ही तो यहाँ आए हैं। वैसे ओबामा से ठीक पहले के दो राष्ट्रपति भी आए थे। भारत आना अब इनकी मजबूरी है, पर ओबामाजी की मजबूरी कुछ ज्यादा है। इनसे पहले के दोनों राष्ट्रपतियों की तरह इन्होंने अपनी दूसरी पारी का इन्तजार नहीं किया, पहली ही में आ गए। वह हाल के चुनावी नतीजों से समझ गए हैं कि दूसरी के इन्तजार में बैठे रहना शायद मूर्खता साबित हो, इसलिए आ गए। इसलिए भी आ गए कि अमेरिका के ज्यादातर गोरे आजकल चिल्ला रहे हैं कि इस काले के बस का कुछ नहीं। इसलिए भी वह जल्दी आ गए कि भैया मनमोहन सिंह जी, हम तुम्हारे आईटी वालों को अपने यहाँ से निकाल रहे हैं, मगर तुम कृपापूर्वक हमारा माल खूब खरीदो। तो हमारे यहाँ रोजगार बढ़े। गरीब ही हमेशा से अमीरों की मदद करते आए हैं, इसलिए तुम भी करो।

बहरहाल, वह आए हैं कुल मिलाकर लेने, मगर वह अमेरिकी राष्ट्रपति हैं, तो उनकी मुद्रा कुछ ऐसी है, जैसे कि न जाने क्या-क्या देने आ रहे हैं! मानो वह हमारी खाली झोली भर जाएँगे, बल्कि कुछ जमीन पर बिखरा भी जाएँगे। जैसे पूरा अमेरिका अपने पूज्य नेता गांधी के देश भारत के चरणों में सौंपकर खाली हाथ स्वदेश लौट जाएँगे। उनके आने से पहले रोज अखबारों में छपा कि ऐसे महान देश के राष्ट्रपति के स्वागत के लिए यहाँ क्या-क्या हो रहा है, कितने सुरक्षाकर्मी तैनात हैं, किस तरह सीवर लाइनों तक की जाँच-पड़ताल चल रही है, वे किस-किस होटल में कितने ठाट से ठहरेंगे। उनके लिए पूरा होटल खाली करवाया गया है। गनीमत यह है कि पूरी दिल्ली या मुम्बई को खाली नहीं करवाया गया। धन्यवाद प्रधानमंत्रीजी!

अखबारों में छपा है कि वह इस और उस रेस्तराँ में खाएँगे, यह खाएँगे और वह भी जरूर खाएँगे। लगता है, जैसे वह खाने के लिए ही यहाँ आ रहे हैं। दिल्ली का एक पाँच-सितारा होटल तो उनके लिए विशेष ओबामा थाली तैयार करवा रहा है। उसमें एक से एक लजीज व्यंजन होंगे। इतने लजीज कि ओबामा उँगलियाँ चाटते रह जाएँगे मगर हमारी तैयारी कुछ इस तरह की है कि वह उँगलियाँ चाटने के बजाय उँगलियाँ खा ही न जाएँ! बताया जा रहा है कि होटल को ऐसे सजाया जा रहा है, जैसे यह पाँच-सितारा होटल न हो, कोई गन्दा-सा गली-मोहल्ला हो। अरे, पाँच-सितारा होटल तो हमेशा सजे हुए ही रहते हैं, और क्या ओबामा साहब इतनी दूर से भारत सिर्फ भारतीय व्यंजनों का लुत्फ लेने और होटलों का परीक्षण करने ही आए हैं! पर हमारा आका तो पिछले कई सालों से अमेरिका है, जिसके लिए हम कुछ भी कर सकते हैं।

(6 जुलाई, 2010)

सम्पूर्ण क्रान्ति से सम्पर्क क्रान्ति

क्रान्तियाँ तो आप जानते हैं, इस देश में होती ही रहती हैं, सिवाय एक के, जो शायद कभी होगी नहीं। इस देश में जो क्रान्तियाँ सफल हुई हैं, उनमें एक का नाम है—सम्पर्क क्रान्ति। इस देश में सम्पूर्ण नामक एक क्रान्ति की भी कोशिश हुई थी, जिसका कुल नतीजा यह निकला कि कुछ नेता—जो इस क्रान्ति में शामिल हुए थे—उनके अपने जीवन में जरूर क्रान्ति आ गई। दूसरा यह हुआ कि उस क्रान्ति के नाम पर 2004 में एक ट्रेन चल गई पटना और दिल्ली के बीच, जो इतनी ज्यादा सफल हो गई कि भविष्य में इसकी तर्ज पर सम्पूर्ण क्रान्ति ट्रेनें तो नहीं चलाई जा सकीं, मगर सम्पर्क क्रान्ति ट्रेनें जरूर चला दी गईं, जो उतनी ही सफल हुईं, जितनी कि कोई भी सुपर फास्ट ट्रेन हो सकती है। आज रेल मंत्रालय की कृपा से इस देश में 43 सम्पर्क क्रान्ति ट्रेनें चल रही हैं और सभी अभूतपूर्व रूप से सफल हैं। यानी अगर क्रान्ति को ट्रेन तक सीमित कर दिया जाए, तो वह सफल हो जाती है!

वैसे भी जमाना सम्पर्क क्रान्ति का है। सम्पर्क क्रान्ति ट्रेनें किसी भी प्रदेश की राजधानी को दिल्ली से जोड़ती हैं। यानी आप प्रदेश की राजधानी तक आ चुके हैं, वहाँ आपने सम्पर्क क्रान्ति कर ली है, तो फिर प्रदेश ही क्या, यह पूरा देश आपका और बुरा न मानें, तो कहूँ कि आपके बाप का है। आप इस सम्पर्क क्रान्ति के जरिए कहाँ से कहाँ पहुँच सकते हैं और एक समय अपनों को यानी बीवी-बच्चे-सालों को भी वहाँ पहुँचा सकते हैं। लोग प्रतिदिन वहाँ पहुँच ही रहे हैं। जो पैदल थे, वे साइकिल पर, साइकिलवाले स्कूटर पर और स्कूटरवाले कार पर इतनी जल्दी नहीं पहुँचते, अगर उनका दृढ़ विश्वास सम्पर्क क्रान्ति में नहीं होता। लानत है ऐसे लोगों पर, जो आगे बढ़ने की प्राचीन सीढ़ी पद्धति में आज का विश्वास करते हैं, क्रान्ति के रास्ते को छोड़कर शान्ति के रास्ते पर चलते हैं। ऐसे लोग कहीं भी नहीं पहुँचते, वापस अपने घर पर भी नहीं। जब क्रान्ति का रास्ता खुला हो, तब जो शान्ति की भ्रान्ति फैलाइएगा, उसका यही हश्र होगा। ईश्वर भी ऐसे लोगों का कुछ भला नहीं कर सकता, क्योंकि वह खुद भी शान्ति के बजाय क्रान्ति को ज्यादा पसन्द करता है, और सम्पर्क क्रान्ति तो वैसे भी है बहुत अहिंसक। अभी कहीं पढ़ा कि वह सुषमा स्वराज, जो सोनिया गांधी के प्रधानमंत्री बनने के बिलकुल खिलाफ थीं और अपना सिर तक मुँड़वाने की धमकी दे रही थीं, वह भी विपक्ष की नेता बनने के बाद सोनियाजी से सम्पर्क क्रान्ति करने में लगी हुई हैं। भगवान उनका भला करे और सोनियाजी का तो अवश्य ही करे। वैसे देश का भी इस तरह ही सही, कुछ भला हो जाए, तो बुरा नहीं है, हालाँकि सम्पर्क क्रान्तियाँ देश के भले के लिए कभी नहीं की जातीं।

(20 सितम्बर, 2010)

स्पांसरशिप का डंका बजता रहे

हमारा जमाना स्पांसरशिप या कहें सौजन्य का जमाना है। कोई सीरियल हो, कोई फिल्म हो, कोई कार्यक्रम हो, गणेश उत्सव हो, ईद हो, नाटक हो, उद्‌घाटन हो, मतलब कि इस पवित्र धरती पर, इस प्राचीन देश में, राम और कृष्ण की इस जन्मभूमि पर जो कुछ भी होता है, स्पांसर करने पर ही होता है।

कहीं-कहीं तो इतने इफरात में स्पांसर मौजूद होते हैं कि इस स्पांसर ही स्पांसर नजर आते हैं, बाकी सब गौण हो जाता है। वह तो अच्छा हुआ कि जब ये धरती बनी, ये आसमान बना, ये पहाड़ बने, ये समुद्र बने, ये नदियाँ बनीं, तब स्पांसरशिप हो भी सकती है, इसकी परिकल्पना भी मौजूद नहीं थी वरना खुदा कसम हर पेड़, हर नदी, यहाँ तक कि आसमान के जर्रे-जर्रे पर खुदा हुआ होता स्पांसर का नाम और इस तरह खुदा होता कि आसमान से धरती दिखती न दिखती, धरती से आसमान दिखता न दिखता, स्पांसर को देखना हर इनसान की मजबूरी होती। आसमान में सूरज-चाँद को भी ये स्पांसर अपने नाम से ढक देते। ये रोशनी, ये चाँदनी, यहाँ तक कि अमावस्या की रात भी आज तलक स्पांसर हो रही होती।

इसीलिए कहते हैं कि जो होता है, अच्छे के लिए होता है और वही होता है, जो मंजूरे खुदा होता है। उस अँधकार युग में स्पांसर नहीं थे, तो यह भी अच्छा ही हुआ और मनुष्यता के हित में ही हुआ। आप ही बताओ अगर आज तक चाँद-सूरज, नदी-धरती सब स्पांसर हो रहे होते तो आप-हम स्पांसरों का क्या कर लेते?

यही सफाई देते न कि ये तो प्राचीन काल से होता आया है, इसमें हम क्या कर सकते हैं? अरे, जब आज 21वीं सदी में हम उनका कुछ नहीं कर पा रहे, स्पांसरों के आगे सिर झुकाकर सब स्वीकार कर रहे हैं, तो तब, जबकि तन पर न कपड़ा होता था, न रहने को मकान, न खेती होती थी, तब आपके-हमारे पूर्वजों के बस में भी क्या होता! और आज खुदा को, ईश्वर को, गॉड को, स्पांसर मंजूर है तो यह भी ठीक ही है। अरे, कम-से-कम इस कारण इस देश की जनता सास-बहू टाइप सीरियल आदि देखकर और यहाँ तक कि खबरें देखकर भी अपना मनोरंजन तो कर रही हैं, वरना जनता घर बैठकर बोर हो रही होती और बेचारी सरकार को भी बोर कर रही होती।

मैं अभी एक कस्बे के श्मशानगृह में जाने को मजबूर हुआ। सभी होते हैं। वहाँ एक बरामदा है, जहाँ अन्तिम संस्कार के बाद मृत आत्मा को श्रद्धांजलि देने के लिए लोग इकट्ठा होते हैं। खैर, वह हाल तो स्पांसर्ड था ही, वहाँ जितनी बेंचें थीं, वे भी किसी न किसी

स्वर्गीय आत्मा के नाम से स्पांसर्ड थीं मगर साहब एक स्वर्ग-नरक टाइप सड़ी-सी तस्वीर भी वहाँ स्पांसर हुई पड़ी थी।

एक बार की बात है। एक सांसद ने मुझसे यह सलाह लेने की गलती कि सांसद कोष का जो पैसा उन्हें मिलता है, उससे अपने इलाके में क्या काम करें? मैंने तब भोलेपन से कह दिया कि इस देश में महिलाओं के लिए शौचालय की बड़ी कमी है। अपने इलाके के हर गाँव में एक-एक महिला शौचालय बनवा दीजिए।

कहने लगीं कि शौचालयों पर यह लिखवाना ठीक नहीं रहेगा कि सौजन्य सांसदा महोदया। आप तो यह बताइए कि शहर में हम ऐसा क्या कर सकते हैं जिससे हमारे सौजन्य यानी हमारी स्पांसरशिप का डंका बजता रहे। हम आज तक अपना डंका बजवा न पाए, उन्हें क्या बताते! और अब तो जी नित्यकर्म को छोड़कर मेरे खयाल से इस देश में हर चीज स्पांसर होने लगी है। बस मेरा व्यंग्य स्पांसर नहीं हो रहा है वरना खुदा कसम यह सब लिखने की गुस्ताखी मैं कतई नहीं करता!

(22 सितम्बर, 2010)

बाढ़ से काहे परेशान हैं जी

कुछ लोग बाढ़ झेलते हैं, कुछ लोग होते हैं, जो मजे के लिए बाढ़ देखने जाते हैं और मुट्ठी भर लोग (नेता) ऐसे भी होते हैं, जो बाढ़ का हवाई जहाज या हेलीकॉप्टर से सर्वेक्षण करते हैं और एक सरकारी फोटोग्राफर भी साथ में ले जाते हैं, जिसका काम यह दिखाना है कि नेता को गम तो वाकई है, मगर आराम के साथ। खैर, अपने-अपने स्टैंडर्ड की बात है। हमरा स्टैंडर्ड बाढ़ का मजा लूटने और उसे देखने के बहाने पिकनिक मनाने का है, तो दिल्ली में जब बाढ़ आई, तो हमऊ उसे देखने चले गए, हालाँकि बीवी कह रही थी कि मत जाओ, जोरदार बादल घिरे हुए हैं, भीग गए, सर्दी-जुकाम-बुखार हो गया, तो तुम्हारी सेवा मुझे ही करनी पड़ेगी। वैसे भी बाढ़ देखने में क्या रखा है, बीवी पर इतनी अच्छी फिल्म आ रही है, वह देखो न!

मगर हमने आदतन उसकी एक न सुनी और चले गए। दरअसल दुखियों को और ज्यादा दुखी देखने में जो आनन्द है, उसका कोई जवाब नहीं। वैसे भी बाढ़ देश की राजधानी तक कितनी बार आती है! 1978 के बाद अब जाकर उसका चक्कर लगा है। शायद वह भी चाहती होगी कि कॉमनवेल्थ गेम्स का अगर बंटाधार होना ही है, तो इसमें उसका भी सार्थक योगदान अवश्य होना चाहिए।

हाँ, तो हम भी बाढ़ देखने गए। काफी नया-नया सा दृश्य था। उसमें मन खूब रमा हुआ था। इतने में हमारे एक परिचित भी आ गए। वह कहने लगे—का हो, आप भी आ गए का! चलो अच्छा किया। आपका आना भी जरूरी था। हमने कहा—बिलकुल जरूरी था। हमने तो 1978 की बाढ़ भी देखी थी। हमें तो कम्पेरीजन भी करना था न। वह सहमत हुए, हाँ, आप तो अकसर कम्पेरेटिव स्टडी किया करते हैं।

वैसे वह थोड़े डरे हुए भी थे। अत: वह इस बात की मुझसे पुष्टि चाहते थे कि बाढ़ उनकी कॉलोनी में तो नहीं घुसेगी। अब मैं कोई बाढ़ विशेषज्ञ तो हूँ नहीं, फिर भी मैंने उनका विश्वास बढ़ाते हुए कहा, बिलकुल निश्चिन्त रहिए। न तो बाढ़ के पानी में इतनी हिम्मत है और न सरकार में कि आपके फ्लैटवा को डूब जाने दे। अगर ऐसा हो गया, तो यह सरकार भी डूब जाएगी। आखिर हम मध्यवर्गीय लोग हैं। कोई मजाक है क्या! हाँ, गरीब की जान-माल को खतरा हो, तो कोई खास बात नहीं। उसकी क्या जान और उसके पास क्या माल! और फिर जब उसकी जान-माल बचाने की कोशिश भी मुख्यमंत्री कर रही हैं, तो आप काहे परेशान होते हैं। घर जाकर आराम से सोइए। सुबह हम फिर इसी जगह मिलेंगे। हाँ, अगर इन विस्थापितों पर दया आ ही जाए, तो कुछ कपड़ा-खाना भी ले आइएगा। वैसे इसके लिए भी ज्यादा परेशान होने की जरूरत नहीं है। हमारे अलावा भी बहुत से लोग दयालु हैं। डोंट वरी एंड बी हैपी।

(27 सितम्बर, 2010)

विश्व-स्तरीय दिल्ली !

लो जी, रोते-गाते-झींकते दिल्ली आखिर कॉमनवेल्थ गेम्स की वजह से विश्व-स्तरीय शहर बन ही गया। न्यूयॉर्क, लंदन, पेरिस की बराबरी करने लगा। करने लगा कि नहीं ? अरे, कहने में अपने पिताजी का क्या आता-जाता है ? हाँ, मैं कह रहा था कि दिल्ली विश्व-स्तरीय शहर बन गया, हालाँकि अपना इसमें कोई योगदान नहीं है। अपन खुद मोहल्लास्तरीय हैं, तो दिल्ली को क्या विश्व-स्तरीय बनाते ? इसे बनाया है सुरेश कलमाडी ने, शीला दीक्षित ने और भी ऐसे महानुभावों ने, जिनकी चर्चा हम आजकल नित्यप्रति सुनते हैं।

पर यह बात भी सच है कि यहाँ के लोग विश्वस्तरीय नहीं हुए हैं। जैसे पहले थे, वैसे ही हैं। अब हमें ही लो। इधर दिल्ली विश्वस्तरीय बन रही थी, उधर हम अपने मोहल्ला स्तरीयपन से हमेशा की तरह खुश थे पर ये हमें यहाँ से निकाल तो नहीं सकते कि बच्चू, तुम फूट लो यहाँ से, यह शहर अब विश्व-स्तरीय बन चुका है। मान लें कि हमसे ये कह देते और हम चले भी जाते, तो ये कहाँ से लाते विश्व-स्तरीय लोग ? हम तो फिर भी मोहल्ला-स्तरीय हैं, कई तो यहाँ गली-स्तरीय भी हैं। बहुत से झुग्गी-स्तरीय हैं, और बहुत से यहाँ अस्तरीय हैं, यानी जिनका न घर है, न दर है, जो भी है, जितना भी है, खुला आसमान है। उससे पानी बरसे, तो भी वही उनका है, लू पड़े, तो भी वही उनका है और ठंड पड़े, तो भी वही उनका है।

अब बताइए, जो शहर ऐसे-ऐसे लोगों से पटा पड़ा है, उसे विश्वस्तरीय बनाना मेरी समझ से तो बुद्धिमानी नहीं है मगर मैं यह भी नहीं कहूँगा कि बेवकूफी है। आप-हम इतने लगनशील, इतने प्रसिद्ध, इतने सिद्ध लोगों के बारे में न ऐसी बात कह सकते हैं, न सुन सकते हैं। लेकिन ये भी क्या कर सकते थे ? जिम्मेदार लोग हैं, अपनी जिम्मेदारी से मुँह तो मोड़ नहीं सकते थे। इनसे कहा जाता, इस शहर को मिटा दो, तो ये मिटा देते, बनाने को कहा, तो बना दिया। हुक्म के गुलाम हैं ये। जो कहो, कर देते हैं। अपना भी कुछ कर लेते हैं।

तो हाँ, यह शहर विश्वस्तरीय बन चुका है, माइनस इसके लोगों के, इसके सड़कछाप कुत्तों के, इसके साइकिल रिक्शों के। इन सबको छिपाने की गम्भीर कोशिश भी इन्होंने बेहद गम्भीरता से की, मगर हिन्दुस्तानी तो आखिर हिन्दुस्तानी है। वह किसी को गम्भीर होने दे, तब न ! मान लो, वह नहीं होने देता, तो आप उसका बिगाड़ भी क्या लोगे ? और बिगाड़कर भी उसका कितना बिगाड़ोगे, क्योंकि उसका तो सब कुछ पहले से ही बहुत बिगड़ा हुआ है। वह बिगड़ने-सुधरने की शब्दावली में अब सोचता ही नहीं। सोचना भी तो एक गुनाह है। जब सुरेश कलमाडी नहीं सोचते, ये नहीं सोचते, वे नहीं सोचते, तो वह अकेला सोचकर भी करे क्या !

(4 अक्टूबर 2010)

रुपए पवित्र, रोटी अपवित्र!

अच्छा ही है कि बड़े आदमी का सिर्फ नाम ही जिन्दा रहता है, वह खुद जीवित नहीं रहता, वरना उसके भक्त विशेष रूप से और बाकी अविशेष रूप से उसकी जो गत बना देते हैं, उसे देखकर उसे आत्महत्या करनी पड़ जाती। अब गांधीजी को ही लो। वह 1948 में दुनिया से एक हत्यारे द्वारा विदा कर दिए गए। ऐसा नहीं भी होता, तो आजादी के बाद उनकी भक्तमंडली अपने कर्मों से उन्हें मार डालती या उन्हें आत्महत्या के लिए मजबूर कर देती। भक्त मंडली अगर इसमें कामयाब नहीं हो पाती, तो दूसरे ऐसी स्थिति ला देते।

इन 62 सालों में भी गांधीजी की इतनी-सी बात मध्य प्रदेश के मुरैना जिले के मलिकपुर गाँव के एक यादव जी तक नहीं पहुँच सकी कि किसी को छूने या किसी का छुआ खाने से कोई अपवित्र नहीं हो जाता। ऐसे में गांधीजी क्या करते? यह यादव जी तो बहुत ऊँचे आदमी हैं। इनसे तो बापू भी निबट नहीं पाते।

दरअसल, यादवजी के पड़ोस में एक दलित परिवार रहता है। एक दिन इस दलित परिवार में एक रोटी किसी तरह बच गई। उसकी नजर के सामने पड़ोस का एक कुत्ता पड़ा, तो उसने भलमनसाहत में वह रोटी कुत्ते को दे दी कि बेचारा खा लेगा। बेचारे कुत्ते को भी क्या पता कि यह एक अछूत की रोटी है और मेरे मालिक बड़े छुआछूत वाले हैं, इसलिए मुझे रोटी नहीं खानी चाहिए और मैं खा लूँगा, तो वे मुझे घर से निकाल देंगे। इतना उसे मालूम होता, तो वह जानवर ही क्यों रहा होता।

यादव जी ने देख लिया कि मेरे दलित पड़ोसी ने उनके कुत्ते को एक रोटी खिला दी है। तो यादवजी ने दलित पड़ोसी से कहा कि आज से यह कुत्ता तुम्हारा हुआ। इसने तुम्हारे घर की रोटी खाई है, इसलिए यह भी दलित बन गया। अब तुम इसे अपने पास रखो और इसकी कीमत 15,000 रुपए फौरन दे दो। दलित पड़ोसी ने लाख कहा होगा कि कुत्ते की क्या जाति? उसकी तो एक ही जाति है, और वह है भूख। भूख लगेगी, तो वह किसी की भी रोटी खा लेगा। और जहाँ तक मेरा सवाल है, मेरे पास इतना पैसा कहाँ?

यादवजी अपने इरादे में कामयाब तो नहीं हो पाए, हालाँकि उन्होंने दलित पड़ोसी को जान से मारने की धमकी भी दी। कितना दिलचस्प है कि दलित के रुपए पवित्र होते हैं, लेकिन उसकी रोटी खाने से कुत्ता तक अपवित्र हो जाता है। दलितों की स्त्रियाँ भी गैरदलित पुरुषों के लिए कभी अपवित्र नहीं रहीं। वैसे तो दलित की छाया तक अपवित्र, लेकिन उसका धन और उसकी स्त्री पवित्र। ऐसा भारत देखकर गांधी जी भला कैसे जिन्दा रह पाते? वह आत्महत्या न भी करते, तो उनका हार्ट फेल तो जरूर ही हो जाता। बन्दूक की गोली से कम खतरनाक यह गोली न होती।

(25 अक्टूबर, 2010)

मीडिया, नेता और जनता

मीडिया को कई बार लगता है कि वह जनता के बारे में जनता से कुछ ज्यादा ही जानता है। वैसे भ्रम में कौन नहीं रहता और कौन इस वजह से जिन्दगी में नहीं पिटता? अगर हमारा मीडिया भी पिटता रहता है, तो आश्चर्य क्या? हाँ, तो इस बार मीडिया दबे-छिपे और खुले ढंग से भी घोषणा कर रहा है कि बिहार में नीतीश कुमार की सत्ता में वापसी लगभग तय है। अगर ऐसा हो गया, तो मीडिया की इस बार इज्जत बच जाएगी, वरना मीडिया को अपनी इज्जत की खास परवाह रहती भी नहीं। उसकी इज्जत का क्या है, वह तो रोज लुटती और बचती रहती है। सम्भव है कि इस बार मीडिया का कयास सही साबित हो जाए और नीतीश कुमार जीत जाएँ, क्योंकि कभी-कभी तो अखबारों में छपनेवाली भविष्यवाणियाँ भी सही निकल जाती हैं और कई बार हम जैसों की भविष्यवाणियाँ भी सही निकल जाती हैं, जिन्हें ज्योतिष का अ आ भी नहीं आता।

वैसे नीतीश जीत गए तो कोई बात नहीं, मगर मान लो, एक प्रतिशत ऐसा कमाल हो गया कि वह हार गए, तो तय मानिए कि वह एक बात मीडिया से निश्चित रूप से कहेंगे कि दरअसल हम जनता तक उन कार्यक्रमों की जानकारी पहुँचाने में विफल रहे, जो हमने उसके भले के लिए शुरू किए थे। जो सत्ता में होता है और चुनाव हार जाता है, वह हमेशा यही बात कहता है। इसकी वजह यह है कि नेताओं को सच बोलना आता नहीं और हारने के बाद झूठ बोलने के लिए जिस कल्पनाशक्ति की जरूरत होती है, वह भी कुन्द हो जाती है।

अरे भैया, यह तो बताओ कि तुम अपने कार्यक्रमों की सिर्फ जानकारी लोगों तक पहुँचाना चाहते थे या अपने कार्यक्रम लागू करके जनता के लिए कुछ करना भी चाहते थे? जानकारी तो लोगों तक तब पहुँचती न, जब वास्तव में कुछ करते। जब कुछ हुआ ही नहीं, कुछ किया ही नहीं, राजधानी में बैठकर सिर्फ कार्यक्रम ही कार्यक्रम बनाते रहे, तो जनता को जानकारी होगी भी कैसे? आप चाहते हैं टी.वी. से, रेडियो से हो जाए और जनता खुश हो जाए, तो जनता अब दुर्भाग्य से इतनी भोली नहीं रही। तुम रोटी नहीं दोगे, रोटी देना चाहते हो, इसका सिर्फ जानकारी दोगे। कपड़ा नहीं दोगे, लेकिन कपड़ा देना है, वह भी अगले दस वर्षों में, इसकी सिर्फ जानकारी दोगे, तो ऐसी जानकारी का जनता क्या करेगी? उसे शहद लगाकर चाटेगी? उसे लेकर नाचेगी-गाएगी, धूम मचाएगी? पागल हो जाएगी? होश खो बैठेगी? नहीं भैया, वह ऐसा नहीं करेगी, आखिर वह जनता है न। जब वह निर्ममता पर तुल जाती है, तो अच्छे-अच्छे नेताओं के होश उड़ा देती है। हालाँकि यह अलग बात है कि फिर भी बेचारी इस जनता के होश उड़े ही रहते हैं।

(8 नवम्बर, 2010)

नैतिकता का नगाड़ा

सर्वोच्च न्यायालय के जज ने कहा है कि देश की जनता बेवकूफ नहीं है। उसे भी सब दिखाई पड़ता है कि कौन क्या कर रहा है और कौन क्या नहीं कर रहा! आँखें, कान, अक्ल अगर भाई-भतीजावाद करनेवालों, लुटेरों, भ्रष्यचारियों आदि के पास हैं, तो इस देश की जनता भी अन्धी नहीं है। लेकिन जैसे हर इन्सान के जीवन में कभी-न-कभी ऐसी मजबूरी आती है कि वह देखकर भी नहीं देखता, सुनकर भी नहीं सुनता, ठीक वैसा ही देश की जनता का हाल है।

जनता जानती है कि जो शराब पिलाकर हमसे वोट ले रहा है, वह बेईमानी की कमाई डटकर करेगा। उसने चुनाव पर दो करोड़ रुपए खर्च किए हैं, तो कम-से-कम दस करोड़ तो वसूल करेगा ही। और यह वसूली भी किसी न किसी तरह उसी से की जाएगी। लेकिन मजबूरी यह है कि जनता उन्हें ही वोट देती है। उनमें से कोई शराब पिला दे, तो पी भी लेती है। साड़ी दे दे, तो वह भी ले लेती है। जनता सोचती है कि भागते भूत की लँगोटी हाथ लगी है, तो ले लो वरना यह भी हाथ नहीं आएगी। आज जनता ज्यादा से ज्यादा इतना ही कर सकती है। कल वह दिन भी आएगा, जब वह इन्हें सबक सिखाएगी। कहेगी कि क्यों बच्चू, हमें शराब पिलाकर, साड़ी देकर बेवकूफ बनाने की कोशिश कर रहे थे। लेकिन हम इतने बेवकूफ भी नहीं थे। हम तो बस वक्त का इन्तजार कर रहे थे।

जनता ने कई बार इन्हें सबक सिखाया भी है मगर अफसोस यह है कि जिन्हें वह सत्ता में लाई, वे भी उसी किस्म के लुटेरे निकले। वे नैतिकता का नगाड़ा दरअसल सत्ता में आने के लिए बजा रहे थे, नैतिकता लाने के लिए नहीं। इसलिए इस आजाद देश की जनता पंच से लेकर विधायक-सांसद-मंत्री तक का चरित्र खूब जान चुकी है। वह कांग्रेसियों से लेकर भाजपाइयों तक का सच जान चुकी है। वह साम्प्रदायिकता से लेकर जातिवाद तक का चरित्र जान चुकी है। उसके हमाम में ये और इनके सारे भाई-बहन नंगे हैं।

ये नेता और बेईमान अफसर खुद भी ये बात जानते हैं लेकिन नेता-अफसर सोचता है कि आज यह मुई जनता हमारा कर क्या लेगी? मुझे वोट नहीं देगी, तो मेरे किसी मौसेरे-चचेरे भाई को ही तो वोट देगी! कांग्रेस को नहीं, तो भाजपा को देगी। बसपा को नहीं, तो सपा को देगी। जनता आखिर जाएगी कहाँ हमसे बचकर! और जब वह कुछ करेगी यानी कदम उठाएगी, तब देखा जाएगा। तब हम चोर भी चोर-चोर चिल्लाते लाते हुए भागेंगे, ताकि हम किसी भी तरह पकड़े न जाएँ। इस तरह से देखें, तो विद्वान जज ने बिलकुल ठीक कहा है। लेकिन यह पूरा सच नहीं है। आज की समस्या यह है कि जनता बेवकूफ बनने को मजबूर है।

(13 दिसम्बर, 2010)

कांग्रेसियों के रैन बसेरे

राजधानी दिल्ली में गरीबों के रैन बसेरे उजाड़े जा रहे हैं और कांग्रेसियों के जबर्दस्त ढंग से सजाए गए हैं। देश की सर्वोच्च अदालत को यहाँ के नेताओं–अफसरों को समझाना पड़ा कि गरीबों को भी जीने दो। ठंड में तो कम–से–कम इनके सिर पर छत रहने दो, वरना ये बेमौत मर जाएँगे। इतनी तो शरम करो या सारी की सारी तुम घोलकर पी चुके हो? लेकिन अदालत के आदेश के बावजूद उनका एक रैन बसेरा तो उन्होंने फिर भी तोड़कर दिखा ही दिया। हालाँकि बाद में उन्हें अक्ल आ गई, इसे खुदा का शुक्र कहना ही ठीक होगा।

एक तरफ इनकी अक्ल पर ऐसे भारी–भारी पत्थर पड़े हुए हैं, दूसरी तरफ शनिवार से कांग्रेस का जो अधिवेशन दिल्ली में शुरू हुआ, उसमें बड़े–बड़े नेताओं के तम्बुओं में पाँच–सितारा होटलों को भी शर्मिन्दा करनेवाली सुविधाएँ हों, आनेवालों के लिए लजीज खाना मिले, इसके लिए दिल्ली सरकार के सारे मंत्री अपनी जान की बाजी लगाए हुए थे। कांग्रेसी नेताओं के तम्बू इतने शानदार हैं कि उनमें रहने के लिए नेताओं की लार टपकने लगी। इन्हें नए रूमाल खरीदकर देने पड़े, वरना लार से उनके सफेद कपड़े भीग जाते। वे कह रहे थे कि यार, हमारे बँगलों से तो ज्यादा अच्छे ये तम्बू हैं, मगर शहर से दूर हैं, वरना हम तो इन्हीं में रहते!

हैं तो ये भी अस्थायी ही, जैसे गरीबों के तम्बू हैं, मगर चूँकि ये नेताओं, उसमें भी कांग्रेसी नेताओं के हैं, इसलिए मजाल थी कि कोई डीडीए या नगर निगम इन्हें छू भी सकता। इनके तम्बुओं में तो शानदार हीटर हैं, लेकिन ठंड से काँपते गरीब बच जाएँ, यह इन्हें जरा भी मंजूर नहीं।

वैसे नेताओं का यह सोचना सही भी था। उन्हें तो इतनी सुविधाओं की जरूरत है ही। तीन दिन तक तो उन्हें इसी पर गहराई से विचार करना था कि देश को कैसे और ज्यादा लूटा जाए। क्या करें कि इन गरीबों की हड्डी–पसली भी न बचे, कैसे भ्रष्याचार और बढ़ता चला जाए, कैसे घोटाले दिन में कम–से–कम सौ हों। ऐसे गहन विचार–विमर्श के लिए इन्हें पर्याप्त क्या, उससे भी ज्यादा सुविधाएँ चाहिए थीं।

दूसरी ओर, इन गरीबों को भला करना क्या है! उन्हें देश की कोई चिन्ता तो करनी नहीं है, न घोटाले करने हैं। सिर्फ इतना सोचना है कि आज पेट भरा है, मगर कल कैसे भरेगा। तो ऐसे लोग अगर ठंड से मर भी जाएँ, तो की फर्क पैंदा? इन नेताओं के विचार से तो इससे धरती का बोझ ही कम होता। ये तो दरअसल धरती का बोझ कम करने के प्रयास में लगे हुए थे, पर अदालत आड़े आ गई। ठीक है। कर लो आप भी अपनी मर्जी। हमारा वक्त आया, तो हम भी देखेंगे।

(20 दिसम्बर, 2010)

मंत्री हो तो पवारजी जैसा

भगवान करे, हर देश को हमेशा ऐसा ही खाद्य और कृषि मंत्री मिले, जैसा कि हमारे प्यारे देश को शरद पवारजी के रूप में प्राप्त हुआ है। मैं तो आज सुबह-सुबह ही मन्दिर जाकर भगवान से सिर्फ एक यही प्रार्थना करनेवाला हूँ—हालाँकि मन्दिर वगैरह से मेरा वास्ता नहीं—मगर मैं इतना ज्यादा उत्साहित महसूस कर रहा हूँ कि मन हो रहा है, कि आखिर चला ही जाऊँ कि भगवान हर युग में, हर देश में देना तो पवारजी टाइप ही खाद्य और कृषि मंत्री देना ताकि जनता को भी पता चले की मंत्री क्या होता है! इस बहाने सारी दुनिया को पवारजी जैसे खाद्य और कृषि मंत्री मिल जाएँ, तो क्या बुराई है! विश्व का कल्याण हो, यह हमारा ही तो पुराना नारा है, किसी और का तो नहीं।

हमारे पवार साहब की विशेषता है कि वह कभी महँगाई से चिन्तित नहीं होते वह खुद करोड़पति-अरबपति जो हैं। वह चिन्तित तब होते हैं, जब किसी भ्रष्टाचारी, किसी उद्योगपति पर सरकार गलती से हाथ डाल देती है। फिर तो वह फनफना जाते हैं कि अच्छा, मेरे होते हुए यह गुस्ताखी ? क्या कांग्रेस को अपनी सरकार गिरवानी है ? क्या यही दिन देखने के लिए मुझे इस देश का मंत्री बनाया गया है ?

अब देखिए, प्याज के भाव पिछले दिनों इतनी तेजी से बढ़ गए कि हमारे प्रधानमंत्री तक इससे घबरा गए। उन्होंने शुरू में पवारजी को पत्र भी लिखा कि कुछ तो करो जी, इस तरह कैसे चलेगा ? मगर पवारजी तो पवारजी हैं। उन्होंने साफ कह दिया कि जी, तीन हफ्ते से पहले तो प्याज के भाव मैं नीचे आने नहीं दूँगा। ठीक है कि दिखाने के लिए कुछ दिनों के वास्ते प्याज का निर्यात मैं रोक देता हूँ मगर यह हमसे नहीं होगा कि हम तत्काल प्याज के बढ़ते दामों को रोक दें। और रोकें क्यों ? हमें क्या काले कुत्ते ने काटा है ? क्या डॉक्टर ने कहा है कि कृषि और खाद्य मंत्री हो, तो प्याज के दाम नहीं बढ़ने चाहिए ? प्याज के भाव बढ़ने से हमारे बन्दों को फायदा हो रहा है, मिडिलमैन कमा रहे हैं, तो कमाने दो उन्हें जमकर। चुनाव के वक्त तगड़ा चन्दा यही लोग देंगे, आम आदमी नहीं, जो प्याज के भाव जरा-सा बढ़ने पर पें-पें करना शुरू कर देता है।

पवारजी का मानना है कि जनता हमेशा चीखती-चिल्लाती, रोती-बिसूरती रहती है। उसे थोड़ा और चीख-चिल्ला लेने दो। क्या फर्क पड़ता है ? इसीलिए उन्होंने शुरू में दाल और चीनी के बढ़ते भावों को रोकने की भी कोई कोशिश नहीं की थी। सब कुछ उन्होंने मुनाफाखोरों पर छोड़ रखा है कि मेरे राज में जितना कमा सकते हो, कमा लो। फिर न कहना कि मैंने मौका नहीं दिया।

पवारजी के मंत्री रहते अगले तीन वर्षों में भी इस तरह की कोई गलती नहीं होनेवाली, जिससे चीजों के भाव घट जाएँ और जनता को राहत मिल जाए। बताइए, ऐसे कृषि मंत्री सारी दुनिया को मिल जाएँ, तो विश्व–कल्याण नहीं होगा तो क्या होगा? हमारी भारतीय संस्कृति का विस्तार नहीं होगा, तो क्या होगा?

(3 जनवरी, 2011)

भ्रष्टाचार की चिन्ता

मेरे एक शुभचिन्तक ने सुझाव दिया कि भाई साहब, आप भ्रष्टाचार पर एक करारा व्यंग्य क्यों नहीं लिखते? इतने भ्रष्टाचार, घोटाले वगैरह हो रहे हैं और आपने एक व्यंग्य तक नहीं लिखा। कोई मजबूरी है क्या? हमने कहा, है न, बहुत बड़ी मजबूरी है। हमारी सुरेश कलमाडी, नीरा राडिया, ए. राजा सबसे नजदीकी रिश्तेदारी है।

अरे बड़े भैया, आप तो हमारी बात का बुरा मान गए!

हमने कहा कि ऐसी बात नहीं है। लेकिन एक हम ही बचे हैं क्या इस महान देश में, जिसे भ्रष्टाचार मिटाने का ठेका मिला है? भ्रष्टाचार मिटाने के लिए आपने भी कुछ किया है क्या? नहीं किया, तो भैया, मैं ही क्यों लिख दूँ भ्रष्टाचार पर?

उन्होंने कहा कि भ्रष्टाचार इधर बहुत बढ़ गया है। यानी भ्रष्टाचार कुछ कम बढ़ता, तो आप मुझे कष्ट नहीं देते? उन्होंने कहा, 'मेरे कहने का मतलब यह भी नहीं है। मगर आप जैसे लोग भी नहीं लिखेंगे, तो इसका बढ़ते जाना श्योर है न! मैंने कहा, 'यानी भ्रष्टाचार मेरे जैसों की प्रतीक्षा कर रहा है कि अगर हम लोग लिखते हैं, तो वह नहीं बढ़ेगा, वरना बढ़ जाएगा?'' अरे, आप तो फिजूल की तर्कबाजी करने लगे। आप जैसे प्रबुद्ध लोग भी नहीं लिखेंगे, तो फिर कौन लिखेगा?'

अगर लिखने से भ्रष्टाचार खत्म हो जाता है, तो लीजिए, अभी लिख देता हूँ। वैसे मैंने ही क्या, मेर वरिष्ठों–कनिष्ठों सबने बहुत लिखा है इस पर। कई तो लिख–लिखकर स्वर्गीय भी हो गए। हमारे लिखने से भ्रष्टाचार अभी तक खत्म या कम नहीं हुआ, तो भविष्य में क्या होगा? क्योंकि भ्रष्टाचार अन्ततः भ्रष्टाचार है, वह लिखने–न लिखने की परवाह नहीं करता। लोगों को तो भ्रष्टाचार सहने से इतनी फुर्सत ही नहीं मिलती कि वे पढ़ने का कष्ट उठाएँ। वे समय का सदुपयोग करने में सिद्धहस्त होते हैं।

वैसे भी भ्रष्टाचार की स्वाभाविक प्रवृत्ति है बढ़ना और हम जैसों की प्रवृत्ति है उस पर लिखना। हम अपना काम करते हैं, इसके समानान्तर भ्रष्ट लोग भी अपना काम करते हैं, और हमसे ज्यादा तत्परता और चतुराई से करते हैं। हम उनकी चिन्ता चाहे जितनी करें, वे हमारी चिन्ता कतई नहीं करते। उन्हें मालूम ही नहीं है कि हम जैसे कुछ घटिया लोग भी इस दुनिया में बसते हैं और उन्हें मालूम हो भी जाए, तो उनके ठेंगे से! कीड़े–मकोड़े भी तो आखिर दुनिया में प्रभु की कृपा से होते ही हैं, उनकी परवाह कौन करता है? इसलिए वे हम जैसे कीड़े–मकोड़ों को इग्नोर करते हैं। इसलिए शुभचिन्तक जी, आपको और खुद को खुश करने के लिए हम भ्रष्टाचार पर लिख देंगे, पर फिर मत कहना कि आपकी कलम में कोई दम नहीं है।

(10 जनवरी, 2011)

ईश्वरीय नियम

अभी कहीं पढ़ा कि दारुल उलूम देवबन्द ने कहा है कि कंडोम का इस्तेमाल ईश्वरीय नियमों के खिलाफ है। मेरा खयाल है कि यह बात सही ही होगी, क्योंकि खुदा, ईश्वर या गॉड उसे जो भी कह लो, उस बेचारे को (क्योंकि कहना आपको है, उसने तो अपना नाम किसी को बताया नहीं।) क्या पता कि क्या उसके नियमों के खिलाफ है और क्या अनुकूल, क्योंकि ये नियम उसने खुद तो बैठकर बनाए नहीं।

अब जैसे कंडोम की ही बात करें। यह तो इतनी ताजा खोज है कि ऐसा कुछ भी यह बदमाश इनसान कर सकता है, इसकी तो उसे शायद आशंका भी नहीं रही होगी, तो वह इसके खिलाफ नियम क्या खाक बनाता? और अगर ईश्वर–अल्लाह एक ही नाम है तो ऐसा तो वह कर नहीं सकता था कि हिन्दुओं–ईसाइयों वगैरह के लिए अलग नियम बनाता और मुसलमानों के लिए अलग। उसने बनाए होते तो सबके लिए एक से ही नियम बनाए होते। उसकी नजर में भेद नहीं हो सकता है, यह बात तो भेद करनेवाले खुद भी मानने को तैयार नहीं होते।

थोड़ी देर के लिए फर्ज करो कि ये नियम उसके ही बनाए हुए हैं तो उसने खुद तो यहाँ आकर ऐसा कभी कहा नहीं कि ये नियम हैं और ये कायदे, इन पर चलना होगा। वैसे भी आदमी की फितरत कुछ ऐसी है कि वह कहाँ किसी नियम को कठोरता से मानता है। वह तो मरने तक की परवाह नहीं करता बने–बनाए नियमों को तोड़ने के लिए। ईश्वर के कथित नियमों के बारे में समय-समय पर मौलवी–पंडित वगैरह ही लोगों को बताते रहते हैं, हाँलाकि ईश्वर ने इन्हें कब–कैसे–कहाँ यह ज्ञान प्रदान किया, यह इन्हें खुद ठीक से नहीं मालूम। ये तो अपनी अक्ल को खुदा या ईश्वर का दिया हुआ ज्ञान समझते हैं और इनमें से ज्यादातर की अक्ल या ज्ञान के बारे में टिप्पणी करके क्या फायदा!

खैर, बात हो रही थी कि कंडोम का इस्तेमाल ईश्वरीय नियमों के विरुद्ध है। वैसे ईश्वरीय नियमों की बात करें तो फिर इस तरह तो न जाने क्या–क्या उसके विरुद्ध है! अब जैसे बरसात में अक्सर उखड़ जानेवाली ये सड़कें और कागजों पर और कभी–कभी असल में भी बन जानेवाले ये पुल, क्या वाकई ईश्वरीय नियमों के अनुसार हैं? शायद नहीं हैं। धर्मग्रन्थों का जो थोड़ा–बहुत अध्ययन मैंने किया है, उसमें मुझे तो कहीं नहीं लिखा मिला कि सड़क और पुल बनाना ईश्वरीय नियमों के अनुकूल है। अब आप ही सोचिए, सड़क और पुल को वह जरूरी समझता था तो क्या ईश्वर को खुद अक्ल नहीं थी? वह बना देता। जो पहाड़ बना सकता है, समुद्र और नदियाँ बना सकता है, आकाश, चाँद, तारे और सूरज

बना सकता है, क्या वह सड़क और पुल जैसी अत्यन्त मामूली चीजें बनाने के काम, भ्रष्टाचार के अनन्त अवसर देने के लिए मंत्रियों, ठेकेदारों और इंजीनियरों आदि के भरोसे छोड़ता?

लेकिन उसने कंडोम नहीं बनाए तो सड़कें और पुल भी नहीं बनाए यानी इस तरह तो कंडोम के साथ सड़कें और पुल बनाना भी ईश्वरीय नियमों का सरासर उल्लंघन है। उसने आदमी का शरीर जरूर ऐसा बनाया कि वह तैर सके और वह चाहे तो तैरकर नदी–नाले–समुद्र पार कर सकता है। उसे पैर भी इसलिए दिए हैं कि जिनसे वह धरती माप सकता है। और जब पुल और सड़कें नहीं थीं तो वह तैरकर नदी–नाले पार करता था और जंगलों–वनों में भटककर अकल्पनीय दूरियाँ पार कर लेता था। जब हजारों साल पहले ऐसा कर लेता था तो अब उसने ईश्वर की बनाई इस धरती की शक्ल–सूरत बिगाड़कर सड़कें और पुल क्यों बना दिए और इसके खिलाफ धर्माचार्यों ने बोला क्यों नहीं?

धीरे–धीरे आदमी की आदतें बिगड़ती गईं, वह तथाकथित ईश्वरीय नियमों की अवहेलना करके मनमानी करता चला गया और नतीजे में आज कागजी और असली सड़कों–पुलों की इस हिन्दुस्तान में भी भरमार है। यहाँ तक कि आदमी ने पक्षियों की नकल की और हवाई जहाज बना लिये, जिनका फायदा उठाने में धर्माचार्य भी किसी से कम नहीं हैं। कुछ तो अब धर्म प्रचार के लिए देश में कम, विदेशों में ज्यादा रहते हैं। कुछ तो वहीं बस भी गए हैं।

इसी तरह सब जानते और मानते हैं कि ईश्वर ने आदमी को नंगा पैदा किया है। उसने चिड़ियों–बन्दरों और भैंसों को भी आदमी की ही तरह नंगा पैदा किया। तो इन प्राणियों ने तो ईश्वरीय नियमों का पूरी तरह पालन किया और आज तक कर रहे हैं। ये हजारों साल पहले भी नंगे थे, अब भी नंगे हैं और मेरे खयाल से अगले हजार साल तक भी इसी तरह रहेंगे। अब तो उन्हें नंगा देखने की हमें इतनी आदत पड़ चुकी है कि हमें यह खयाल भी नहीं आता कि ये नंगे हैं और ये भी कपड़े पहन सकते हैं या हम इन्हें पहना सकते हैं, बल्कि कोई कपड़ा इनके शरीर पर उढ़ा दे तो लगता है, ये क्या बदतमीजी है, ये क्या मजाक है!

उधर आदमी ने पहले तन ढँकने के लिए कपड़े बनाए और फिर फैशनेबल दिखने के लिए बनाए। आज वह कपड़े पहनता कम है, उनमें सजता–सँवरता ज्यादा है। पैंट से शर्ट का मैच मिलाता है और साड़ी से ब्लाउज का। तो मेरे खयाल से कपड़े पहनना भी ईश्वरीय नियमों के खिलाफ माना जाना चाहिए। लेकिन होता यह है, खासकर औरतों का जरा–सा बदन दिख जाए तो सभी धर्मों के धर्माचार्य और उनके अनुयायी इतने हैरान–परेशान हो जाते हैं कि इसी वजह से शायद ज्यादातर को डायबिटीज और हाई ब्लडप्रेशर की शिकायत है। वैसे होना तो यह चाहिए कि अगर कई इनसान बदन को दिखाकर ईश्वरीय नियमों के प्रति अपनी गहन आस्था का प्रदर्शन कर रहा है तो उसके प्रति सम्मान की भावना जागनी चाहिए, कम–से–कम राम–सेना की तरह अपमान तो कतई नहीं करना चाहिए, लेकिन होता विपरीत है और आजकल तो जरूरत से ज्यादा होता है। पता नहीं कब और कैसे बदन ढँकना ईश्वरीय नियम बन गया और मनुष्य के बनाए भगवान अब कपड़ों में ही और इनसान से कुछ ज्यादा कपड़ों में नजर आते हैं।

इस आदमी ने इस तरह बुद्धि नामक फालतू-सी चीज का इस्तेमाल करते हुए न जाने कितने ईश्वरीय नियमों का खुलेआम उल्लंघन कर रखा है और जिन्हें बोलना चाहिए वे सबसे ज्यादा चुप हैं। गैलीलियो ने तो तब तक के ईश्वरीय नियम के विरुद्ध यह तक कह दिया था कि सूरज धरती का चक्कर नहीं लगाता, बल्कि धरती ही सूरज का चक्कर लगाती है तो उसे तब माफी मँगवाई गई थी। धर्म की ताकत के आगे बेचारा गैलीलियो भी लाचार हो गया था। लेकिन मुझे समझ में नहीं आया कि गैलीलियो ने जो कहा था, वह अब कहाँ से आए नियम-आदेश से ईश्वरीय नियम बन चुका है और क्यों वैटिकन ने इसके लिए अब माफी माँग ली है।

यूँ तो हिन्दू धर्म में भी ऐसे लोग हैं जो आज भी कहते हैं कि छुआछूत अच्छी चीज है और दलित उनके मन्दिरों में नहीं आ सकते, जबकि गांधीजी कहते थे कि यह गलत है। इसमें पता नहीं कौन-सा नियम ईश्वरीय है, क्योंकि गांधी से ज्यादा दलित विरोधियों को ईश्वरीय आदेश का पता है, इस पर विश वास नहीं होता। इसी तरह कई और लोग हैं जो हिजाब के पक्ष में हैं और कुछ हैं जो इसके विरोध में हैं। पता नहीं इनमें से ईश्वर का कौन-सा नियम है और दरअसल, उसका कोई नियम है भी या नहीं? मैं तो भई बड़ा कनफ्यूज हूँ। वैसे आप चिन्ता न करें क्योंकि मैं हमेशा से कनफ्यूज रहा हूँ। शायद ऊपरवाले ने मुझे ऐसा ही बनाया और उनको ऐसा बनाया कि उन्हें कभी कोई कनफ्यूजन ही नहीं होता। भगवान उनका भला जरूर करे!

(30 जनवरी, 2011)

जूते साफ करना गुनाह कैसे

बहनजी के जूते पर लगी धूल एक डीएसपी साहब ने क्या साफ की, पूरा मीडिया लग गया उनके पीछे कि उन्होंने यह किया, तो क्यों किया ? उत्तर प्रदेश में डीएसपी क्या ऐसे होते हैं ? बहनजी की सुरक्षा के लिए तैनात किए गए थे या उनके जूते साफ करने के लिए ? हद है भई ! यह नौकर और मालिक के बीच का आपसी समझौता है। आप तो नौकरी देने गए नहीं थे डीएसपी साहब को। मायावतीजी ने नौकरी दी थी, लिहाजा वह जानें और डीएसपी साहब। बहनजी को जो साफ करवाना हो, करता हूँ और वह जो साफ कर सकते हों, करें।

अब आप ही बताओ भाइयो-बहनो कि अगर मुख्यमंत्री के जूते पर गन्दगी सार्वजनिक जगह पर दिखाई पड़ी, तो जूते कहाँ साफ किए जाएँ ? उनके घर पर जाकर ? यह तो सीधा सा हिसाब है कि जहाँ जूते गन्दे हुए हैं, वहीं पर तो साफ किए जाएँगे न ! यह तो हो नहीं सकता कि राज्य की मुख्यमंत्री गन्दे जूते में घूमती फिरें। और फिर हमारा यह प्यारा देश भले ही लोकतंत्र है, मगर सब जानते हैं कि मुख्यमंत्रीगण अपने राज्य के महाराजा या महारानी समान होते हैं और वे अपने जूते खुद तो साफ करने से रहे, चाहे वे कितने ही गन्दे क्यों न हुए हों !

तो उक्त परिस्थिति के मद्देनजर माननीय परम सिंह जी ने अपना व्यक्तिगत दायित्व समझकर यह काम किया, तो गलत क्या किया, जबकि सब जानते हैं कि उनका सेवाकाल पूरा हो जाने के बाद मुख्यमंत्रीजी ने उसमें एक साल की वृद्धि की है। मुख्यमंत्री ने उन्हें इतना आगे बढ़ाया, उन्हें एक्सटेंशन दिलाया और आगे भी दिलवाएँगी, तो इतना-सा काम करके, डीएसपी साहब ने भला क्या गजब कर दिया कि उनकी इतनी आलोचना हो ! और फिर पदम सिंह जी दूसरों के लिए होंगे डीएसपी, मुख्यमंत्री के लिए तो पदम ही हैं न ! बहनजी के भाई ही हैं न ! भाई तो राखी पर बहन की रक्षा की कसम खाता है। ऐसे में पदम सिंह जी ने मुख्यमंत्री की गरिमा के रक्षार्थ उनके पैर की धूल झाड़ी, तो क्या गलत किया ! और इस पर बवाल भी भला क्यों मचाना चाहिए ? और अगर मान लें कि यह चमचागीरी थी, तो भी क्या हुआ ? चमचे क्या केवल बहनजी के हैं, दूसरों के नहीं ? आपातकाल के समय संजय गांधी की चप्पलें तो एक मुख्यमंत्रीजी ने स्वयं उठाई थीं। तब तो मायावतीजी का कहीं नाम भी नहीं था। तो जो परम्परा इतनी पुरानी है, उसे एक डीएसपी ने आगे बढ़ाकर क्या बुरा किया ? तमिलनाडु जैसे राज्यों में चले जाइए, तो वहाँ मुख्यमंत्री के चरणों में साष्टांग दंडवत् करने की परम्परा है। वहाँ तो नेता के मौत के गम में भक्तों के खुदकुशी तक करने की परम्परा है। तो यह कुल मिलाकर समझ का फेर है। इसमें न मुख्यमंत्रीजी का कोई दोष है, न डीएसपी साहब का। जो दोष है, वह मीडिया का है।

(14 फरवरी, 2011)

महँगाई खुद ही कम करो

पहले कभी प्रधानमंत्री मनमोहन सिंह ने कहा था कि मेरे पास जादू की छड़ी नहीं है कि महँगाई एकदम से घटा दूँ। जब यह पता चल गया कि उनके पास जादू की छड़ी नहीं है, फिर तो महँगाई को कोई डर नहीं रहा और वह बगटुट भागने लगी।

अब वित्त मंत्री प्रणव मुखर्जी ने भी कह दिया है कि मेरे पास भी वह छड़ी नहीं है। कृषि मंत्री तो खैर पचासों बार कह चुके हैं कि मैं तो जी महँगाई घटाने के चक्कर में पड़ता ही नहीं। जिसे बढ़ना हो बढ़े, जिसे घटना हो घटे, जिसे जीना हो जिए, जिसे मरना हो मरे, बस मेरी कुर्सी सुरक्षित रहे, मेरा धन्धा चोखा चले।

तो भैया, अब स्पष्ट हो गया कि महँगाई तो ये घटा नहीं सकते। वह छड़ी ही नहीं है इनके पास। इसलिए अगर आपमें-हममें दम है जीने का, तो तैयार रहें महँगाई का मजबूती से मुकाबला करने के लिए और न कर सकें, तो भैया, जो भी करना चाहते हों, कर लें। सरकार को इससे कोई मतलब नहीं। जैसे अपना मकान खुद खरीदते या बनाते हो या किराए पर लेते हो, अपनी नौकरी, अपना धन्धा खुद चुनते हो, शादी करने और बच्चे पैदा करने में सरकार से कोई मदद नहीं माँगते, वैसे ही अपनी महँगाई भी खुद ही कम कर सकते हो, तो करो, वरना यह तुम्हारी अपनी समस्या है, तुम जानो और तुम्हारा काम जाने! सरकार को फालतू में परेशान मत करो।

वैसे महँगाई घटानेवाली जादू की छड़ी भैया लोगों के पास भले न हो, मगर बढ़ानेवाली जरूर है, जिससे जब चाहते हैं, महँगाई बढ़ा देते हैं। अब इन्होंने जनवरी में ही दो बार पेट्रोल की कीमतें बढ़ा दीं। इससे सब चीजों की महँगाई फिर बढ़ गई। अब ये लोग कह रहे हैं कि इसे घटा नहीं सकते, क्योंकि हमारे पास कोई जादू की छड़ी है नहीं। जब पहले से इन्हें मालूम था कि देश में प्याज की फसल कम हुई है, तो भी भैया लोग डॉलर कमाने के लिए प्याज विदेश भेज रहे थे, क्योंकि देश से ज्यादा ये विदेशों से प्रतिबद्ध हैं। इन्हें मालूम था कि प्याज के आँसू राजनीति में बड़े महँगे पड़ते हैं, फिर भी रिस्क लिया। जब प्याज के भाव बढ़ गए, तो ये चकित होने लगे कि अरे, प्याज के तो भाव बढ़ गए!

वैसे चकित होना इनके स्वभाव में है। लेकिन कुछ मामलों में इन्होंने चकित होना भी बन्द कर रखा है। जैसे किसानों की आत्महत्या अब इन्हें बिलकुल चकित-थकित-व्यथित नहीं करती। किसान मर जाएँ, तो अच्छा है, इससे खेती की जमीन बिल्डरों को मिल जाएगी, सेज वालों का मिल जाएगी, बहुराष्ट्रीय कंपनियों को मिल जाएगी।

दरअसल सरकार भी महँगाई बढ़ाना चाहती है, घटना नहीं। वह नहीं चाहती कि महँगाई घटाने की छड़ी उसके पास हो। महँगाई घटाने का काम वह तभी करेगी, जब उसका लाभ उसे मिलेगा। वैसे तब भी कर पाएगी या नहीं, कहना मुश्किल है क्योंकि सरकारें आदमी के दाम घटाने के अलावा किसी का भी दाम घटाना भूल चुकी हैं। इन्हें आदत ही नहीं रही। वे भी क्या करें?

(7 फरवरी, 2011)

मंत्रिमंडल में होली

मंत्रियों-संत्रियों के लिए यह घपले, यह घोटाले, यह गरीबी, यह महँगाई, यह काला पैसा, यह बेरोजगारी, ये धरने, ये प्रदर्शन, ये लाखों किसानों की आत्महत्याएँ, यह कुपोषण आदि कोई ऐसी समस्याएँ नहीं हैं कि जिनके कारण इनके आराम में खलल पड़े, इनकी नींद हराम हो, इनकी आत्मा (अगर कहीं बच गई हो तो) बेचैन हो। ये तो इनके लिए रूटीन विषय हैं। लेकिन मान लो किसी तरह इनके सामने समस्या यह पेश की जाए कि मंत्रिमंडल के साथियों को नए तरीके से होली मनाकर एक नया उदाहरण पेश करना है, तो इनकी जान पर बन आती है। और यही उस दिन भी हुआ। प्रधानमंत्री ने उस दिन इनसे कहा कि इस बार हम अलग ढंग से क्यों न होली मनाएँ? एक ही तरह होली मनाते-मनाते मैं भी बोर हो गया हूँ और सोनियाजी भी निश्चित रूप से हो गई होंगी वरना राहुल गांधी तो लगता है, हो ही गए हैं। अभी एक दिन वह मुझसे कह रहे थे कि क्या प्रधानमंत्रीजी आपके रहते भी कोई नया आइडिया, नया शिगूफा, जिससे हमें फायदा हो, सामने आ ही नहीं रहा है। इस तरह तो देश कैसे चलेगा? सारा देश न जाने कितने महीनों से सिर्फ घोटाले ही घोटाले डिस्कस किए जा रहा है, इससे हम माँ-बेटे की और इस सरकार की इमेज खराब हो रही है। इसलिए कुछ ऐसा कीजिए कि जिससे कुछ और डिस्कस होने लगे, तो मैंने उनसे कहा कि हुजूर, जैसा आपका आदेश होगा, वैसा ही होगा, तो मैंने सोचा है कि पहले नए ढंग से होली मनाकर इन माँ-बेटे को चकित किया जाए। तो हाँ तो शुरू हो जाइए आप, अपने बेशकीमती सुझाव मुझे दीजिए और बेशकीमती न भी हों तो कोई बात नहीं, आप अपने घटिया सुझाव ही दे दीजिए, जो मरे कहे बिना वैसे भी आप देंगे ही, इसका मुझे पक्का भरोसा है। हाँ, तो एक-एक कर शुरू होइए। मेरे पास ज्यादा समय नहीं है। मैं आपकी तरह निठल्ला नहीं हूँ। वैसे आपमें से हरेक यह मानने के लिए पूरी तरह स्वतंत्र है कि वह स्वयं निठल्ला नहीं है, ठल्ला है, मतलब मेहनती है। वैसे मेहनत तो आप सब निश्चित रूप से करते हैं, अब यह अलग सवाल है कि यह किसके लिए करते हैं, कहाँ और कब करते हैं, किसी देशी के लिए करते हैं या विदेशी के लिए, पैसे बनाने के लिए करते हैं या पैसे लुटाने के लिए। इसे आप आरोप मत समझिएगा, यह तो प्रधानमंत्री द्वारा आपको प्रदत्त मानपत्र है। इसे खुले हृदय से स्वीकार कर अपनी उदारता का परिचय दीजिए।

उनके इस कथन पर तालियों की गड़गड़ाहट होती है, जैसे प्रधानमंत्री ने मंत्रिमंडल की बैठक में नहीं बल्कि संसद में विपक्ष को ध्वस्त करनेवाला भाषण दिया हो।

तो ताली बजाने के बाद भी सब एक–दूसरे का मुँह ताकने लगे, जैसे उसे पहले न देखा हो, जैसे आज ही उनके लिए पराया मुँह दर्शनीय हो गया हो। जब एक–दूसरे का मुँह, जिसके लिए हिन्दी में थोबड़ा शब्द भी प्रचलित है, देखते–देखते वे थक गए तो सब एक–दूसरे का मुँह यानी थोबड़े के खुलने का इन्तजार करने लगे। इस प्रकार दस मिनट तक पूर्ण शान्ति छाई रही। तो फिर मनमोहनजी ने ही कहा कि 'भई यह क्या लगा रखा है आप लोगों ने। अपना नहीं तो मेरा समय तो बर्बाद मत कीजिए। ओबामा को मुझे फोन करके ताजा रिपोर्ट देनी है। फिर वर्ल्डबैंक के प्रेसिडेंट और जर्मनी की चांसलर से विदेशी निवेश का वातावरण सुधारने के लिए चर्चा करनी है। आप बोलिए जल्दी, प्लीज।'

इसके बाद एक मंत्री ने अपने पड़ोसी मंत्री के कान में कहा, 'बुढ़ऊ बहुत बदमाशी दिखा रहे हैं, अपने से एक्को सुझाव नहीं दे रहे हैं। हमीं से सारी बात बुलवाना चाहते हैं और फिर जाकर सोनियाजी से कहेंगे कि आपका यह खासमखास तो सुझाव तक देना नहीं जानता। अगली बार इसे निकाल दें का?'

कुछ देर बाद हिम्मत करके एक मंत्री बोले 'सरजी, एक बार में कितने कीमती और कितने नॉनकीमती सुझाव दे सकते हैं? वैसे हमें होली के बारे में अपने सुझावों की कीमत नहीं पता, हाँ किस फाइल को खोलने–न खोलने की क्या कीमत है, इसका हमें पता है।'

प्रणव मुखर्जी यह सुनकर नाराज हो गए। उन्होंने कहा 'नॉनकीमती सुझाव एक भी नहीं चलेगा। वैसे आप कीमती सुझाव डिस्कस जरूर कर सकते हैं मगर इसके लिए पैसा कहाँ से आएगा? इसके लिए बजट में कोई व्यवस्था करना सम्भव नहीं है। वित्त वर्ष का अन्त है, मेरे पास अब पैसा है कहाँ? प्रधानमंत्री पहले इस पर गम्भीरतापूर्वक विचार कर लें। वैसे वह आदेश देंगे तो सब हो जाएगा, बस वह एक बार सोनियाजी की परमीशन जरूर दिलवा दें। राहुलजी भी मुझसे कह देंगे तो नो प्रॉब्लम। मैं कांग्रेस का पुराना निष्ठावान सिपाही हूँ।'

होली मनाने की बात थी, इसलिए मनमोहन सिंहजी मूड में आ गए। उन्होंने कहा, 'जी प्रणव बाबू, खर्चे–सर्चे की बातें छोड़िए न। इसमें क्या धरा है? क्यों विलासरावजी देशमुख साहब, रोजगार गारंटी योजना से इतना सा भी विलास क्या अपने साथियों को नहीं करवा सकते? सरकारी पैसे की होली खेलना वैसे भी मंत्रियों और अधिकारियों का राष्ट्रीय कर्तव्य है।'

'बिलकुल इससे विलास हो सकता है हुजूर,' विलासराव बोले, 'विलासराव है जहाँ, मस्ती है वहाँ। आखिर यह तो प्रधानमंत्री आप और बाकी सब भी जानते हैं कि ग्रामीण विकास मंत्रालय मुझे सौंपा ही इसलिए गया है कि इन अरबों रुपए की होली ढंग से खेली जा सके वरना आप जानते हैं कि इस देश के गरीब–गुरबों से मेरा क्या लेना–देना? कल जाते हों साले भाड़ में, तो आज और आज जा रहे हों तो अभी, इसी क्षण चले जाएँ!'

'बहुत हौसलेवाला मंत्री है भाई, यह तो और प्रगति करेगा,' एक मंत्री ने दूसरे के कान में कहा, 'किसी दिन ससुर इस देश का प्रधानमंत्री बनकर दिखा सकता है, बहुत हाई लेवल की प्रतिभा है। इसका भविष्य तो बहुत ही उज्ज्वल लगता है।'

'बहुत सही कह रहे हैं,' एक मंत्री हस्तक्षेप करते हुए बोला, 'विलासरावजी बहुत ही योग्य आदमी हैं। अगर वह महाराष्ट्र के मुख्यमंत्री के रूप में अपने एक खास विधायक के

सूदखोर पिता के खिलाफ पुलिस को आपराधिक मामला दर्ज करने से रोक सकते हैं तो होली के लिए रोजगार गारंटी योजना का पैसा खर्च करना उनके लिए कौन–सी बड़ी बात है! यह भी आखिर जन–हित ही है बल्कि मजदूर–हित है। आखिर हम–आप भी तो भारत की जनता की सेवा कहें, मजदूरी कहें, उसे करने के लिए ही तो मंत्रिमंडल में बैठे हैं वरना जी मंत्री बनना चाहता ही कौन है? यही एकमात्र पवित्र भावना ही तो हम जैसों को बार–बार मंत्री बनने केलिए प्रेरित करती है।'

विलासराव ने कहा, 'हाँ, तो छोड़िए भी इस विवाद को और मुद्दे पर आइए। तो बात यह है जी, विलासराव अपने नाम के अनुरूप विलास करना और करवाना अच्छी तरह जानता है। आप भूल गए क्या कि मुम्बई पर आतंकवादी हमले के बाद जब मैं मुख्यमंत्री के नाते एक ध्वस्त पाँच–सितारा होटल का निरीक्षण करने गया था तो अपने बेटे और फिल्म निर्देशक रामगोपाल वर्मा को भी साथ ले गया था, ताकि वे भी यह नजारा देख सकें और इसका पूरा मजा मेरे साथ लेकर एक बढ़िया सी फिल्म मेरे बेटे के लिए बना सकें। इस कारण मेरी आलोचना खूब हुई पर आलोचना से क्या होता है? अभी सुप्रीम कोर्ट के उस जज क्या नाम है उसका–हाँ, गांगुली जी ने कहा कि सूदखोर का बचाव करनेवाले को मंत्री बनाकर रखना शर्मनाक है तो क्या प्रधानमंत्री ने मुझे मंत्रिमंडल से निकाल दिया? और निकालेंगे भी नहीं। क्यों प्रधानमंत्री जी, सही कह रहा हूँ न!'

प्रधानमंत्री जी सिर्फ मुस्कुराए। बाकी भी मुस्कुराए।

'तो चलिए बहुत हो गया विलासराव पुराण, अब आगे बढ़िए,' यह कमलनाथ थे, 'विलासराव फालतू में इतनी लाइम लाइट हड़पे जा रहे हैं। अरे, धरा क्या है इस खर्च में? मैं दे दूँगा अपनी जेब से। और सेवा बताइए इस बन्दे को।'

'कहाँ से दे देंगे, राडिया–पुराण में जिस 10 परसेंट का जिक्र है उससे?'

'शटअप,' इस बार कमलनाथ गुस्से में थे, 'जिसने यह कहा था, वह अपने कान पकड़ चुका है। और आपको जानना है कि मैं कितना लेता हूँ और आप कितना लेते हैं तो यह बात हम बाहर आकर तय कर लेंगे, समझे? वैसे मैं नहीं चाहता कि इतने गम्भीर विषय पर इतनी छिछली बहस हो। होली एक गम्भीर त्योहार है।'

'होली है भई होली है, बुरा न मानो होली है।' नारा आया।

दूसरों ने भी साथ दिया–बुरा न मानो होली है।

'अरे, अभी कहाँ होली है भाई! और अगर होली आ चुकी है तो भाँग कहाँ है भाई? उसके बगैर कैसी होली!'

'आप अभी तक भाँग वाले ही हैं क्या?'

'हैं तो नहीं मगर होली पर हो जाते हैं।'

'सर, इस समय ए. राजा भी इस बैठक में होते तो कितना मजा आ जाता! असली होली तो उन्होंने मनाई और वही बेचारे आजकल जेल में हैं। सख्त अफसोस की बात है। सरकारी पैसे की होली खेलने की सजा जेल होना होली जैसे पर्व का अपमान है।'

दूसरे ने कहा–'हम इस अपमान को बर्दाश्त नहीं करेंगे।'

'नहीं करेंगे, नहीं करेंगे,' कई स्वर सामने आए।

'सिब्बलजी, लगाइए न आप भी नारा? बाहर लगा दिया, यहाँ क्यों शरमा रहे हैं भाई साहब?'

'मैंने राजा का बचाव किया मगर मैं उस प्रजाति का नहीं हूँ। इसके अलावा मैं नारे लगानेवाली राजनीति में नहीं आया। आप आए हैं, आप लगाइए। मेरा हार्दिक समर्थन आपके साथ है, राजा के साथ है।'

'सर, दिल की बात कह रहा हूँ, बुरा मत मानिएगा कि पौने दो लाख करोड़ के आसामी को बाहर रखकर होली खेलने में क्या मजा आएगा? वह बेचारा जेल में और हम यहाँ होली मनाने का प्लान बना रहे हैं—छि-छि-छि।'

'तो जेल जाकर मना लेना भैया, किसने रोका है आपको? चिदम्बरम साहब से कहो, वह तुम्हारा पास बनवा देंगे।'

'पास ही नहीं बनवा देंगे, उसके साथ रहने की व्यवस्था भी कर देंगे।' ही-ही-ही-ही का स्वर उभरा।

'प्लीज, आप मेरा नाम इसमें मत घसीटिए। एक तमिल दलित के साथ जो अन्याय मेरी आँखों के सामने, मेरे गृहमंत्री होते हो रहा है, यह बर्दाश्त करना मेरे लिए बहुत मुश्किल है। आप मेरे घाव प्लीज हरे मत कीजिए।'

'आपकी आँखों में आँसू हैं चिदम्बरम साहब, मैं साफ देख रहा हूँ।'

'राजा को वापस लाओ, वापस लाओ।'

'नहीं तो हम भी जेल जाएँगे, चिदम्बरम साहब को हम दुखी नहीं देख सकते।'

'मंत्रिमंडल की बैठक समाप्त,' यह प्रधानमंत्री थे, 'आप एक साधारण विषय पर भी चर्चा नहीं कर सकते?'

फिर नारा लगा—'होली है, भई होली है, प्रधानमंत्री भी बुरा न मानें, होली है।'

'अरे, यह क्या जानें क्या होली है।'

'होली है भई, होली है। राजा को जेल हो ली है!'

'हमको भी अभी होनी है।'

फिर से ही-ही-ही। हा-हा-हा का स्वर।

(8 मार्च, 2011)

घोटाले कर, फिट रह

मैं समझता हूँ कि घोटाले करना–पैसे खाना–हमारे नेताओं का राष्ट्रीय दायित्व है और जनता का कर्तव्य है इन घोटालों को लगातार, प्रतिदिन सहना। और हम दोनों पक्ष बड़ी मुस्तैदी से अपने-अपने कर्तव्यों-दायित्वों को निभाते हैं। न वे इस राष्ट्रीय यज्ञ में आहुति देने से चूकते हैं, न हम उसके धुएँ को पवित्र मानना छोड़ते हैं। इस प्रकार दोनों खुश रहते हैं। जनता भी मानती है कि नेता है तो बेचारा घोटाला भी नहीं करेगा, तो फिर क्या करेगा? जब ऊपरवाला उससे पूछेगा कि क्यों रे, मंत्री का जीवन पाकर साले तूने एक घोटाला तक नहीं किया, तो क्या किया तो वह बेचारा क्या जवाब देगा? आदमी को तो कोई फिर भी बहला सकता है, मगर परमपिता परमेश्वर को कैसे बहलाएगा!

उधर नेता दिल से मानता है कि जनता हमारा घोटाला सहने की अकूत क्षमता रखती है, तो इसका भरपूर सदुपयोग भी करना चाहिए। आखिर कुछ तो करके दिखाना ही चाहिए, वरना चुनाव में वह अपना मुँह जनता को कैसे दिखाएगा और मुँह नहीं दिखाएगा, तो उसे वोट कौन देगा!

अब इसमें कोई सुरेश कलमाडी टाइप-जो बहुत ही अति बहुत ही ज्यादा समय तक अति करता रहता है या अशोक चव्हाण टाइप, जो बहुत साफ-साफ ढंग से यह सत्कर्म करता है, वह टेंपोररिली फँस जाता है मगर अन्तत: ये सब कहीं-न-कहीं फिट हो जाते हैं। अनफिट तो सिर्फ वे रहते हैं, जो घोटाले नहीं करते और घोटाले होने भी नहीं देते। वे इस कदर फँस जाते हैं कि त्राहिमाम-त्राहिमाम करते रहते हैं, मगर ईश्वर भी उन्हें बचाने नहीं आते। ईश्वर भी कहते हैं कि क्यों बे गधे, मैंने तुझसे कहा था कि तू दूसरों पर भी नजर रख? मेरा काम भी तू करेगा, तो तू ही बता, बचेगा कि फँसेगा? खैर तो अन्त में ऐसे सज्जन प्राणी को भी कोई बचाता है तो घोटालेबाज ही बचाता है।

अब जैसे महाराष्ट्र के नए मुख्यमंत्री हैं पृथ्वीराज चव्हाण। सुनते हैं कि मनमोहन सिंह जी की तरह परम ईमानदार हैं पर अगर ये खुद घोटाला न करते हुए भी ए. राजा जैसों को मंत्रिमंडल में रखे रहेंगे, तो इनका भी मनमोहन सिंह की तरह बाल बाँका नहीं होगा और ये पाँच क्या, दस साल भी निकाल ले जाएँ, तो आश्चर्य नहीं। मगर खुद भी नहीं करेंगे और दूसरों को भी नहीं करने देंगे, तो घोटालेबाजों द्वारा ऐसे फँसा दिए जाएँगे कि अन्त में न खुदा ही मिला, न विसाले सनमवाली स्थिति हो जाएगी। तो पृथ्वीराज जी, आप तो खुद समझदार हैं, आपको खुदा मिल जाए, इसकी पूरी कोशिश करना, वरना विसाले सनम मिल जाए तो भी खुश रहना। गद्दी बरकरार रहे, तो गधा भी पहलवान रहता है और गद्दी खिसक जाए, तो गधे को लोग दो लात ऐसी जमाते हैं कि वह टिंभो-टिंभो करता रहता है और कोई दया भी नहीं दिखाता।

(5 मई, 2011)

'खिलाड़ियों' का देश

मनमोहन सिंह सरकार की तरह देश के दूसरे बड़े लोग भी खाते-पीतों की ही ज्यादा चिन्ता करते हैं। ये अमीर लोग अपनी चिन्ता को देश की चिन्ता बना देने में अत्यन्त माहिर हैं। अंग्रेजी मीडिया में पिछले दिनों खबर आई कि शेयर बाजार में सट्टा लगानेवालों का पाँच दिनों में पाँच लाख करोड़ रुपए डूब गए। मीडिया का बस चलता, तो इस पर तीन दिवसीय राष्ट्रीय शोक घोषित कर देता।

पर कुछ चीजें तो मीडिया के भी बस में नहीं होतीं। अरे, प्रधानमंत्रियों के वश में नहीं होतीं, फिर यह तो मीडिया है। खैर, तो साहब, बेचारे शेयर बाजार के खिलाड़ी कुछ दिनों के लिए डूब गए। ये बैठे-बैठे ही डूब भी जाते हैं और बैठे-बैठे उबर भी जाते हैं। इनमें जो चतुर खिलाड़ी होते हैं, वे चाहें तो देश को अतल गहराइयों में डुबा दें। मगर खुद कभी नहीं डूबते।

अपना देश महँगाई के अथाह सागर में डूब रहा है, और आप देखिएगा, वह निरंतर डूबता ही चला जाएगा। गरीब आदमी मरता ही जाएगा मगर ये ताकतवर खिलाड़ी दो-चार दिनों में फिर उबर जाएँगे पर बड़े लोगों को दुख है कि इन खिलाड़ियों को दो-चार दिन भी क्यों डूबना चाहिए। यह देश तो आजकल इन्हीं का है, फिर इन्हीं का रहना भी चाहिए। इन्हें तो बस तैरते रहना चाहिए।

हालाँकि इनका था क्या, जो डूबा?

मेहनत तो इन्होंने कभी की नहीं। पैसा इन्होंने जितना लगाया, उसका हजारों गुना कमाया। जितनी प्रतिभा थी, वह सबकी सब शेयर मार्केट में इन्वेस्ट कर दी। फिर इन्हें किस बात का दुख? आजकल कमा तो सिर्फ ये रहे हैं या ए. राजा प्रजाति के लोग। बाकी तो सब डूब ही रहे हैं। अभी चेन्नई की एक खबर पढ़ रहा था कि राज्य के ग्रामीण विकास विभाग में 23 साल से काम कर रहे दो कर्मचारियों को आज तक 1000 रुपए महीने ही मिल रहे हैं। अदालत में इनके साहब ने तर्क रखा कि ये तो गैरकानूनी ढंग से नौकरी कर रहे हैं, इन्हें हम इससे ज्यादा पैसा क्यों दें?

यानी इतने साल से इतने कम पैसे में काम करवाना गैरकानूनी नहीं है, इनका नौकरी करना गैरकानूनी है! कोई इनके साहब से पूछे कि पिछले 23 साल से इन बेचारों को घाटा हो रहा है या मुनाफा? इन बेचारों की व्यथा-कथा कहीं नहीं है, लेकिन शेयर बाजार के

शातिर खिलाड़ियों का घाटा चर्चा में है। यानी हर जगह सामर्थ्यवानों की ही पूछ है, उन्हीं की जय-जयकार है।

घोटालों के बीच ये खबरें दबा दी जाती हैं कि महँगाई के कारण गरीब बच्चों में खून की कमी की शिकायतें बढ़ रही हैं, उनका पूरा पेट नहीं भर रहा, माँ-बाप अपनी सन्तानों को मारकर आत्महत्या कर ले रहे हैं। कोई तो इन गरीबों की भी सुध ले।

(17 जुलाई, 2011)

अपना कुछ नहीं बिगड़ेगा

दौर ये वैश्वीकरण का जरूर है भैया लेकिन इसमें अपना सब कुछ भारतीय है। सबसे पहले तो आपका ये सेवक हिन्दुत्ववादी नहीं है मगर है खाँटी भारतीय। ये तो भैया! इतना ज्यादा भारतीय है कि क्या बताएँ! इस साले को ब्रेड तक अच्छी नहीं लगती। उल्लू का पट्ठा बहुत समय तक तो चाय भी नहीं पीता था मगर बाद में बिगड़ गया और सुबह-सुबह अब जमकर लोटा भर चाय पीता है। ये खाना भी विशुद्ध शाकाहारी खाता है। मांसाहारी इसने खाया कुछ समय मगर लगा कि इस भारतीय की औलाद को ये सधेगा नहीं। संस्कार आड़े आ रहे थे, तो जैसे कहते हैं कि जहाज का पंछी फिर से जहाज पर लौट आता है, वैसे ही ये शाकाहार पर लौट आया। दारू ये जरूर कभी-कभी, थोड़ी-थोड़ी पी लेता है मगर इसे भी सोमरस समझकर ही पीता है। यह बेचारा पब्लिक स्कूल में नहीं पढ़ा है, टाट-पट्टी स्कूल में पढ़ा है, इसलिए इसे इतनी अच्छी अंग्रेजी भी नहीं आती कि भारतीय के अलावा कुछ और बनने के ख्वाब देख सके। इसलिए वैश्वीकरण आए या उसका बाप आ जाए या स्वर्ग से उसका लकड़दादा ही चला आए मगर इसका कुछ नहीं बिगड़नेवाला। ये बेवकूफ तो कल भी भारतीय था आज भी रहेगा। क्या करे बेचारे की मजबूरी है। और आप अच्छी तरह जानते हैं कि मजबूरी का नाम ही महात्मा गांधी होता है। तो इसका नाम आजकल इसी तरह से महात्मा गांधी है। हालाँकि कहाँ महात्माजी और कहाँ ये उल्लू का पट्ठा!

इस साले के पास इतना पैसा ही नहीं कि ये ढेर सारे विज्ञापन-शिज्ञापन इसका कुछ बिगाड़ सकें। गधा जब कभी अखबार पढ़ता है तो क्या कहें, इसे शुद्ध स्वदेशी गाली देने का मन हो रहा है (मगर देंगे नहीं क्योंकि इस पत्रिका को इस देश के सभ्य लोग पढ़ते हैं)। ये साला विज्ञापन की तरफ झाँककर भी नहीं देखता। जैसे देख ही लेगा तो इसका महान चरित्र बिगड़ जाएगा। टी.वी. पर विज्ञापन दिखते ही ये उकता जाता है और इसका मन होता है कि इस टीविया को जो है सो फोड़ ही दे। मगर नहीं फोड़ता क्योंकि इसे इस बात का ज्ञान है कि नया टी.वी. सस्ता नहीं आता मगर आप इसकी इन हरकतों से अन्दाजा लगा सकते हैं कि ये किस कोटि का उल्लू है मगर फिर भी अपने को कहता भारतीय है। गर्व से नहीं कहता मगर कहता जरूर है कि भारतीय हूँ। दुनिया भर में इस महान देश का ये नाम खराब कर रहा है अपने इस काँइयाँपन से, इसके विशाल बाजार की ऐसी-तैसी करने पर तुला है मगर पूछो कि तू क्या है तो कमर पर हाथ रखकर अकड़ से कहेगा कि अन्धे हो क्या, दिखता नहीं, आँख हैं कि बटन, हम विशुद्ध भारतीय हैं।

तर्क-वर्क करने में ये ज्यादा माहिर नहीं है मगर करने ही लगो तो कहता है कि ऐसा हूँ तो भी क्या बुरा हूँ! इस देश के 77 प्रतिशत से ज्यादा लोग भी तो ठीक ऐसे ही हैं बल्कि इससे भी ज्यादा बुरी हालत में हैं मगर फिर भी वे ठेठ भारतीय हैं। वैश्वीकरण वाले उन्हें न मानें भारतीय, भले ही मनुष्य भी न मानें मगर इससे उनका क्या बनता-बिगड़ता है ? वे तो अपने को इसी देश का मानते हैं और वाकई हैं भी। कर लो उनका जो कर सकते हो, कर-करके देख भी तो खूब लिया, मगर उनका क्या हुआ ? वैसे 20 रुपए रोज में वे कहाँ से लाएँ कुछ कि वैश्वीकरण के किसी काम आ सकें! इन 77 प्रतिशत लोगों में से जो बच्चे हैं, वे नंग-धड़ंग यहाँ से वहाँ और वहाँ से यहाँ डोलते हैं। ये गरीबी ही साली इतनी ज्यादा भारतीय है कि ये बच्चे ही क्या, इस वर्ग की औरतें भी जब आधे फटे कपड़ों में कहीं दिखती हैं तो ऐसा नहीं लगता कि वैश्वीकरण के युग की कोई आधुनिक फैशन परेड में भाग ले रही हैं या फिल्म में काम कर रही हैं। बल्कि लगता है कि हाँ ये भी तो भारतीय ही हैं। आपके-हमारे जैसे तो विशुद्ध मूर्खता में फिर भी कुछ और होने की असफल कोशिश कर सकते हैं, इनकी तो ऐसा करने की औकात ही नहीं है।

सफलता-असफलता तो इनके शब्दकोश में ही नहीं हैं (पहले शब्दकोश तो हो)। जी जाएँ, यह ही इनकी सबसे बड़ी सफलता है और ये मरते भी इसलिए नहीं हैं कि सफल होने चले थे और अधबीच में टपक गए। बस मर जाते हैं जैसे कोई पशु मर जाता है कहीं भी चुपचाप। इनकी कम-से-कम चार पीढ़ियाँ गुजर जाएँगी, तब शायद इनकी लड़कियों-औरतों को शौकिया तौर पर कम कपड़े पहनने का शौक चर्रा जाए। लेकिन तब तक तो वे इसी तरह भारतीय ही बनी रहेंगी। बाजार रोता, पीटता, झींकता रहेगा। मनमोहन सिंह टाइप प्रधानमंत्री आते-जाते रहेंगे। मशीनी गुड्डे की तरह विक्टरी का साइन बनाते रहेंगे। मगर ये हैं कि भारतीयता का कम्बल नहीं छोड़ेंगे। इनका ये कम्बल है भी इतना फटा-पुराना, इतना गन्दा कि कोई इसे चुराएगा क्यों! चुराए, जबर्दस्ती खींच ले तो फिर भी कुछ हो! समस्या यह है कि इतना कष्ट उठाने, इतनी अनहाइजीनिक कंडीशन में जाने का खतरा कौन उठाए! साला कुछ हो-हवा गया तो गए परमानेंटली इस दुनिया से। इनका क्या बिगड़ेगा! इससे अच्छा है कि किसी पाँच-सितारा अस्पताल में हार्ट अटैक आदि से सम्मानजनक ढंग से मरें।

(1 अगस्त, 2011)

भाषणवीरों से सावधान

लगता है, हमारे देश में जो भी पैदा होता है, वह भाषण कला का अच्छी तरह प्रशिक्षण प्राप्त करके ही जन्म लेता है। ईमानदारी से बताइए कि आपने इस देश में मुझ समेत कितने ऐसे लोग देखे हैं जो मौका मिलने पर सुदीर्घ भाषण देने में किसी भी प्रकार के संकोच का अनुभव करते हैं। सामने माइक हो, तो वक्ता के सामने अगर श्रोता के रूप में कुत्ते-बिल्ली या भैंस भी आकर बैठ जाए, तो वह उन्हें मनुष्य का ही असली प्रतिरूप मानकर भाषण देना जो आरम्भ करता है, तो अन्त की बिलकुल ही परवाह नहीं करता।

हमारी यह राष्ट्रीय विशेषता है कि जब तक कोई दूसरा भाषण देता है, तो वह हमें अकसर महाबोरक लगता है और हम कहते हैं कि हे राम, लोग इतने लम्बे-लम्बे भाषण आखिर क्यों देते हैं ? क्या इन्हें समझ में नहीं आ रहा है कि लोग उबासियाँ ले रहे हैं, बार-बार पानी पीने या लघुशंका करने जा रहे हैं, बाहर गप्पें लड़ा रहे हैं। मगर हमीं लोग जब मंच पर चढ़कर भाषण देने लगते हैं, तो अध्यक्ष कितनी ही बार घंटी बजाए, चिट भिजवाए या बार-बार क्यों न घिघियाए, हम मंच नहीं छोड़ते, तो नहीं ही छोड़ते। उस दौरान हम ऐसी वीरता दिखाते हैं, जैसी महाराणा प्रताप वगैरह ने ही शायद दिखाई होगी तो दिखाई होगी !

हमें सबसे बड़ा भ्रम यह होता है कि हमारे पास बहुत सारा ज्ञान है, जिसे श्रोताओं को देना बेहद जरूरी है, और अगर अभी मुसीबत के इन मारों को नहीं दिया, तो ये गरीब श्रोता मूर्ख के मूर्ख ही रह जाएँगे और देश की बहुत बड़ी हानि हो जाएगी। उस क्षण विशेष में हमें उनकी मूर्खता का विनाश करना बहुत बड़ा मानवीय दायित्व लगता है, जिसके लिए हम जरूरत पडे तो जान की बाजी लगाने को भी तैयार हो जाते हैं।

मेरा अनुभव है कि उन भाषणकर्ताओं से श्रोताओं को विशेष रूप से सावधान रहना चाहिए, जो भाषण का आरम्भ यह कहते हुए करते हैं कि मेरे पूर्व वक्ताओं ने सारी बातें कह दी हैं और अब मेरे पास कहने के लिए कुछ विशेष नहीं बचा है। दरअसल जिसके पास कहने के लिए कुछ नहीं बचता, उसी के पास कहने के लिए सबसे ज्यादा होता है और वह श्रोताओं की जान आसानी से नहीं बख्शता।

इतिहास में कुछ ऐसी घटनाओं का उल्लेख भी मिलता है कि धैर्यवान श्रोता का भी धैर्य इतना ज्यादा चूक गया कि वह जूता लेकर वक्ता के सामने खड़ा हो गया। कई बार हॉल की लाइटें बुझ गईं फिर भी वक्ता ने श्रोताओं को नहीं छोड़ा। ऐसे उल्लेख हर शहर में आसानी से मिल जाते हैं। उस वक्ता को हमारे देश में फालतू या नाकाबिल समझा जाता है, जो उतना ही बोलता है, जितना बोलना जरूरी होता है। दूसरी बार उस वक्ता की कभी माँग नहीं होती।

(27 दिसम्बर, 2011)

●●●